고려시대사 1

정치와 국제 관계

한국역사연구회시대사총서 03

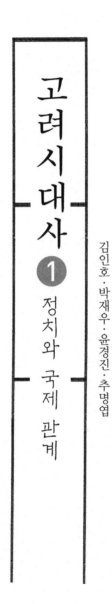

고려시대사

①

정치와 국제 관계

김인호 · 박재우 · 윤경진 · 추명엽

푸른역사

절망과 희망이 교차하던 격동의 1980년대, 그 끝자락인 1988
년 가을, 300여 명의 소장 학자들이 '과학적·실천적 역사학'의 수립
을 통해 한국 사회의 민주화와 자주화에 기여하기 위해 창립한 한국
역사연구회는 이제 700여 명의 학자들이 참여하는, 명실상부하게 한
국 역사학계를 대표하는 학회로 성장했다.

그동안 연구회는 공동연구라는 새로운 연구 방식을 통해 130여 회
가 넘는 연구 발표회를 가졌으며 50여 권의 학술서와 대중 역사서를
간행했다. 《한국역사》, 《한국사강의》 등의 통사를 발간해 한국사를 체
계화하고 《한국역사입문》 등의 연구입문서를 출간해 해방 이후 학계
의 연구 성과들을 정리했으며, 《1894년 농민전쟁연구》, 《한국현대
사》, 《역주 여말선초 금석문》 등 전문 연구서와 자료집을 발간해 한국
사 연구에 기여했다.

또한 《조선시대 사람들은 어떻게 살았을까》를 시작으로 전 시대에
걸쳐 '어떻게 살았을까' 시리즈를 발간함으로써 생활사 연구와 역사
대중화에 기여했으며, 회지 《역사와 현실》은 다양한 기획과 편집으로

인문학 분야 학술지의 새로운 전형을 만들어냈다.

이제 연구회가 창립된 지도 한 세대가 지났다. 그동안 세계뿐만 아니라 한국 사회도 크게 변화했으며 학계에도 적지 않은 변화가 있었다. 연구 경향도 이전의 운동사·사회경제사 중심에서 문화사·생활사·미시사로, 그리고 최근에는 생태환경사·개념사·관계사에 이르기까지 사고와 연구의 폭을 넓혀 나가고 있다. 아울러 연구 대상 시기와 학문 간의 벽을 허무는 학제 간 연구도 활발하게 이루어지고 있다.

역사는 '현재와 과거의 대화'라고 했다. 현재의 입장에서 과거를 고찰하고 그를 바탕으로 미래를 전망하는 것이다. 역사가는 이를 이루기 위해 역사를 부단히 새로 써야 한다. 이러한 취지에서 한국역사연구회는 새로운 시각에서 한국 역사를 고대부터 현대까지 시대별로 조망해 보는 '시대사'를 발간하고자 한다.

시대사를 편찬하자는 이야기는 통사인 《한국역사》를 간행하고 나서부터 줄곧 나왔으나 구체적인 편찬 작업에 들어간 것은 2002년부터였다. 이후 '시대사 편찬위원회'를 구성하여 집필 원칙과 편찬 일정을 정하고 고대·고려·조선·근대·현대 등 각 시대별로 팀을 만들어 기획안을 마련하고 그에 맞는 필자를 선정하여 집필에 들어갔다. 또한 들어온 원고들은 팀별로 수차례의 검토와 수정 과정을 거쳤으며 그 과정에서 열띤 토론이 벌어지기도 했다.

60명에 가까운 필자들이 참가하여 공동 작업으로 열 권의 책을 만들어내는 일은 지난한 과정이었다. 다양한 필자들의 의견을 조율하고 모으는 작업부터 집필된 원고를 꼼꼼하게 검토하고 수정하는 작업과, 완성된 원고가 출판사에 넘어가 출판하는 작업에 이르기까지, 우여곡

절이 없지 않았다.

연구회 창립 이듬해인 1989년 '베를린 장벽의 붕괴'가 상징하듯이 세계는 동구 사회주의 국가들의 개혁과 개방으로 냉전이 종식되면서 체제와 이념의 대립보다는 화해와 교류의 방향으로 나아가며 21세기를 맞이했다. 한반도도 1998년 '현대 정주영회장의 소떼 방북'과 2000년 남북정상회담을 계기로 남과 북이 화해와 교류·협력의 방향으로 나아갔다.

그러나 21세기도 15년이 지난 지금, 세계는 다시 대립으로 치닫고 있다. 이스라엘과 팔레스타인의 분쟁, 미국과 알카에다 등 이슬람 진영과의 대립, 시리아 내전과 이슬람국가(IS)의 등장 등 중동 내부의 갈등과 분쟁, 러시아와 우크라이나의 분쟁 등이 계속되고 있고, 동북아시아에서도 역사 갈등과 영토 분쟁이 치열하게 전개되고 있다. 이전과 차이가 있다면 이념 대립보다는 종교·문명 대립의 성격이 크다는 것이다.

그렇다면 한국 사회는 어떠한가. 안타깝게도 한국 사회는 시대착오적인 이념과 지역 갈등이 여전한 가운데 신자유주의로 인한 경제적·사회적 양극화가 빠르게 진행되며 세대와 계층 갈등까지 심화되고 있다. 그리고 천박한 자본주의의 이윤 논리와 정치와 사회 간에 부정부패의 사슬에 의해 일상생활의 안전까지도 위협받고 있다.

인간에 대한 예의와 배려가 사라진 사회, 국가가 책임져야 할 안전과 복지도 국민 스스로 해결해야만 하는 사회, 정의는 실종되고 신뢰와 희망 대신 불신과 체념만이 가득 찬 사회에서 과연 역사학은 어떠한 역할을 할 수 있을 것인가? 책을 낸다는 기쁨보다는 역사학자로서의 책임감이 더 무겁게 다가온다. 이 '시대사' 시리즈가 한국 역사의 체계화에 기여하고 독자들에게는 험난한 세상을 헤쳐 나가는 데 조그마한 도움이 되었으면 하는 바람이 간절하다.

그동안 시대사를 기획하고 집필과 교열에 참여해 준 연구회원 여러분에게 진심으로 감사드린다. 아울러 책이 나오기까지 지원을 아끼지 않고 인내를 가지고 기다려 주신 푸른역사의 박혜숙 사장님, 규모와 격조 있는 책으로 만들어 주신 편집부 여러분에게 진심어린 감사의 말씀을 드린다.

2015년 5월
한국역사연구회

촛불이 광화문에 모여 새로운 역사의 물결을 이루어 가고 있다. 우리는 시간이 지나면, 또다시 이 모습을 '역사'로 기억하고 평가할 것이다. 지나간 시간은 현재의 우리와 연결되기에 의미가 있다.

그렇다면 고려시대는 우리에게 어떤 의미를 지니고 있을까? 이것은 오래전부터 이 시대를 공부하는 학자들에게 중요한 물음이었다. 하지만 의미를 묻기 전에 대중에게는 고려시대의 실제적 모습을 이해할 수 있는 정보부터 상당히 부족했다. 이를 설명하려는 많은 선배학자의 노력에도 불구하고, 그 실제 모습과 이미지는 생각보다 선명하지 않았다. 노력의 부족 탓이 아니라 고려시대의 자료와 정보가 생각보다 적기 때문이다. 《고려사》와 《고려사절요》, 그리고 묘지명과 개인들이 남긴 문집 등이 우리가 고려시대를 이해하는 정보의 기초다. 비록 약간의 고문서가 여기에 더해지긴 하지만, 당시의 생생한 모습을 이해하기에는 턱없이 부족한 느낌이다.

특히 고려시대에 남겨진 시각 자료는 고구려의 고분 벽화와 같은 생생한 생활상을 담고 있는 것보다 주로 불화佛畵였다. 그래서 고려시대의 모습과 이미지는 대중에게 잘 그려지지 않는다. 더구나 수도인 개경(개성)은 분단 상황으로 쉽게 오갈 수 없는 곳이 되어 버렸다.

이러한 고려시대를 어떻게 설명할 수 있을까? 이것은 고려시대사를 쓰려는 필자들의 공통된 고민이었다. 이 때문에 시대사가 어떤 모습으로 만들어질 것인가에 대한 논의가 오랫동안 진행되었다. 매달 한 번씩 열리는 한국역사학회 중세1분과 총회에서 이 문제로 1년 동안 많은 논의가 있었던 것으로 기억한다. 고려시대 전반에 관한 책은 논의 당시에도 몇 가지가 있었다. 그렇다면 새롭게 낼 책은 기존 책들과 어떻게 달라야 할 것인지, 또한 대중성을 어떻게 갖출 것인지를 고민하여야 했다. 그 결과 2009년 개략적인 목차와 필자들이 정해지게 되었다. 아주 오랜 고민의 결과지만 이 내용이 최선이라고까지 선뜻 말할 수 없었다. 다만 우리가 할 수 있는 최선에 근접하려 노력했다는 점은 분명했다.

이 책에서는 국내와 국제 정치, 중앙과 지방의 통치 방식, 경제와 사회적 모습, 종교와 이념을 중심으로 서술 분야를 나누었다. 이렇게 분야를 나눈 것은 어쩌면 정치, 경제, 사회, 문화라는 전통적인 방식에 의한 것이라고 할 수 있다. 여기에는 나름의 이유가 있었다. 이런 분류 방식이 대중에게 익숙하다는 점이 그 이유 중에 하나였다. 또한 이 책은 한 사람의 필자가 아닌 여럿이 참여하는 저술이다. 이 경우에 각 분야를 위와 같이 나누는 것이 서술에 효율적이라는 점도 고려했다.

그리고 가능하면 최신의 연구 성과를 쉽게 풀어서 책에 반영하려고 했다. 고려 국왕의 위상 문제나 정책 결정 과정 등을 넣은 것이 그러한 예다. 물론 각 분야에서도 새로운 성과들이 서술에 녹아 들어갔다. 다만 결론이 나지 않은 논쟁 부분은 양쪽 학설을 모두 서술하기도 했다. 그만큼 고려시대에는 아직 밝히지 못한 문제가 많이 남아 있지만 고려시대의 실제 모습을 가급적 많이 담으려 했다.

우선 정치 분야에서는 정치 세력의 변화를 중심으로 고려시대 전체를 개괄했다. 일관된 정치 세력의 분류 방식을 정하는 것이 쉽지 않지만 그런 점은 현대 정당 정치에서도 볼 수 있는 현상이다. 그리고 중앙의 정치 구조가 어떠했는지를 제도적 측면에서 살펴보았다. 국정 운영이 국왕을 통해 어떻게 이루어지는지를 이 책에서 볼 수 있을 것이다.

지방 통치가 제도적으로 구현되는 방식은 고려가 조선시대와 다른 특징을 알 수 있는 부분이다. 지방 제도는 고려시대 내내 지속적으로 변화해 갔고, 이런 변화상을 따로 설명했다.

또한 정치와 관련해 고려시대 국제 관계 문제를 별도로 다루었다. 특히 고려시대에는 대외 전쟁이 많았다. 그뿐만 아니라 고려는 평화기에 유연한 외교 자세를 통해 동아시아의 한 축으로 기능했다. 이 책에서는 이런 국제 관계의 특징과 고려의 대응이 잘 드러나도록 했다.

경제 분야는 가장 핵심인 토지 제도를 중심으로 살펴보았다. 토지는 산업의 가장 중요한 생산 요소이면서, 신분을 뒷받침하는 기반이기도 했다. 이런 토지에서 거두는 조세와 이후의 개혁 문제까지 포괄하려 노력했다.

또한 고려시대의 사회상도 살펴보았다. 사회적 접근의 핵심은 신분에 있지만, 사회를 이루는 최하 단위인 가족을 빼놓을 수 없다. 가족의 구성과 특징은 한 시대를 설명하는 중요한 지표이기 때문이다. 따라서 이 책에서는 가족 문제를 비중 있게 다루었다.

그리고 종교와 정치 이념으로 각각 불교와 유교로 접근하려 했다. 중세 사회 인간들의 관념 속에서 종교는 많은 비중을 차지한다. 고려시대 역시 중세이기 때문에 이 점에서 자유로울 수 없다. 특히 유교의 비중이 점차 커지는 시기였지만 불교는 여전히 민심을 다독이는 중요한 역할을 했다. 따라서 불교는 충분히 살펴야 할 주제다. 이런 불교의 시대적 변화가 이 책에서 다루어지고 있다.

그렇다면 정치 이념으로 유교는 고려 사회에 어떤 영향을 미쳤을까? 이를 이해하기 위해 태조의 〈훈요십조〉 이래 최승로의 〈오조정적평〉과 〈시무 28조〉, 천명사상과 왕도정치, 성리학으로 이어지는 유교의 흐름을 이해할 수 있도록 했다. 조선 왕조 유교의 이전 단계의 모습을 여기서 확인할 수 있을 것이다.

각 분야에서 다루고 있는 주제는 대략 이상과 같다. 가능한 한 쉬운 서술로 대중에게 접근하려 했지만, 여러 부분에서 한계도 있을 것이다. 이 책의 원고는 현재까지의 고려시대 전공자들의 연구 업적 위에서 가능한 것이었다. 하지만 독자들의 편의를 위해 원래 있었던 인용주를 모두 생략하고 성과를 직접 언급하지 않았다. 다만 참고문헌에 주요한 업적들을 소개하는 것으로 가름했다. 지면으로나마 감사의 인사를 드린다. 역사 저술은 아무런 배경 지식 없이 쉽게 읽히기는 어렵다. 과거의 용어와 사실에 익숙지 않은 탓이다.

특히 이 책은 기획부터 시작하여 원고화 단계를 거쳐 출간되기까지 많은 시간이 소요되었다. 여러 상황이 겹치면서 출간이 늦어졌다. 변명하고 싶지 않지만 이 때문에 새로운 경향의 학설을 여기에 반영하는 데 미흡한 부분도 있을 것이다. 이런 점은 독자들의 양해를 구하고자 한다.

한국 중세를 대표하는 고려시대를 이 책 한 권만으로 이해한다는 것은 불가능에 가깝다. 그저 몇 가지 중요한 시대적 특징을 약간이라도 파악할 수 있었으면 하는 바람이다. 그러한 작은 소망으로 이 책을 지금 내놓는다.

2017년 12월

저자 일동

차례

고려시대 정치사는 여러 정치 세력의 변동과 정치적 사건, 정책론 등으로 구성된다. 정치 세력의 구분은 정책과 이념을 추구하는 현대 정당과는 다르다. 정치 세력의 구성 요소에는 국왕, 귀족, 호족, 권문세족, 신진 사류 등과 함께, 중간 계층이나 민 등이 포함된다. 이 세력들은 가문, 친족과 같은 혈연관계로 맺어지기도 하고, 사회관계망을 통해 만들어지기도 한다. 물론 국왕의 지위는 혈연적 계승을 우선으로 한다는 점에서 차이가 있다. 국왕은 사회의 지배 계층인 귀족 등과 협조하거나 대립하는 존재였다. 고려 초기 국왕의 지위는 불안정했다. 복잡한 혈연관계에서 국왕은 항상 쿠데타의 위기에 직면해야 했다. 그렇지만 왕씨 王氏를 교체하려는 쿠데타는 성공하지 못했다. 고려 왕실이 지닌 권위는 무신 집권기 동안 위기를 겪었지만, 부정될 수 없었다. 국가 운영 체제의 개혁이 논의되기 시작한 것은 원元의 정치적 간섭을 받던 시기였다. 전쟁을 통해 국가 운영 정비의 필요성이 커지면서, 새로운 정치 세력은 무장 세력인 이성계와 결합해 새로운 왕조를 창립하게 되는 것이다.

역동적 정치 과정과
정치 세력의 추이

정치 세력 변동에 따른 고려 정치사 개관

정치 세력의
형성

국왕과 외척

국왕은 인사, 행정, 재정, 군 통수권을 장악한 최고 권력자이고, 중요한 의식의 주재자다. 그를 둘러싼 중요 세력으로는 왕실(종실)과 외척이 존재했다. 이들은 정치 전면에 나서기도 했지만, 주로 이면에서 정치력을 행사했다. 고려시대에는 왕실 출신이 고위 관료에 임명되었다는 점에서 왕실 출신의 정계 진출을 억제한 조선시대와 차별화된다. 외척은 국왕과 혼인 관계를 맺은 가문의 구성원을 가리킨다. 고려시대 외척은 최대 귀족 가문이 될 수 있음을 의미한다. 고려 중기 외척이었음에도 국왕이 되려고 했던 이자겸李資謙이 대표적인 사례다.

귀족

고려시대 주요 지배층은 귀족이다. 그래서 학자들은 고려시대를 귀족제 사회라고 부른다. 그런데 어느 시대나 존재하는 '귀족'이라는 용어를 정의하기는 쉽지 않다. 귀족제 사회라는 말이 논쟁의 대상이 되었던 이유도 여기에 있다. 논쟁은 '과연 고려시대에 귀족이 사회를 좌

고려시대 왕위 계승도

태조(918~943)
혜종(943~945)
정종(946~949)
광종(949~975)
경종(976~981)
성종(981~997)
목종(998~1009)
현종(1009~1031)
덕종(1031~1034)
정종(1035~1046)
문종(1046~1083)
순종(1083)
선종(1083~1094)
헌종(1094~1095)
숙종(1095~1105)
예종(1105~1122)
인종(1122~1146)
의종(1146~1170)

명종(1170~1197)

신종(1197~1204)

희종(1204~1211)

강종(1212~1213)

고종(1213~1259)

원종(1259~1274)

충렬왕(1274~1298)

충선왕(1298)

충렬왕(1298~1308)

충선왕(복위 1308~1313)

충숙왕(1313~1330)

충혜왕(1330~1332)

충숙왕(복위 1332~1339)

충혜왕(복위 1339~1344)

충목왕(1344~1348)

충정왕(1348~1351)

공민왕(1351~1374)

우왕(1374~1388)

창왕(1388~1389)

공양왕(1389~1392)

청동양각용수전각문경

고려 불화 속의 궁전과 고려 사람들　도솔천의 미륵보살이 석가가 열반에 든 후 56억 7,000만 년이 지난 뒤 이 세상에 태어나서 부처가 되어, 그때까지 구제받지 못한 중생들을 위해 세 번의 설법회를 열어 모두 성불시킨다는 《미륵하생경彌勒下生經》의 내용을 그린 〈미륵하생경변상도〉의 아랫부분이다. 미륵불이 하생한 성 안의 화려한 궁전과 그 앞에서 방광하는 향로, 아름다운 수레와 가마 등으로 당시 고려의 왕궁 생활을 엿볼 수 있다. 그 아래로 소를 끌고 밭갈이하거나 벼를 베고 도리깨로 타작하며 낟알을 쓰는 갖가지 모습을 통해 고려 사회의 구조, 사회상, 불교 사상의 역할 등을 짐작해 볼 수 있다.

우하는 최고 지배층이었는가'라는 질문을 중심으로 전개되었다. 즉 귀족의 정의와 성격이 문제의 핵심이다.

고려 사회를 귀족 사회가 아닌 관료제 사회로 보아야 한다는 주장도 있다. 고려가 관료제 사회라는 주장의 근거는 독일 사회학자인 막스 베버가 통치 구조를 설명하는 틀에서 비롯되었다. 과거科擧 출신 관료들이 사회의 중심이 되었다는 관점에서 고려를 관료제 사회라고 주장한 것이다. 그러나 고려 사회의 성격을 놓고 귀족제와 관료제가 대립하는 이 논쟁은 막스 베버의 주장에 대한 오해에서 출발한 것이다. 귀족과 관료가 반드시 대립적인 개념도 아니다. 귀족의 경우에도 관료가 되어야만 신분을 유지할 권력을 얻기가 쉬웠다.

원래 고려시대의 귀족은 가문, 문벌을 통해 신분적 특권을 세습했다. 또한 그들은 5품 이상의 관료 자손에게 벼슬길을 열어 준 음서제의 혜택을 누렸으며, 귀족들 사이에서만 이루어지는 폐쇄적인 형태의 통혼으로 내부 결속을 다졌다.

고려의 '귀족'은 신라의 골품 귀족이나 조선의 양반과는 성격이 다른 역사적 존재다. 신라 귀족이 혈연적 폐쇄성을 바탕에 둔 것이라면, 조선의 양반은 개인 능력으로 과거제를 통해 신분을 유지했다. 반면에 고려 귀족은 그들의 중간적 성격을 지녔다. 고려 귀족은 과거와 음서 모두를 신분 유지에 활용했다.

호족과 호부층

호족豪族은 신라 말에 등장한 지방 세력(지역 세력)에 기원을 둔 고려 초기 중요한 정치 세력이었다. 고려 정부는 지방에 중앙 관료를 파견

❶ 청자 기린형뚜껑 향로
❷ 청자 음각 초화문화형 탁잔
❸ 청자 양각 모란무늬 수막새
❹ 청자 거북이 모양 주자

고려 귀족 문화의 상징물 청자 고려 사람들은 중국에서 청자를 수입하다가 9세기 중엽 내지 10세기 후반에 스스로 만들게 된다. 당시 자기는 토기나 도기에 비해 아름답고 방수성이 뛰어난 고급 그릇이라서 첨단 상품이었다. 12세기 이후 문벌 귀족들이 자신과 타인을 구분할 특별하고 화려한 것을 추구하게 되면서 이러한 사치품에 대한 수요가 늘었다. 또한 자기는 불교와 함께 들어온 차 문화에 어울리며 음주, 잔치, 제사, 불교 예식 등에 필요한 물건이었다. 자기 생산이 늘어나고 유통이 발전하면서 귀족 가문과 사찰의 경제력도 커져 토지 재산이 늘어 갔다. 이들은 상업을 이용하여 부를 축적할 수 있었다. 축적된 부는 집과 정원을 꾸미거나 사치품을 구입하는 데 이용되었다. 심지어 집을 장식할 타일과 기와까지 청자로 만들었다. 고려청자의 전성기는 이자겸과 묘청의 반란, 무신 정변이 이어지는 인종과 의종 때인데, 역설적이게도 귀족 사회의 모순이 폭발하는 시기였다. 13세기 무렵 고려청자는 고려만의 독특한 상감 기법으로 제작되기 시작한다.

고려의 귀족과 시종 〈아집도 대련〉의 일부. 고려시대 귀족(문인관료)이 이상으로 삼았던 생활상을 담은 그림. 고려시대 귀족은 가문, 문벌을 통해 신분적 특권을 세습했다. 그들은 과거와 음서 모두를 신분 유지에 활용했다는 점에서 신라의 골품 귀족이나 조선의 양반의 중간적 성격을 지녔다. 또한 그들은 귀족들 사이에서만 이루어지는 폐쇄적인 형태의 통혼으로 내부 결속을 다졌다.

하지 않고 호족의 힘을 빌리는 복잡한 지방 통치 방식을 사용했다. 고려의 국가 체제가 정비되면서 호족의 힘은 점차 약화되어 일부는 중앙 귀족으로 변신하고, 일부는 해당 지역에서 우세한 가문으로 남았다.

학계에서는 '호족'이 혈연 공동체를 염두에 둔 것이기 때문에 당시 축적된 부를 바탕으로 성장하던 호부층으로 바꿔야 한다는 주장도 대두되었다. 호부층이란 신라 말에 생산력이 발전하면서 등장한 사회 변동의 결과물이다. 즉 호족은 새 시대를 향한 변혁 세력이기보다는 구시대적인 성격이 강한 반면에, 호부층은 농업 생산의 발전으로 공동체가 사라지고 개인적인 소유가 늘어나면서 나타난 새로운 계층이다.

권문세가와 신진 사대부

고려 후기 중앙 권력층을 구성한 중앙 귀족을 '문벌' 내지 '권문세족權門勢族' 또는 '권문세가權門勢家'라고 칭한다. 권문세족은 다시 권력을 장악한 '권문'과 대대로 귀족 집안을 의미하는 '세족'으로 나누기도 한다. 고려 후기 새로 등장하는 정치 세력은 '사대부士大夫', '신진 사류新進士類', '신진 사족新進士族', '신흥 유신新興儒臣' 등으로 불린다. 일찍부터 학계에서 사용되어 왔으나 사대부의 존재와 개념이 분명하게 자리 잡혔던 것은 아니다. 대개 사대부는 무인 집권기 이후 등장하기 시작한 사회 계층적인 성격을 지닌 존재다. 이들은 중소 지주층 출신으로, 대지주인 권문세가와 대결해 개혁을 추진했으며 후일 조선왕조 개창의 주역이 되었다. 원元 간섭기에 원을 통해 받아들인 성리학은 이들이 고려 말 과전법科田法 등을 포함한 각종 개혁을 추진하는 사상적 근거가 되었다.

그러나 1990년대 이후 사대부 개념에 대한 문제가 제기되었다. 문제 제기의 핵심은 사대부의 사회 계층적 성격에 있다. 개혁적 성향을 가진 사대부들의 출신을 살펴보면 중소 지주층뿐만 아니라 기존의 귀족 가문도 있었기 때문이다. 또한 '중소 지주층'이라는 존재를 자료상으로 입증하기가 쉽지 않다. 중소 지주가 지닌 땅의 규모부터 개념적으로 정의된 것이 없기 때문이다. 더구나 고려 말에 지주들이 어느 정도 땅을 가졌는지에 대한 자료도 없다.

나아가 사대부가 중소 지주층의 사회적 이익을 어떻게 대변했는지가 분명치 않다. 어떤 집단이 특정 세력의 사회적 이익을 대변한다고 말할 때의 전제는, 하나의 정치 집단은 특정 사회 계층의 이해관계를 반영한다는 것이다. 하지만 이는 근대적 정치 세력의 개념을 적용한 것으로 전근대 정치 세력 이해에 적용하는 것은 쉽지 않다. 오히려 고려 말 새로운 정치 세력의 등장을 개혁이라는 시각에서 찾는다면, 그들이 어떤 계층의 이익을 대변했는지보다 그들이 어떤 개혁 정책을 펼쳤고 어떤 지향을 추구했는지에 주목해야 한다. 즉 개혁 세력이 어떤 사회 계층을 정치에 보다 많이 참여시키려 했는지, 그리고 국가 운영 방식을 어떻게 정비하려 했는지를 파악해야 정치 세력의 구분이 어느 정도 가능할 것이다.

중간 계층과 일반민

고려시대의 중간 계층이나 일반민도 귀족처럼 하나의 정치 세력으로 구분할 수 있을까? 고려시대 중간 계층은 중앙 및 지방 관서의 서리胥吏, 잡직雜職 등에 있는 하급 관리와 군 장교 등으로 이루어진다.

여기에 환관이나 궁인 및 부를 축적한 상공인층의 일부까지 포함될 수 있다. 이러한 중간 계층의 일부는 고려 후기에 이르러 권력의 중심에 접근하기도 했다.

이들 가운데 지방 향리鄕吏는 중앙과 지역 사회에서 나름의 인적 관계망을 형성했겠지만 정치 무대의 전면에 직접 등장하는 일은 많지 않았다. 이들이 정치 무대에 전면적으로 등장하는 경우는 대개 반란과 관련되어 있었다. 지방 행정망에 참여하여 지역 내부에서 정치 세력을 이루기도 했다. 이들은 중앙 세력에 대해서는 종속적이지만 일반민보다는 사회적으로 더 높은 곳에 위치했다. 그러나 중간 계층을 구성하는 부류들은 실무적인 일을 하는 점에서는 비슷했지만 근무하는 환경이 달라서 서로 간에 이해관계가 일치하기가 어려웠다. 이런 점에서 중간 계층을 정치 세력으로 구분하는 것은 역사적 사실과 맞지 않는 측면이 많다.

정치 세력의 형성 원리

정치 세력의 실체는 정치 현안에 대한 입장의 차이나 인적 결합 관계 등으로 구분할 수 있다. 고려시대에 정치 세력을 구성하는 핵심 요소로는 먼저 가문이나 친족과 같은 혈연관계를 꼽을 수 있다. 이 점이 근대 정당과 다르다. 고려인들은 같은 가문이나 친족을 하나의 정치적 단위로 생각했다. 국가에 대한 충성과 반역에 대한 결과가 같은 가문이나 친족 모두에게 파급되기 때문이다. 그러나 같은 가문 출신 사이에서도 권력 투쟁으로 인해 정치적으로 대립하고 갈등하는 경우가 많았다.

다음으로 어떤 특정인과 개인적 관계로 얽힌 집단인 당여黨與를 들 수 있다. 문객門客 같은 부류가 대표적이다. 예를 들어 최충헌崔忠獻의 경우 문객이 3천 명이나 되어 흥녕부興寧府를 두고 이들을 운영했다. 여기에 포함된 문객들은 최충헌에 대한 개인적 봉사와 국가 관료의 역할을 함께 수행했다. 사병私兵의 존재는 원리상 문객과 같았다. 따라서 이들은 최충헌의 정치 운명과 같은 길을 걸을 수밖에 없었다.

세 번째로 과거제를 통해 형성된 관계를 바탕으로 하는 정치 세력이 있다. 이때 시험을 담당한 관료는 좌주座主, 그 아래에 합격한 사람들은 문생門生이라고 일컬었다. 이들은 부자 관계에 비유될 정도로 가까운 사회적 관계를 유지했으며, 때로는 정치적 생명을 같이하기도 했다. 특히 좌주의 추천은 실제 관직을 얻는 길이었다. 그러나 양자의 관계가 반드시 동일한 정치 세력으로 묶이는 것은 아니었다. 한편 합격 동기생은 관직 경쟁자이면서 동반자였다.

정치적 관계는 사회적 모임에 의한 인간관계망에 바탕을 두기도 한다. 다양한 모임, 즉 잔치를 비롯해 제례, 향도香徒와 같은 종교 사회적 모임과 과거에 같이 합격한 동년同年들이 모인 계契가 있었다. 고려시대 개인들은 이런 관계망 속에서 교류하며, 상호 간의 정치적 공감을 얻어 냈을 것이다. 또 결혼은 다른 가문과 관계를 맺는 방법으로서 때로는 정치적으로 이용되기도 했다. 왕실과의 혼인 외에도, 고려시대 결혼은 정치 세력이 서로 연합할 수 있는 중요한 방식이었다.

정책론과 정치 이념

고려시대 정책론이나 정책 관련 이론은 명확하지 않다. 정치 세력의 존재가 분명하지 않기 때문이다. 고려시대에서 중요시된 정치 이념은 유교였다. 유교는 관료들의 정책 결정에 기본 이념을 제공하고 군주나 관료들의 행동 규범과 목표를 제시한다. 과거의 기본 과목이 유교 경전이라는 점이 이를 말해 준다.

성종 대(981~997) 대표적 유학자인 최승로崔承老는 불교가 개인을 수양하는 근원이고, 유학이 나라를 다스리는 근본이라고 보았다. 고려시대 불교와 유교의 사회적 역할을 달리 본 것이다. 고려시대의 승려는 정치 세력과 연결되는 경우가 많았다. 고려 말 승려였던 신돈辛旽은 직접 정치에 참여하기도 했다. 그런데도 승려들이 불교 자체를 정치적으로 활용한 경우는 많지 않았다. 불교의 교리는 신앙 차원에서 그대로 정치 이념화하기 어렵기 때문이다. 물론 불교 교리를 정치적으로 이용한 사례가 없는 것은 아니다. 전륜성왕설이나 미륵설은 현실 정치의 옹호나 비판의 양면으로 이용되었다. 궁예는 스스로 자신을 미륵으로 불렀고, 반면에 일반민들은 고통받는 현실에서 미래의 미륵 출현을 고대했다.

유교는 신앙이 아닌 도덕 정치로 현실 문제를 해결하려 한다. 즉 통치하는 사람과 통치 받는 사람의 역할을 나누고, 각기 도덕과 규범의 엄수를 강조한다. 충忠과 효孝는 그 핵심 이념이다. 또한 유교는 군주의 수양이나 통치자들의 행동을 하늘의 뜻과 관련지어 설명한다. 백성이 정치의 근본이라는 민본론民本論은 여기에 바탕을 둔다. 정책 추진과 평가에서 백성의 뜻을 명분으로 내세웠다. 도덕과 규범은 충, 효, 성실, 공경 등과 같이 추상적인 개념으로 나타난다. 따라서 이런 규범의 실행을 알 수 있는 실재하던 모델이 필요했다. 역사서는 이런 규범과 정책 실행의 사례와 평가를 이해하는 수단이므로 감계鑑戒, 즉 '과거는 현재의 거울'임을 깨우치기 위한 목적으로 편찬된다.

유교가 정치 이념의 자리를 공고히 하는 것은 14세기 주자 성리학의 수용 이후다. 성리학은 안향安珦, 이제현李齊賢 등과 같은 소수 엘리트 관료가 처음 받아들였다. 이후 성리학은 실용과 실천성을 강조하는 '실학'으로 불리면서 국가 정책에도 활용된다. 그 바탕은 '수신修身(개인 수양), 제가齊家(가족 화목), 치국治國(국가 통치), 평천하平天下(세계 평화와 안정)'라는 구절이 수록된 유교 경전인 《대학大學》에 둔다. 개인의 도덕성과 능력은 세계 질서와 관련되고, 중간에 가족과 국가 질서가 위치하는 것이다. 수양의 출발은 학문 탐구이며, 따라서 학자적인 관료가 되는 것이 지배층의 목표였다.

고려시대 유교, 불교와 더불어 성장한 도교는 주로 세상과 거리를 두고 은일隱逸하는 사람들의 자기 합리화에 이용되었다. 또한 도교적 가치나 신선 사상은 일반민들의 미래 내지 지역 신과 결부되어 정치적으로도 이용되었다. 예종睿宗은 도교에 커다란 관심을 가지고 도교 사원인 복원궁福源宮을 건립했다.

풍수지리설風水地理說과 도참설圖讖說은 신라 말부터 정치와 관련해 많이 등장했다. 풍수지리설은 신라 말 승려 도선道詵이 널리 보급했는데, 땅의 기운과 지리적인 위치가 인간 사회에 영향을 준다는 것이 요체다. 도참설은 음양의 기운이 오행五行(화, 수, 목, 금, 토)으로 운행해 사회나 개인의 운명에 관여한다고 보는 사상이다. 풍수지리설과 도참설은 영역은 다르지만 서로 영향을 주었고, 고려시대의 신비하고 운명적인 생각의 바탕이 되었다. 사회나 왕조 운명과 결부되어 정치적

은제 금도금 신선문 향합
신선들의 한가로운 모습을 새긴 향합(고려 13세기경)으로, 은에다 금을 입히고 두드려 무늬를 새겼다. 뚜껑에는 나무 아래에 두 아이가 그림을 들고 서 있고 신선이 이를 감상하는 모습을 표현했다. 또 몸체에는 역시 나무 아래에서 두 신선이 바둑을 두고 그 곁에 시중드는 아이가 서 있는 광경을 묘사했다.

사신문四神文 석관
도교의 사신도에 따라 청룡, 백호, 주작, 현무가 사방에 새겨진 고려시대의 석관. 통일신라시대 이후 유행하기 시작한 불교식 화장은 고려시대 이후 상류층에 널리 퍼졌다. 이때 유골을 모시기 위해 석관이 많이 사용되었다. 사신이 둘러 지키는 꽃밭 속에서 죽은 이는 안식을 누렸을 것이다.

고려시대 도교　고려시대에는 정부 주도하에 왕실과 나라의 안녕을 비는 의례 중심의 도교가 크게 성행했다. 수도 개경의 복원궁·대청관과 같은 도교사원에서는 십일요나 삼청을 비롯한 여러 도교 신들에게 제사를 올렸다. 이 제사에서는 국왕의 수명장수와 나라의 태평함을 빌고, 재난이 없어지기를 기원했다. 그러나 고려시대의 도교는 불교처럼 조직적인 대중 종교로 발전하지 않았으며 민간에서 수명 연장이나 복을 비는 도교적 습속을 지켜 나가는 정도였다. 지식인들 사이에서는 도가사상과 도교적 양생수련법으로 심신을 다스리며 신선과 같은 탈속의 경지를 지향하는 풍조가 많았다.

인 힘을 발휘하기도 했다.

고려 초기 정치 과정과
지방 세력

국왕 권력과 정치 불안

통일신라 하대에는 지방에서 새로운 세력들이 등장했다. 신라의 정치 체제는 골품에 따른 소수 귀족의 합의에 따라 운영되는 방식이었다. 그러나 신라의 삼국 통일과 국왕 권력의 강화는 이런 운영 방식을 흔들어 놓았다. 삼국 통합으로 확대된 영역에서 귀족들이 전개한 경쟁은 왕위 계승 분쟁을 불러왔다.

지방 세력들은 도적을 막기 위한 자위 조직을 만들었는데, 그중 일부는 주변 고을에 영향력을 행사하면서 독자적으로 변해 갔다. 그 정치적 결과가 후삼국의 성립이다. 고려왕조는 이러한 지방 세력들을 하나의 통일 권력 속에 묶어야 했다. 그에 따라 정부는 각 지방 세력들에게 성씨姓氏를 주고 지역 이름을 붙인 본관제本貫制*를 실시하면서 이들을 향직鄕職이라는 관료 체계 속으로 넣으려 했다. 하지만 각 지역의 자치권은 어느 정도 이들에게 양보했다.

국가 운영 방식이 확립되지 않은 초기, 고려의 정권은 불안정할 수밖에 없었다. 이에 태조 왕건王建은 지방 세력가들을 포섭하기 위해 그들의 딸들을 아내로 삼았다. 그 수는 29명에 이르러 신라 왕실 출신

고려의 본관제
본관은 현재 가족관계부에서 성씨 앞에 붙어 있는 지역 이름이며, 이것은 고려왕조가 일반 양인들을 등록시키면서 생긴 것이다. 그리고 성씨는 고려왕조가 지역을 장악한 후에 그 지역의 유력한 세력에게 부여하는 것에서 유래했다. 이 본관제는 지방 사회를 국가의 지배 속에 넣기 위해 수행한 것이다.

안동·태시묘太師廟 고려 건국 때 후백제 견훤을 토벌한 개국 공신 김선평(金宣平, 안동 김씨의 시조), 권행(權幸, 안동 권씨의 시조), 장정필(張貞弼, 안동 장씨의 시조) 등 삼태사의 위패를 봉안하고 있는 곳이다. 왕건은 고려 건국에 공이 큰 이들에게 성을 부여하고 거주지와 영역에 대한 지배권을 주었다. 그중 권행은 본래 김씨이나 "능히 일의 기틀을 밝게 살피고 권도를 적절히 결정했다"는 치하와 함께 권씨 성을 내려 받았다. 이후 명문 사족으로 자리 잡는 안동 권씨의 시조는 이렇게 태어났다.

부터 장화왕후 오씨처럼 나주 지역의 한미한 집안 출신까지 다양했다. 또한 그는 많은 이복 자식끼리도 서로 결혼시켜, 왕실의 권력 분산을 막으려고 했다.

이 방식은 왕건의 사망 이후 곧 한계에 직면했다. 왕건은 후일 2대 왕이 되는 혜종惠宗의 외가가 미약해서 측근인 박술희朴述熙를 후견인으로 삼았다. 그러나 혜종은 즉위한 뒤 경기도 광주廣州 세력가인 왕규의 도전을 받아야 했다. 왕규는 태조에게는 두 명, 혜종에게는 한 명의 왕비를 들인 강력한 외척이었다. 그는 혜종의 암살을 꾀하다가 실패했는데 그럼에도 혜종은 세력 기반이 약했던 탓에 그를 문책하지 못했다. 혜종은 왕규의 정치적 힘과 파국을 두려워했다.

혜종은 즉위 후 3년이 되지 못해 사망한다. 그리고 혜종의 이복형제 중 강력한 왕위 경쟁자였던 동생 요堯(후일 정종)가 곧바로 서경에 있던 왕식렴王式廉의 부대를 끌어들여 왕규를 제거하고 왕위에 올랐다. 정종定宗은 불안한 정국을 타개하기 위해 서경西京(평양)으로 천도하려고 했으나 그 역시 재위 4년 만에 사망한다.

광종과 권력 강화

정종의 뒤를 이어 왕위에 오른 이복동생 광종光宗은 처음 7년간은 왕권을 강화시킬 방법을 조금씩 모색했다. 우선 광덕光德이라는 연호를 선포하고, 중국 후주後周와의 외교를 통해 자신의 권위를 높이려 했다. 이후 그는 11년간 국왕의 권력을 강화하기 위한 정책들을 시행해 갔다.

광종은 956년 노비의 신분을 조사해 본래 양인인 사람들을 환속시

컸는데, 이를 노비안검법奴婢按檢法이라고 한다. 이 법의 의도는 공신功臣이나 호족 세력 등이 지닌 경제력과 무력의 기반을 약화시키려는 데 있었다. 노비는 땅과 함께 호족의 가장 큰 재산이자 사병의 원천이었기 때문이다. 그러나 노비안검법이 실제 어느 정도 효과를 거두었는지는 알 수 없다. 이 법은 광종의 반대 세력에게 주로 적용되었을 가능성이 높다.

광종은 958년(광종 9) 관료제 발전에 결정적인 역할을 하는 제도를 시행한다. 바로 후주 귀화인 쌍기雙冀의 건의에 따른 과거제 시행이다. 과거제는 추천이 아닌, 문장이나 경전의 시험을 통해 관료를 선발·충원하는 제도다. 이를 통해 광종은 왕에 충성하는 이념을 가진 신진 관료를 등용하게 되어, 이전까지는 개별적 힘에 기초하던 정치 세력의 성격을 점차 변화시킬 수 있었다.

960년에는 관료들의 복장을 제정했다. 복장은 중세 사회에서 사회적 신분 서열을 나타내는 수단이기도 하다. 따라서 광종의 관료 복장 제정은 곧 관료제 운영에 필요한 서열 체계의 확립을 의미한다.

같은 해에 광종은 스스로 황제라고 칭하고 개경開京을 황도皇都, 서경을 서도西都라고 부르게 했다. 또한 새로 군인을 선발해 자신의 직속 군대를 강화했다. 이를 토대로 같은 해인 960년부터 정치적 숙청을 단행했다. 이 숙청은 건국기의 공신들을 전멸시켰을 정도로 무자비했다. 이로써 국왕은 가장 강한 정치 권력자가 되었다. 그러나 국왕의 권력이 아직 지역 사회에까지 미칠 수는 없었다. 그런 점에서 태조가 힘썼던 서경의 개발은 왕실의 힘을 넓히는 의미를 지닌다.

성종成宗은 광종 대(949~975)의 성과를 이어받아 중앙 집권적 국가

'황제'의 나라 고려 977년(고려 경종 2) 조성된 마애약사불摩崖藥師佛 좌상坐像(경기도 하남시 교산동 소재)에 새겨진 "황제만세원皇帝萬歲願"(황제의 만수무강을 바란다)이라는 문구를 통해 경종을 황제로 칭한 사실을 알 수 있다. 고려 국왕은 대외적으로는 '왕'으로 칭했지만 대내적으로 황제로 군림했다. 주변 국가들도 고려를 황제의 나라로 인식했다. 발해 유민이 세운 흥요국興遼國은 고려에 표表(천자에게 올리는 글)를 보냈으며, 금金도 고려에 보낸 국서에 '고려국 황제'라는 표현을 썼다.

운영 체계를 마련하려 했다. 이에 따라 최승로 등의 건의를 받아들여 유교적 통치 이념에 따른 관료 체제와 제도를 만들었다.

지방 세력과 귀족화

지방에서 진출한 공신 세력들은 정치적 변동 속에서 몰락하기도 했지만, 일부는 점차 귀족 가문으로 성장해 갔다. 경기 지역 출신들이 그 중심에 있었다. 이들은 비록 개경에 거주했지만 근거지가 먼 다른 지역의 세력가들보다는 유리했다.

지방 세력들은 스스로를 망족望族이라 부르면서 지방 지배자의 위치를 차지하려 했다. 중앙 정부는 사심관事審官을 이용해 이들을 간접적으로 통제하려 했다. 사심관은 지역 내의 유력 집안을 분류하고, 지역 사회의 이해관계를 조절하는 일을 하는 관료였다.

지방 세력가들은 지방 행정을 담당하면서, 점차 향직 체계 속으로 편성되어 갔다. 이들은 향도와 같은 신앙 조직으로 지역민들과 관계를 맺기도 했다. 그리고 기근 구제나 불교 사원 건설과 같은 공공사업 등으로 지역의 보호자 역할을 수행했다.

지방 세력은 8대 왕 현종 대(1009~1031)에 들어와 자신의 힘을 다시 보여 주었다. 7대 왕 목종穆宗은 어머니 천추태후千秋太后의 섭정을 받았다. 천추태후가 김치양金致陽과의 사이에서 난 아들을 왕위에 앉히려 하자, 목종은 대량군大良君(후일 현종)이 태조 왕건의 유일한 혈통이라면서 후계자로 삼았다. 이때 서북면 순검사인 강조康兆가 군사 정변을 일으켜 현종을 등극시켰다. 거란은 이를 명분으로 고려에 침입했다. 현종은 개경을 버리고 피난했고, 이 과정에서 지방 세력들에게 고초를 당해야 했다. 심지어 경기도 창화현의 아전은 국왕에게 자신의 이름과 얼굴을 아느냐고 물어보았고, 이 같은 상황이 피난 도중에 반복해서 발생했다. 당시의 경험 때문인지 현종은 이후 지방 세력의 편제와 통치에 많은 노력을 기울이게 된다.

12~13세기 정치 변화
분열의 심화와 반란

숙종의 쿠데타와 귀족들의 경쟁

11세기 이후 중앙 정계에서는 귀족들의 내부 경쟁이 심화되었다. 그들은 때로는 연합하고 때로는 경쟁하면서 자신들의 세력을 확대하려 노력했다. 국왕이 이들 사이의 이해관계를 조절할 권력과 능력이 있으면 체제는 안정적으로 운영된다. 귀족 가문들 간의 상호 견제와 균형도 안정적인 체제 유지에 필요한 요소다. 그러나 특정 가문이나 세력이 커지면, 이 균형은 깨지고 정치적 충돌이 발생할 가능성이 커진다.

11세기에 이르러 고려에서는 처음으로 독점적 지위를 가진 귀족 가문이 등장한다. 바로 지금의 인천 주변에 근거한 경원 이씨 가문이다. 경원 이씨 가문은 11대 문종부터 17대 인종까지 7대에 걸쳐 왕비를 배출했다. 특히 이자연李子淵의 딸 세 명이 모두 문종의 왕비가 되면서 집안이 급성장했다. 경원 이씨는 이 같은 왕실과의 혼인을 통해 강력

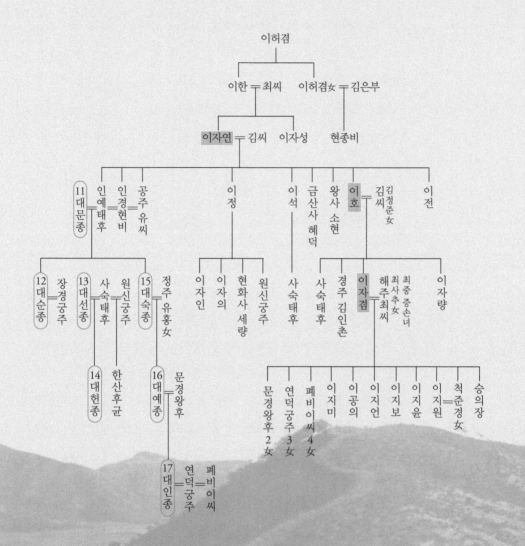

이자연-이자겸 가계도 이자연은 경원 이씨 가문이며, 현 인천광역시 지역을 근거지로 하고 있다. 이 가문은 여러 대에 걸친 왕실과의 혼인 관계를 통해 성장했다. 이 같은 왕실과의 혼인 관계는 특히 이자겸 대에 이르러 2대에 걸쳐 왕비를 배출하면서 절정에 이르렀다.

한 문벌임을 과시할 수 있었다.

당시 정국은 헌종獻宗이 11세의 어린 나이로 즉위하여 불안정한 상황이었다. 헌종 어머니인 사숙태후(인주 집안 이석의 딸)가 어린 아들을 대신해 섭정하고 있었다. 그런데 앞선 선종宣宗이 이자의李資義의 누이동생(원신궁주)을 후궁으로 맞아들여 한산후 균(윤)을 아들로 두었다. 이자의는 헌종이 병약하고, 숙부가 많다는 이유로 조카인 한산후 균을 왕위에 올리려 했다. 헌종의 숙부인 계림공 희(후일 숙종)는 이를 알고 문하시랑평장사인 소태보, 상장군 왕국모를 동원해 이자의 일파를 제거했다. 이어서 계림공 희는 헌종의 양위를 받았다. 숙종肅宗이 쿠데타로 왕위에 오른 것이다. 경원 이씨 가문이 확고한 독점 권력을 차지하려는 노력은 우선 좌절되었다.

한안인의 반란

숙종은 원신궁주 이씨와 한산후를 정계에서 축출하고 경원 이씨가 아닌 정주 유씨 집안에서 왕비를 맞이했다. 아울러 그는 의천義天의 천태종天台宗 개창을 지원했다. 또 후일 한양이 되는 남경 경영과 동전 발행 등의 정책을 추진하면서 국왕 중심의 정치 운영을 꾀했다. 그러나 여전히 경원 이씨 집안의 영향력은 막강했다. 숙종의 뒤를 이은 예종은 다시 이자겸의 딸을 왕비로 들여야 했다. 이는 중앙 유력 가문들의 협조 없이 국왕과 왕실만으로는 정계 운영이 불가능했음을 보여준다.

예종은 자신의 권력을 강화하기 위해 한안인韓安仁 등을 끌어들여 새로운 관료 세력을 키우려고 했다. 한안인은 국왕의 측근이자 정계의 중요 인물로 성장했다. 예종이 사망하자 한안인 일파는 예종의 동생인 대방공帶方公을 국왕에 즉위시키려고 했다. 그러나 이자겸 세력의 공략으로 실패하면서 많은 관료가 살해되거나 유배되었다.

당시 한안인처럼 신진 관료로 성장한 이들은 국왕 권력을 뒷받침하면서 때로는 문벌 가문과 대립하기도 했다. 문벌 가문들은 국왕이 자신들의 이해관계를 침해하지 않으면 협조했다. 양자 사이에 갈등이 벌어지는 순간은 새롭게 정계에 등장하는 세력이나 특정 문벌에게 특권이 집중되는 경우였다. 이것이 반란과 같은 정치적 갈등으로 본격화되는 시기가 바로 12세기다.

이자겸의 반란

이자겸은 경원 이씨가 국왕의 외척으로 힘을 쓴 방식을 이용해 정계의 최고 실력자로 등장했다. 이자겸은 자신의 둘째 딸을 예종의 왕비로 만들었다. 이 딸이 예종의 아들을 낳자 그의 정치적 지위는 크게 향상되었다. 그는 1122년 예종이 사망하자 외손자인 인종을 즉위시킨 후 '양절익명공신亮節翼命功臣 중서령中書令 영문하상서도성사領門下尙書都省事 판이병부判吏兵部 서경유수사西京留守事 조선국공朝鮮國公'이라는 벼슬에 올랐다. 행정과 인사권을 장악한 이자겸은 자신의 아들과 친족을 정계 요직에 배치했고, 왕실과의 유대를 더욱 강화하기 위해 셋째와 넷째 딸까지 인종의 왕비로 만들었다. 이로써 그의 독점적인 지위가 완성되었다.

고려시대에는 제후의 서열을 공公, 후侯, 백伯 등으로 나누었는데, 이자겸은 '조선국공'이라는 가장 높은 제후가 되었다. 그리고 숭덕부

崇德府를 열어 관리를 두고 자신과 관련된 일을 직접 처리하면서 막강한 권력을 배경으로 토지를 빼앗고 뇌물을 받았다. 사실 이러한 불법적 전횡을 일삼았어도 국왕의 후원자 역할에만 머물렀다면 그의 권력은 지속되었을 것이다. 그러나 그는 송宋에 직접 표문表文을 올리고, 스스로를 지군국사知軍國事라 칭했다. 지군국사란 중국 왕조가 주변 제후국에 내려 주던 최고의 지위 중 하나로서 특정 지역의 최고 실력자를 의미했다. 이자겸의 이런 행동에 인종은 자신의 존재가 무시당하고 있다고 느꼈다.

국왕의 묵인 아래 측근 관료인 내시 김찬金粲, 안보린安甫鱗은 다른 관료들과 협의해 이자겸을 제거하려 했다. 1126년(인종 4) 2월 최탁 등은 군사를 일으켜 당시 군부의 최고 실력자인 척준경拓俊京의 동생 척준신拓俊臣과 그의 아들 척순拓純을 처형했다. 척준경은 여진 정벌에서 활약한 군부 내의 실력자였고, 정치적으로 이자겸과 결합한 상태였다. 이에 이자겸과 척준경은 군사를 동원해 궁궐을 포위하고 불을 질렀다. 그리고 국왕의 친위 쿠데타 세력들을 숙청했다. 인종은 왕위를 이자겸에게 넘기려 했지만, 관료 및 귀족들의 반대로 취소했다.

그 후 이자겸은 '십팔자十八子의 참설讖說'을 믿고, 국왕을 두 차례나 독살하려 했다. 십팔자의 참설은 한자인 '이李'를 나누면 '십팔자十八子'가 된다는 것을 이용한 예언이다. 왕씨王氏에 뒤이어 이씨가 왕조를 세운다는 것이다. 이자겸은 이 예언을 믿고 행동에 나섰지만 인종은 이자겸의 딸인 왕비의 힘으로 위기를 넘긴다. 당시 고려 귀족들은 신성한 혈통을 가진 가문에서만 귀족의 대표자인 국왕이 나올 수 있다고 여겼다. 따라서 이자겸의 실패는 국왕의 존재 근거가 '왕씨' 혈연에 있다는 당시 귀족들의 인식을 극복하지 못한 데 그 원인이 있었다. 이자겸의 반란은 중앙 귀족 내부의 분열을 가져왔고, 독점적 지위의 가문이 지닌 정치적 위험성을 보여 주었다. 이후 왕실 외척으로 독점적 지위를 확보하려는 가문은 다른 귀족들의 견제를 받게 되었다.

결국 이자겸은 척준경과의 분열로 인해 정치적 숙청을 당한다. 양자는 혼인 관계로 맺어진 동맹이었지만, 권력의 정점에서 대립하게 된다. 인종은 김부식金富軾의 형인 김부일의 요청을 듣고 이 상황을 이용한다. 척준경을 우호 세력으로 끌어들여 이자겸을 제거한 것이다. 이후 척준경은 1127년(인종 5)에 좌정언左正言 정지상鄭知常 등의 탄핵으로 암타도嚴墮島로 귀양을 갔다가 이자겸 제거의 공로가 참작되어 다음 해 곡주로 옮기게 된다. 그러나 중앙 정계에서는 끝내 복귀하지 못했다. 이후 중앙 정계에는 경주 김씨 가문의 김부식과 평양인 서경에 기반한 정지상 등이 부각한다.

서경 천도 운동과 반란

이자겸의 반란은 고려 왕실의 권위를 실추시켰다. 국왕은 정치 세력들 간의 균형을 조정하는 중재자 역할을 제대로 하지 못했다. 여기에 북방에서 새롭게 등장한 금金이 고려를 위협하는 또 하나의 변수가 되었다. 여진족은 유목과 경작을 겸하는 부족 사회로 운영되었는데, 통합되면서 강한 군사력을 바탕으로 큰 힘을 발휘했다. 이들이 세운 금은 송을 압박했으며, 그 과정에서 고려에 차례로 형제와 신하의 예절을 요구했다. 이를 둘러싼 고려 조정의 의견은 두 가지로 갈렸다. 하나는 과거 여진족이 고려에 복속해 온 관계였다는 이유로 전쟁을 주장하는 강경론이었고, 다른 하나는 현 시기 금의 힘을 인정하고 전쟁을 피하자는 현실론으로 김부식 계열의 인물들이 그 중심에 있었다.

당시 정지상 중심의 서경 출신 관료들은 서경으로의 천도를 주장했다. 이들은 왕실의 권위를 위해 왕을 황제라고 부르고 연호를 만들었으며, 아울러 금에 대한 정벌론을 주장했다. 정지상은 같은 고향 출신인 승려 묘청妙淸, 천문 기상을 맡은 백수한白壽翰, 국왕의 몇몇 가까운 신하의 동조를 얻어 냈다.

서경 천도의 논리적 근거는 풍수지리설이다. 서경의 임원역林原驛 지역은 음양가들이 말하는 대화세大華勢로서 풍수지리로 볼 때 궁궐을 세우면 금이 항복하고 36개국이 신하가 될 수 있는 명당으로 여겨졌다. 궁궐터를 옮겨 땅기운을 보충하면 이자겸의 반란 이후 쇠퇴한 나라의 운이 회복되어 중흥이 이루어진다는 논리였다. 이에 따라 1128년 11월부터 임원역에 대화궁이 지어진다. 그러나 인종은 황제 호칭과 금 정벌에는 동의하지 않았다. 또 김부식 계열이 천도를 반대하면서 묘청의 처단을 요구하자 양 세력은 대결 국면에 들어갔다. 결국 묘청은 1135년 서경에서 분사시랑分司侍郎 조광趙匡 등과 함께 반란을 일으켰다. 이들은 황해도 자비령인 절령을 점거하고 국가를 건설했다. 국가 이름은 대위大爲, 연호는 천개天開로 삼았다.

이 반란에 대해서는 서경파 관료 내부에서도 의견 차이가 있었다. 의견이 갈렸다는 것은 개경에 남아 있던 정지상, 백수한 등이 반란이 일어난 것을 모르고 있다가 처형되었다는 점을 통해 알 수 있다. 거사는 계획적이지 않았다. 또한 반란의 주체들은 나라를 세웠음에도 새 국왕을 선출하지 않고, 거병 소식을 인종에게 알렸다. 그들의 타도 대

❶ 대화궁 토성터
❷ 대화궁지
❸ 대화궁 터에서 발굴한 용두

대화궁지와 대화궁 토성터, 대화궁 터에서 발굴한 용두 1126년(인종 4) 이자겸의 난으로 궁궐이 거의 불타고 왕권은 실추되었다. 게다가 밖으로는 금이 흥기하고 상국上國으로 대해 왔던 북송이 무너져 대외정책에 어려움을 겪게 되었다. 이런 어려움을 타개할 방법으로, 서경의 승려 묘청은 풍수지리설을 들고 나왔다. 그는 지덕이 쇠한 상경上京(개경)을 버리고 지덕이 왕성한 서경으로 천도하자고 주장했다. 묘청은 서경의 임원역이 그 지세로 보아 음양가의 소위 대화세大華勢에 해당하는 곳이므로 이곳에 궁궐을 세우면 금이 스스로 항복하고 36개국이 모두 신하가 되어 천하를 병합할 수 있을 것이라고 했다. 아울러 칭제건원稱帝建元도 주창했다. 이러한 풍리지리설에 입각한 천도론은 인종에게 상당한 공감을 불러일으켰다. 1128년 왕은 서경에 가서 재추宰樞들에게 묘청, 백수한과 더불어 터를 살피게 했다. 그리고 같은 해 11월 궁궐 신축을 명했다. 그렇게 수축된 궁궐이 대화궁이다. 이곳은 보통 명당보다 뛰어난 대명당大明堂, 대길지大吉地라는 뜻을 지닌 대화세로 여겨졌다. 하지만 대화궁은 그 의욕적인 수축에도 불구하고 제대로 쓰이지 못했다. 그러다가 1135년 서경 세력을 중심으로 한 묘청의 난이 일어나면서 폐허가 되고 만다.

상은 국왕이 아니라 개경 세력이었다.

고려 정부는 김부식을 총사령관으로 삼아 토벌군을 파견했다. 김부식은 단기전을 주장하는 막료들의 의견에 반대하면서 서경 주변부터 압박해 들어갔다. 그리고 서경을 포위한 다음 반란군의 내부 분열을 유도했다. 반란군의 군사지휘자인 조광은 묘청과 유감 등을 살해하고 투항의 뜻을 전했다. 그러나 조광 측에서 보낸 윤첨 등이 감옥에 갇히자 서경 반란군은 다시 강경한 저항으로 전환했다. 반란은 다음 해 2월에 가서야 겨우 진압되었다.

서경은 철저히 파괴되었고, 많은 서경인이 유배되거나 노비로 전락했다. 전통적인 왕실 우호 지역은 큰 타격을 입었으며, 국왕의 입지는 그만큼 약화되었다. 중앙 귀족 간의 대결이 중앙과 지역 간의 갈등으로 이어지면서, 고려 전기 운영 체제의 한계가 드러나고 있었다. 그것은 중앙과 지역 사이를 넘어 계층 간의 갈등으로 이어졌다.

12~13세기 정치 변화
무신 정변과 농민 항쟁

무신 정변의 원인과 발생

묘청의 반란 이후 김부식 등 문신 귀족들의 정치적 위치는 더욱 확고해졌다. 그러나 1170년(의종 24)에 발생한 무신 정변으로 그들의 위상은 큰 손상을 입는다. 이 사건은 《고려사高麗史》 편찬 이후 현재까지 크게 주목받았고, 고려시대를 전·후기로 구분하는 기준이 되었다.

무신 정변은 문관 우대 정책에 따른 문반과 무반의 차별 대우에서 비롯했다. 당시 무신의 최고위직은 정삼품직인 상장군이며, 군대의 최고 지휘권은 주로 문신들이 차지했다. 또한 무신은 과거를 보지 않았고, 일반 사병이나 낮은 신분에서도 입신할 수 있었다. 귀족적인 사회 분위기가 확산될수록 이들의 차별은 심화되었다.

차별이 심해지면서 일반 군인들의 불평도 쌓여 갔다. 이들은 의종의 행락을 위한 정자를 짓는 일에도 동원되는 등 갖가지 노역에 시달렸다. 그러나 무신 차별은 11세기 이래 계속되어 왔다. 따라서 이 요인만으로는 의종 대(1146~1170)에 반란이 폭발한 이유를 설명하기 어렵다.

이런 점에서 무신 정변을 무신 세력들이 성장한 결과로 보는 시각도 있다. 무신들이 여러 정치적 변란과 대외 전쟁 등을 거치면서 지위를 향상시켜 왔다는 것이다. 그러나 이들의 성장을 설명하는 기준은 상대적이며 모호한 편이다.

무신 정변의 미시적 원인은 국왕 권력의 강화 과정에서 찾을 수 있다. 의종은 인종 대(1122~1146) 이후 실추된 왕실 권위를 회복하고, 국왕 권력을 확대하기 위해 노력했다. 환관이나 경호 부대와 같은 개인 세력을 양성한 것도 그러한 노력 중 하나였다. 또한 의종은 행락과 잔치를 통해 문신들과 개인적 관계를 넓히려 했다. 그 결과 국왕을 배경으로 성장한 무신들과 기존 문신 세력 간의 경쟁과 불화 때문에 정변이 발생했다는 것이다.

1170년 8월 의종은 개경 근처의 보현원이라는 사찰에 행차했다. 왕은 수박희手搏戱*를 열어 친위 군사들의 사기를 북돋우려 했는데, 대

수박희
한반도에서 행해졌던 맨손 무예 '수박手搏'을 놀이로 삼은 것을 일컫는다.

수박도 고구려의 고분 안악 3호분 벽에 그려진 수박도다. 두 장사가 다가서면서 오른손으로 서로를 치려고 한다. 수박은 전통 무예 가운데 가장 오래된 것으로 삼국시대부터 계승되었다. 고려시대에는 무신 정변이 수박희 중에 일어났고, 그 뒤 무신 정권기에 크게 유행했다.

장군 이소응이 수박희 도중 패해 달아나다 문신 한뢰에게 뺨을 맞는 일이 발생했다. 이를 계기로 무신들의 불만이 폭발했다. 대장군 정중부鄭仲夫, 견룡행수 이의방李義方, 이고李高 등은 보현원에 도착해 국왕을 따라온 관료와 환관을 살해했다. 이어서 이들은 개경에 돌아와 문신들을 죽이고, 의종을 거제도에 유배한 후 명종明宗을 옹립했다.

무신 정권의 전개

그로부터 3년 뒤인 1173년(명종 3)에 동북면 병마사인 김보당金甫當은 쫓겨난 국왕인 의종의 복위를 명분으로 봉기했다. 남로南路 병마사 장순석은 의종을 받들고 경주로 향했다. 그러나 의종은 진압군 수장 이의민에게 살해된다. 다음 해인 1174년 무신 정권에 대항해 일어난 서경 유수 조위총趙位寵의 반란 역시 실패하자 무신의 권력은 더욱 강화되었다.

조위총의 반란이 일어나는 동안 정권을 장악하고 있던 무신들 간에도 분열과 암투가 벌어진다. 그 배경에는 무력의 사적私的 소유가 있었다. 군인들은 국가의 공적 병사들이면서 장교들과 개인적 유대로 얽혀 있는 일종의 사병이었다. 특히 무신 정변의 주동자들은 집권 후의 체계적인 국가 운영 계획이 없었다. 주동자 중에 정중부는 문신 등용과 대우 등에서 온건한 입장이었다. 그러나 무신 정변의 실질적 행동 집단에 속해 있던 이의방은 문신을 최대한 억누르려 했다. 이와 같은 개인의 권력 확대와 이해관계 및 입장의 차이에서 빚어진 충돌은 분열과 연합, 암살로 이어졌다.

이의방은 자신의 딸을 명종의 태자비로 삼아 다른 주동자들의 경계

집권자	집권 기간	집권 기구	집권 형태
정중부	1170~1179	중방	탈취
경대승	1179~1183	도방	탈취
이의민	1183~1196	중방	계승
최충헌	1196~1219	교정도감	탈취
최우	1219~1249		계승
최항	1249~1258		계승
최의	1258~1260		계승
김준	1260~1268		탈취
임연	1268~1270		탈취
임유무	1270.2~1270.5		계승

심을 유발시켰다. 이로 인해 그는 조위총의 반란에 토벌군을 출동시키는 과정에서 정중부 아들 정균의 사주를 받은 승려에게 살해당했다. 이후 정중부는 권력을 장악해 수상인 문하시중에 오르고, 지인을 요직에 임명했다. 그러나 그는 아들 정균을 공주와 결혼시키려다가 자신이 살해한 이의방의 처지와 마찬가지로 1179년 경대승慶大升에 의해 죽게 된다. 경대승 역시 1183년(명종 13) 병으로 사망해, 권력의 추는 이의민에게 기울어졌다. 이의민은 어머니가 사찰 노비 출신이지만, 타고난 힘과 무술로 하급 장교가 되었다. 그는 무신 정변에 적극 참여하고, 그 뒤 의종 살해나 조위총 반란의 토벌 등에서 공을 세우며 크게 출세했다. 이의민은 당시 하급 신분에서 능력으로 출세한 전형적인 인물이었다.

이의민이 권력을 장악하고 그 범위를 확대하자 다른 세력들도 이의

민을 견제하게 되었다. 이 과정에서 이의민의 아들인 장군 이지영이 최충헌의 동생인 최충수의 집비둘기를 강탈해 서로 다투는 사건이 발생했다. 최충헌 형제는 이를 구실로 1196년 이의민 등을 살해한 다음 정권을 장악했다.

최씨 정권과 정권의 유지

이후 무신 정권이 안정되면서 4대 60여 년에 걸쳐 최충헌 집안에서 집권자가 나온다. 최충헌은 집권한 뒤 10개 조의 개혁안을 내세워 기존 무신 권력자들의 국가 운영을 비판하면서 문신 세력의 지지를 확보하려 했다. 10개의 조의 개혁안을 간략히 정리하면 다음과 같다.

첫째, 새로 지은 궁궐에 국왕이 들어갈 것.

둘째, 필요 없는 관리의 숫자를 줄일 것.

셋째, 농민에게서 빼앗은 토지를 원래 주인에게 돌려줄 것.

넷째, 제대로 된 관리를 선발해 임명할 것.

다섯째, 지방관이 바치는 공물의 진상을 금지할 것.

여섯째, 승려들의 궁궐 출입과 고리대를 금지할 것.

일곱째, 지방 향리들의 잘못을 규찰할 것.

여덟째, 사치를 금지할 것.

아홉째, 태조 대에 만든 비보사찰裨補寺刹* 외에는 제거할 것.

열째, 대간臺諫에 적임자를 임명할 것.

> 비보사찰
> 도참설과 불교 신앙에 따라 전국의 명처 명산에 세운 절. 전국에 약 3,800개가 있었다.

최충헌은 개인적인 목적과 국가 조직을 결합시켜 국가를 운영해 갔다. 그리고 여기에 여러 기구를 신설했다. 우선 그는 자신의 사병을 조직화한 도방都房을 운영했다. 원래 도방은 경대승이 결사대로 만든 것인데, 최충헌은 이를 자신의 호위 조직으로 확대했다.

또한 최충헌은 반대 세력을 감시하기 위해 교정도감教定都監을 신설했다. 도감은 특별한 일을 처리하기 위한 임시 기관으로 요즘의 위원회와 비슷한데, 교정도감은 각종 특별세를 거두거나 관료를 천거하는 일까지 맡았다. 이후 교정도감의 책임자는 교정별감이라고 불렸고, 최씨 집안에서 대대로 세습했다.

아버지인 최충헌의 뒤를 이은 최우崔瑀는 1225년(고종 12) 정부의 인사 행정을 담당하는 정방政房을 정식 기구로 만들어 자신의 저택에 두었다. 인사 행정의 장악은 도방의 무력과 함께 최씨 정권을 지탱하는 힘이 되었다. 정방은 최씨 정권이 붕괴된 뒤에도 살아남았지만 고려 후기 인사 행정의 난맥을 만든 주범으로 고려 말 개혁의 대상이 되었다.

한편 서방書房은 최우가 문사들을 포섭하기 위해 만든 기구로, 인사 행정에 대비한 인력 예비군을 소속시키는 역할도 수행했다. 이를 통해 최우는 〈동명왕〉편을 쓴 이규보李奎報와 같은 문사들을 중용했다.

최우는 도방을 확대해 별초를 만들었다. 구성원은 전투 경험이 풍부한 군인들 중에서 선발했으며, 후일에는 지방에도 별초가 조직되었다. 별초는 특성에 맞게 임시로 조직된 부대였기 때문에 다양한 명칭을 가지고 있었다. 예컨대 마별초馬別抄와 삼별초, 신분을 나타내는 양반별초와 노군奴軍 및 잡류별초雜類別抄 등이 그러하다. 그중 마별초는 기동력이 필요한 임무를 수행하기 위해 만들어진 기병대였고, 경찰과

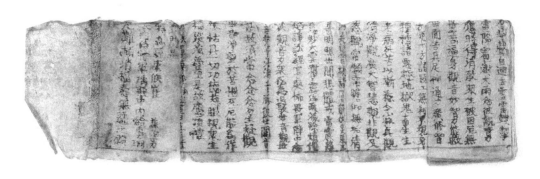

최충헌 일가가 사용한 경갑과 경전 최씨 정권의 권력자 최충헌(1149~1219)과 그의 두 아들 최우(?~1249), 최향(?~1230)을 위해 만든 휴대용 불경佛經《불정심관세음보살대다라니경佛頂心觀世音菩薩大陀羅尼經》과 경갑經匣이다. 이 불경은 최충헌 일가족의 호신과 안위를 위해 사가판私家版으로 간행한 목판본이다. 상·중·하 세 권이 병풍처럼 펼쳐서 볼 수 있는데 전체 길이는 27.5센티미터에 이른다. 불경 맨 끝에 "복을 누리며 오래오래 살기를 빌며"라는 내용의 발원문으로 보아, 암살 등의 위협을 느낀 최충헌이 부적과 같이 이 경전을 경갑에 넣어 품고 다녔던 것으로 보인다.

비슷한 성격의 야별초夜別抄와 기타 좌·우별초로 구성된 삼별초는 도적과 반란 제압을 주 임무로 했다.

몽골의 침략과 최씨 정권의 붕괴

최씨 집안이 장기간 집권한 무신 정권은 몽골의 침략으로 흔들리게 된다. 몽골은 13세기 초에 칭기즈 칸으로 알려진 테무친의 부족을 중심으로 통합되면서 강력한 세력으로 등장했다. 몽골은 통합된 힘을 바탕으로 금을 정벌했으며, 그 과정에서 금의 지배를 받던 거란족이 다시 일어났다. 그러나 거란족은 다시 몽골에 쫓기는 처지가 되어 1216년(고종 3) 고려 영내로 진입했다. 이후 3년여간 고려 국내를 침략한 요군遼軍[●]은 계속된 패배로 인해 강동성江東城(평양 동쪽)으로 모였다. 몽골은 이들을 토벌한다는 구실로 고려에 군량미를 요청했다. 고려는 몽골의 요청에 응해 군량미를 제공하고 합동 작전을 전개해 거란족이 점거한 강동성을 함락시켰다. 함락 직후 몽골과 고려는 형제간의 관계로 조약을 맺었다. 그 후 몽골은 송의 공략 등으로 많은 물자가 필요하게 되자 고려가 감당하기 어려울 정도의 공물을 요구했다. 결국 고려에 왔던 몽골 사신 저고여가 압록강 부근에서 피살된 뒤로 양자는 대립하게 된다. 그리고 7년 뒤인 1231년부터 몽골은 저고여의 피살을 구실로 고려를 침략했다. 총 아홉 차례에 걸친 몽골의 침입은 고려에 큰 타격을 주었다.

몽골의 침입으로 최씨 정권은 강화도로 천도했다. 그러나 40여 년간의 전쟁을 거치면서 일반민의 고통은 커져 갔으며, 나중에는 몽골군을 환영하기까지 했다. 고려 정부가 몽골군에 대응하는 전술과 통

요遼
10~12세기에 거란(契丹)이 중국 북방의 내몽골 지역을 중심으로 세운 왕조로서, 916년 건국 당시의 명칭은 거란국이었지만, 938년 연운 16주燕雲十六州를 획득한 뒤 나라 명칭을 '요'라 했다. 1125년 여진女眞이 세운 금金(1115~1234)에 멸망되었지만, 야율대석耶律大石이 중앙아시아에 서요西遼(1132~1218)를 건국하여 1218년 칭기즈 칸(1155?~1227)의 몽골에 병합될 때까지 존속되었다.

치 방식 때문이다. 몽골군은 처음부터 점령 정책을 쓰지 않았다. 고려 정부는 정면 대응이 아닌, 그들의 보급을 없애는 청야전술清野戰術을 구사했다. 고려 정부는 일반민들을 산성이나 섬으로 들어가게 하고, 물품을 남기지 않았다. 따라서 몽골이 물러간 뒤에 민民들은 복구에 많은 노력을 기울여야 했다. 게다가 정부는 몽골군 침입 지역에도 세금을 거두었다.

민들의 불만은 높아 갔다. 강화도로 이전한 지배층 내부에서도 불만이 커져 갔다. 불만 세력은 주로 최씨 정권하에서 과거 등으로 등용된 문신들이었다. 이들은 유경柳璥을 중심으로 몽골과의 강화를 주장했다. 한편 몽골은 침략 범위와 점령지를 넓히면서 교섭에 나섰다. 중요한 요구 조건은 국왕이 직접 항복하는 것이었다.

1258년 3월, 유경과 손잡은 김준金俊은 최항崔沆을 이은 집권자 최의崔竩를 제거했다. 무신 정권의 종말이었다. 그러고 나서 김준 등이 잠시 권력을 잡았으나, 원종元宗의 왕정복고 명목으로 인해 곧 몰락했다. 이 왕정복고는 몽골의 도움으로 가능했고, 이로써 고려 왕실은 이후 몽골의 정치적 간섭을 감수할 수밖에 없었다.

무신 정권기의 사회 갈등

무신 정권이 집권하던 시기에 중앙과 지역 세력 간의 갈등은 민란으로 나타났다. 서북 지역은 예전부터 군사적 요지여서 무력 봉기가 용이했다. 1174년(명종 4) 서경 유수 조위총은 중앙의 서경 지역 토벌 계획을 이유로 난을 일으켰다. 고려 정부가 난을 진압하는 데는 거의 2년이란 시간이 걸렸다.

망이·망소이의 봉기 무신 정권 시대에 일어난 망이·망소이 민중 봉기를 기념하는 탑. 1176년 1월, 공주에 딸린 명학소(현재의 대전광역시 서구 탄방동)에 살던 망이, 망소이 등은 무리를 모아 산행병마사라 일컫고, 지역의 중심지였던 공주를 함락했다. 이들은 조정에서 파견한 토벌군을 물리치고 예산을 공격하여 감무를 살해하는 등 기세를 올렸다.

남부 지역의 경우 공주 명학소에서 일어난 망이·망소이의 봉기가 대표적이다. 1176년 1월 봉기한 이들의 기세는 공주를 함락시킬 정도였다. 이 봉기의 특징은 특수 행정 구역인 소所에서 일어났다는 점에 있다. 정부는 초기에 명학소를 충순현으로 승격시켜 주는 회유책을 썼지만, 끝내는 진압했다. 그 외에도 충청도 관성(옥천), 부성(서산), 전라도 전주 등에서 봉기와 함께 많은 초적草賊이 발생했다. 이들의 봉기는 전국적 조직력을 가질 수 없었다. 또한 시간이 흐르면서 세력이 약화되었다. 전국 조직으로 바뀔 수 있는 사회적 관계망이 없었고 체계적인 계획이나 새로운 정치 체제를 제시할 사회 계층이 미비했기 때문이다.

대규모 봉기는 1193년 7월 김사미와 효심에 의해 일어났다. 김사미는 경상북도 청도인 운문에, 효심은 울산의 초전에 본거지를 두었다. 고려 정부는 대장군 전존걸과 군부대를 파견했다. 토벌 작전은 지지부진했다. 당시 봉기군이 경주 출신인 집권자 이의민과 결탁해 신라 부흥 운동을 일으키려 한다는 소문까지 있었다. 이의민 측에서 봉기군에게 각종 군수 물자를 대주었다는 것이다. 결국 토벌군 사령관 전존걸은 토벌을 완수하기 어렵다는 점 때문에 고민하다가 자살을 택했다. 이전까지 산발적으로 발생하던 봉기는 이때 지역적 연대를 하기에 이른다.

봉기는 이제 노비에 의한 계층적 항거와 지역 간 단결을 목표로 한 삼국 부흥 운동으로 나아간다. 노비 계층의 항거는 개경에서 발생했다. 1198년(신종 1) 최충헌의 종인 만적 등은 나무를 하러 온 노비들을 모아 최충헌 등을 살해하고 노비 신분을 고려에서 없애고자 했다. 이들은 집권자나 궁궐 등에서의 일을 통해 정치의식에 눈을 떴다. 특히 무신 집권 이후 하급 신분층들의 신분 상승을 보며 자극받았을 것이다. 하지만 봉기는 발각되어 만적 등 100여 명이 처형되었다.

1202년(신종 5) 경주민들이 신라 부흥을 표방하자 최충헌은 경주 지역의 토벌을 시도했다. 경주민들은 패좌孝佐가 거느린 운문 산적 및 초전의 봉기민들과 연합했다. 이들의 운동은 1년 반이나 지속되었다. 최충헌은 이들을 진압한 뒤 경주 지역의 행정 구역상 위상을 떨어뜨렸다. 그만큼 신라 부흥 운동은 중앙 정부에 심리적으로 큰 타격을 주었다. 1217년(고종 4)과 1237년에는 각각 고구려 부흥 운동과 백제 부흥 운동도 일어났다. 이런 삼국 부흥 운동은 이 시기까지 지역민들에게 역사 계승 의식이 강하게 남아 있었음을 보여 준다.

후기 정치의 특징

정치 세력의 모습과 특징

보통 고려시대를 두 시기로 나누어 볼 때 고려 후기는 무신 집권 이후를 가리킨다. 그러나 여기에서는 고려가 원의 정치적 간섭을 받기 시작하는 충렬왕 대(1274~1308) 이후를 고려 후기로 잡는다. 이 시기의 국왕 시호에는 대부분 '충忠'자가 쓰인다. 원에서 고려 왕의 시호를 정했기 때문이다. 당시 고려는 원에게 제후국이면서 사위의 나라인 부마국이었다. 앞선 시대에서 고려 내부는 황제국과 유사한 형태로 운영되었다. 그러나 원은 여기에 수정을 요구해 충렬왕 대부터 관제 개편이 이루어진다.

이 시기 정치 세력으로는 국왕과 측근 세력, 그리고 권문세족이 주로 등장한다. 원의 정치적 간섭으로 인해 국왕은 이전과 다른 특성을 가지게 된다. 바로 국왕 권력이 원과의 관계로 유지되었다는 점이다. 역설적이게도 이점 때문에 국왕의 권력은 약하지 않았다. 즉 국왕의 존재와 위상이 원의 후원으로 유지될 수 있었다. 그 실체가 고려 국왕과 원 공주와의 결혼 동맹이다. 그래서 이 시기를 '부마국 체제'라고 부르기도 한다.

고려 왕실 내부의 각 세력들은 원의 황실이나 실력자들과 배후에서 인간관계를 맺고 있었다. 당시 원 황제의 계승 자체가 다양한 정치적 변수에 의해 좌우되면서, 고려의 여러 정치 세력에 영향을 끼쳤다. 원 황실의 권력자와 연결된 고려의 계파는 정치에서 큰 영향력을 행사했다. 이른바 부원 세력이라고 불리는 부류로 국왕까지 이들을 함부로 대할 수 없었는데, 원의 황후가 된 기씨奇氏 집안이 대표적이다.

또한 이 시기의 정치 세력 중에는 원에 귀부歸附하거나 원과의 관계를 이용해 성장한 부류가 많았다. 특히 평양 조씨는 조인규趙仁規가 원 통역관으로 출세한 이후 성장한 대표적 가문이다. 그 외에 원에서 과거에 합격해 벼슬을 지내다가 고려에 귀국한 뒤 중요한 위치를 갖는 이도 있었다. 이색李穡은 아버지인 이곡 이래 2대가 과거에 합격해 문장력으로 출세한 대표적 예다. 그 외에 정치 세력이라고 하기는 어렵지만 많은 사람이 원으로 건너가 활동했으며 지금의 선양瀋陽 이외의 지역으로 이주한 일반민도 많았다.

중요 세력으로 국왕 주위의 측근 세력이 있다. 이들은 주로 국왕을 모시는 호종이나 환관 등으로 출발하여 출세한 이들이었다. 국왕의 지배력 확대는 이들과 관계가 있기에 서로 호혜적이었다. 당시 고려는 원의 제후국이었으므로 국왕뿐 아니라 왕실 인물들까지 일정 기간을 원의 수도에 가서 지내야 했다. 그들은 개인적으로 사람들을 거느리고 가서 생활했다. 그러다가 왕실 인물 중 한 사람이 국왕이 되면 오랫동안 자신을 섬겨 온 사람들을 중요한 직책에 임명했다. 이 방식은 국왕의 개인 세력을 확대시켰으며, 국왕 아래 인물들은 이른바 '호종 공신扈從功臣'이 되었다.

이렇게 만들어진 국왕 측근 세력에는 일반 관인층 외에 하층민 출신의 인물이 많았는데, 이들이 고위 문관직까지 진출하기도 했다. 예컨대 최안도崔安道는 어머니가 궁비宮婢였지만 후일 상장군과 동지밀직사사同知密直司事까지 올랐다. 국왕은 앞서 무신 집권기의 권력 확대 방식을 이용해 측근 세력을 양성하고자 노력했으며, 일반 관료들은 이들의 권세를 두려워했다.

마지막으로 권문세족은 고려 후기의 대표적인 귀족 세력으로서 새롭게 등장하는 신진 사류와 대결하는 보수 세력으로 이해되어 왔다. 권문세족의 존재를 당시 대표적인 귀족 가문으로만 보면, 고려 전기와 성격상 큰 차별성이 없다. 무신 집권기에 타격을 받긴 했지만, 귀족 가문의 상당수는 지위를 그대로 유지하고 있었다. 예를 들어 정안 임씨 가문이나 경주 김씨 가문 등은 국왕이나 집권자 또는 여타 귀족 가문과 혼인 관계를 통해 세력을 유지했다.

권문세족의 특징은 보수 세력이라는 점인데, 문제는 그 내부에서 신진 사류가 생기고 있었다는 것이다. 예컨대 조인규의 평양 조씨 가문은 조선왕조 개창에 중요한 역할을 한 조준趙浚 같은 인물을 배출한다.

아울러 무신 집권기 이후 새롭게 세족화한 가문들이 등장한다. 대개 전통 귀족 가문과 달리 이들은 가문의 힘보다 도평의사사都評議使司라는 정치 기구를 통해 권력을 행사하는 관료적 성격을 지녔다.

고려 후기의 권문세가는 이전보다 중앙 권력과 경제 기반에 더욱 의존했다. 이들은 경제력을 위해 불법적으로 농장을 확대하면서 상호 경쟁했고, 개인 인맥을 국가 관료에 포진시켜 이를 뒷받침했다. 나아가 스스로 중앙 권력의 실력자가 되고자 했다. 왕실과의 혼인으로 세력을 확장하는 방식은 이전보다 많지 않았다.

정치 운영과 개혁의 대두

충렬왕 대에는 국왕 중심의 측근 세력이 형성되었다. 고려 국왕은 무신 집권기와 달리 자신의 기반을 확고히 할 수 있었다. 특히 고려 왕실에 시집온 원의 공주는 매를 잡기 위해 만든 응방 등을 두어 개인 인맥과 경제력을 키워 갔다. 한편 당시 권문세가들의 불법적 농장 확대, 그리고 고려와 원 연합군의 일본 정벌, 원에 대한 조공 등은 일반 민들에게 큰 부담이 되었다.

1298년(충렬왕 24) 왕위에 오른 충선왕忠宣王은 즉위 교서에서 자신의 개혁 방향을 밝혔다. 이는 앞서 1296년에 수상 홍자번洪子藩이 올린 백성을 편하게 만들 18가지 정책(편민 18사)과 어느 정도 같은 내용으로 관리의 비리, 세금 수취 등 민과 관련된 행정 문제 개선 등을 담고 있었다. 여기에 더해 충선왕의 즉위 교서는 농장 문제나 수구 세력화한 권문세족들의 불법을 논했다.

충선왕은 관제 개편을 단행해 한림원을 사림원으로 고치고 정치 개혁의 중심 기구로 삼았다. 그는 정책 자문, 인사 및 행정을 이 사림원을 거치도록 했고 박전지, 최감, 오한경, 이진 등과 같은 신진 학사를 중용했다. 이는 국왕의 친위 관료 세력을 양성해 자신의 기반을 확보하려는 의도였다. 그러나 기존 정치 세력의 힘은 만만치 않았다. 특히 충선왕은 원 출신의 왕비 계국공주와 사이가 좋지 않았다. 결국 계국공주는 원에 충선왕을 고발해 즉위 7개월 만에 강제로 퇴위시킨다. 이후 충선왕은 다시 왕위에 오른 충렬왕과 부자간이었음에도 정치적으로 갈등하게 된다.

충선왕은 1308년 충렬왕이 죽자 복위했지만 5년 뒤 아들인 충숙왕忠肅王에게 왕위를 물려준다. 그러나 둘의 관계 역시 좋지 않았다. 이런 왕위를 둘러싼 갈등은 왕실 내부의 분화를 가져왔다. 원의 정파와 연결된 각 세력은 왕위를 확보하기 위해 경쟁했다. 이 과정에서 무력 충돌까지 발생했다. 고려 왕실은 많은 고려인이 활동하던 선양 지역의 심왕瀋王을 겸했다. 그런데 국왕이 이를 겸하지 못하고 고려 왕으로만 남게 되자 문제가 발생했다. 심왕에 임명된 왕고王暠는 자신의 세력을 이용해 고려 왕까지 겸하려고 시도했다.

충숙왕은 이런 상황에서 자식인 충혜왕忠惠王에게 왕위를 물려주었다가 다시 복위하기도 했다. 충숙왕이 사망하고 나서 복위한 충혜왕은 이후 노골적으로 경제적 이익을 추구했다. 국왕 자신이 상업에 직접 뛰어들었고, 인사 행정 등은 뇌물을 기준으로 처리했다. 결국 지배층 내의 반발로 원은 충혜왕을 유배 보냈으며, 이에 따라 고려 정국은 혼란에 빠졌다.

이때 충혜왕의 아들인 충목왕忠穆王이 8세의 어린 나이로 즉위한다. 충목왕 대(1344~1348)의 개혁은 자연히 전대의 폐단을 고치려는 방향으로 추진되었다. 정통 관료 세력을 대표하는 이제현이 중심에 있었다. 이들은 귀족 가문 출신이지만, 현재의 문제가 방치되면 고려의 통치 체제가 붕괴될 수 있다는 공감대를 지녔다.

이제현은 앞서 충선왕 대(1298, 1308~1313) 개혁 정치의 중심에 있던 이진李瑱의 아들이며, 성리학을 공부했다. 그가 충목왕에게 올린 개혁안은 학문을 바탕으로 한 군주의 덕성 함양, 인사 행정에 문제를 일으키는 정방과 응방 등의 폐지, 지방관의 자질을 높이는 방법, 관료에게 녹봉 대신 주는 녹과전祿科田의 정비, 세금 경감 등이었다. 그의 개혁안은 무신 집권기 이래 누적된 문제를 정리한 것이다. 그러나 그 개혁안은 반대 세력의 견제로 제대로 시행되지 못했다. 혁파된 정방이 다시 들어섰고, 개혁을 끌고 가던 왕후王煦(원래 이름은 권재)가 파직당했다. 이때 원의 지시로 개혁이 재추진되면서 정치도감整治都監이 만들어진다. 정치도감은 불법적 토지와 노비 문제 등을 해결하기 위한 임시 기구였다. 그러나 이것 역시 성공할 수 없었다.

나아가 기씨 황후 일가인 기삼만이 정치도감에 의해 감옥에 갇혔다가 죽게 되자, 그때까지 개혁을 지원하던 원이 반대 입장으로 돌아섰다. 정치도감의 실패는 당시 부원 세력이나 국왕의 측근 세력 등의 힘이 개혁 추진 세력보다 강했음을 보여 준다. 이들은 권력을 이용해 불법적인 행동을 해 왔고, 자신들의 지위를 지키기 위해 필사적이었다.

충목왕의 4년, 뒤이은 충정왕忠定王의 3년 재위 기간은 국왕이 통

고려 후기 개혁 연표

1288년(충렬왕 15)
전민변정도감 설치

1300년(충렬왕 26)
활리길사의 노비법 개혁 시도

1318년(충숙왕 5)
제폐사목소를 찰리변위도감으로
고쳤다가 폐지

1321년(충숙왕 8)
찰리변위도감察理辨違都監 재설치

1347년(충목왕 3)
정치도감 설치

1349년(충정왕 1)
정치도감 폐지

1352년(공민왕 1)
정방 폐지

1356년(공민왕 5)
정동행성이문소 폐지

1366년(공민왕 15)
전민변정도감 설치(신돈 임명)

전傳 이제현의 〈수렵도狩獵圖〉 이제현은 시, 글씨, 그림에 모두 뛰어났던 고려 말기 유학자이자 정치가다. 그는 충선왕忠宣王(재위 1308~1313)
때 연경燕京(북경)에 머물면서 시·서·화에 뛰어난 중국 원나라 문인 서화가 조맹부趙孟頫 등과 교류하기도 했으며 중국 서화를 수집했다. 이러
한 이제현의 명성으로 인해 그의 작품이라고 전해지는 그림들이 있으나 기록이 없어 단정하기는 어렵다. 눈 내린 산하를 배경으로 말을 탄
다섯 사람이 얼어붙은 강을 건너는 광경을 그린 이 그림은 '기마도강도騎馬渡江圖'라고 불리며, 화면 오른쪽 위쪽에 '익재益齋'라는 서명이 적
혀 있고 그 아래 '이제현인李齊賢印'이라는 도장이 찍혀 있어 이제현의 작품으로 전해지고 있다. 이 화풍에서 공민왕 대의 요소를 많이 찾아볼
수 있는데, 공민왕의 작품으로 전하는 국립중앙박물관 소장 〈천산대렵도天山大獵圖〉의 채색 기법과 닮은 점이 있다. 〈수렵도〉는 유작이 거의
남아 있지 않은 고려 말기의 화풍과 당시 회화 사조의 한 단면을 보여 주는 작품으로 중요한 의의를 지닌다.

치 능력을 발휘하기에는 너무 짧았다. 이후 충정왕의 뒤를 이은 공민왕恭愍王은 원에서의 오랜 생활을 마치고 귀국했다. 원 위왕의 딸인 노국공주와 결혼한 그는, 전왕인 충정왕과는 한때 왕위 계승의 경쟁자였다. 공민왕은 왕후나 이제현과 같은 정통 관료 세력의 지지를 받았다.

이제 새로운 시대가 기다리고 있었다. 그의 개혁 정치는 새롭게 등장할 정치 세력을 길러낼 모태가 되었다.

신진 사류의 등장과 세력화

공민왕의 개혁

공민왕은 정방을 혁파해 인사 개혁을 시도했다. 아울러 정치도감과 비슷한 전민변정도감田民辨整都監을 설치했다. 전민변정도감은 불법으로 노비가 된 사람들이나 노비 소유권을 둘러싼 소송, 그리고 권력을 이용해 땅을 빼앗는 일 등의 처리를 맡았다. 당시에는 권력가들이 불법적으로 땅과 노비를 차지하는 일이 많았다. 억울하게 땅을 빼앗기거나 노비가 된 사람들의 소송이 폭주했지만, 그 처리에 권력이 개입하면서 공정하게 이루어지지 않았다. 이는 국가가 해야 할 사법 기능을 포기하는 일이었다. 전민변정도감은 이런 기능의 회복을 목표로 한 기구였다.

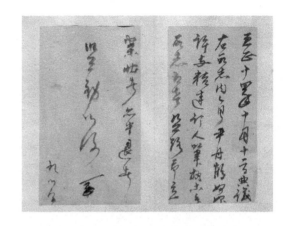

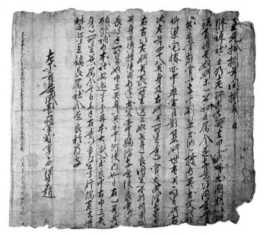

지정至正 14년 노비 문서(위)와 수선사 노비 문서(아래) 〈지정至正 14년 노비 문서〉는 1354년(공민왕 3) 직장동정直長同正 윤광학(윤선도의 선조)이 자신의 장자 윤단학에게 노비를 상속해 주는 문서다. 윤광학이 노비를 상속하게 된 이유와 당시 이 지역의 책임자인 탐율감무가 이를 확인하여 상사의 결재를 신청하는 내용이 기록되어 있다. 오늘날 고대 문서가 매우 희귀한 상황에서 〈수선사(송광사) 노비 문서〉와 더불어 고려시대 유일한 문서이며, 고려시대 사회경제사를 연구하는 데 매우 유용한 자료로 평가된다.

고려시대 노비는 매매, 상속, 증여 등이 가능했다. 특히 고려 후기에는 농장이 발달하게 됨에 따라 이곳에 많은 노동력이 필요했다. 노비는 이러한 노동력을 제공하는 원천이었다. 농장의 주인은 일반민 가운데 경제적으로 몰락하거나, 세금을 회피하기 위한 사람들을 자신의 농장에 숨겨두고, 이들을 노비로 삼았다.

또한 공민왕은 충목왕 대에 제기된 서연書筵을 설치했다. 서연은 성리학의 이념에 따라 국왕 내지 세자에게 학문을 교육하기 위한 기관이었다. 공민왕은 서연에서 여러 인물을 접견하고, 정치 세력 간의 이해관계를 조절하거나 정치 자문을 구했다. 그러나 공민왕 개혁에서 가장 주목받은 것은 1356년(공민왕 5)에 시작한 원에 대한 자주권의 회복이었다. 그의 당면 목표는 고려 국가의 정치 운영과 제도를 원래의 모습으로 바꾸는 것이었다.

당시는 중국 내부 여러 곳에서 한족 출신들의 반란이 일어나는 등 원이 쇠망의 기미를 보이고 있었다. 이에 공민왕은 고려 왕실의 가장 큰 후원 세력이던 원과 관계를 단절하겠다는 결심을 한다. 그는 국왕 권력 확대에 가장 큰 걸림돌이 국내의 부원 세력이고, 이들과 연결된 것이 원임을 인식하고 있었다. 반원 정책은 그 결과물이었다.

공민왕은 먼저 부원 세력의 대표인 기황후 집안의 기철奇轍 등을 제거했다. 또한 정치에 간섭해 온 원의 정동행성이문소征東行省理問所를 없애는 한편, 원의 직접 통치를 받던 서북면과 동북면 등의 영지를 회복했다. 원의 연호 사용을 중단하고, 고려 전기 문종 대(1046~1083)의 제도를 회복했다. 이로써 원의 정치적 간섭은 끝이 났다. 그러나 공민왕의 권력 기반 강화 방식은 선대 왕들과 같았다. 그는 원에서 숙위하던 시절부터 자신을 섬기던 시종 공신 출신들을 우대했고, 권문세가인 홍언박 등 외척 세력과 일부 관료 세력 중심으로 정치를 운영해 갔다. 개인적 기반을 중심으로 정치 운영을 꾀한다는 점에서는 종전의 다른 국왕과 차이가 없었다. 그 결과 권력에 새로 참여한 세력과 보수층 간의 갈등이 야기되었다. 공신 중 하나인 조일신趙日新의 반란

(1352)은 그 대표적 예다.

공민왕은 반원 개혁으로 자신의 기반을 강화하고 국가 운영을 이전 체제로 복귀시키려 했지만, 그 성과는 미흡했다. 왕실 후원자인 원의 반발은 공민왕의 정치적 기반을 약화시켰다. 나아가 1359년과 1361년에 발생한 두 차례 홍건적의 침입은 고려 사회에 큰 부담을 주었다. 홍건적은 원에 대항한 한족 반란군의 한 부류였다.

1361년에 침입한 홍건적은 그 수가 10만에 이르렀다. 이들은 서북면의 여러 성을 함락시키고, 수도인 개경까지 점령했다. 공민왕은 경상도 안동으로까지 피난했으며, 돌아오는 길에 흥왕사에서 암살 위기를 넘기기도 했다. 원은 공민왕을 폐위하고, 충숙왕의 아우인 덕흥군을 임명한다고 발표했다. 이를 위해 원에 있던 고려 출신 최유崔濡는 요양遼陽에 있던 병력 1만 명을 이끌고 고려 영내에 들어왔으나 고려군에게 패퇴했다. 이러한 정치적 불안정은 공민왕의 반원 정책에 대한 반발과 불만 세력들에 의해 일어난 것이다.

특히 홍건적의 침입과 수도 함락은 당장 세금이나 공물 수취, 노비 소유에 대한 장부, 국가 운영에 필요한 관례, 운영 방식 등에 타격을 주었다. 과거보다 자의적이고 불법적인 일이 행해질 소지가 더 많아진 것이다. 이에 따라 정치적 불만은 높아 갔다.

공민왕은 다시 개혁을 통해 이런 난국을 풀어 가려 했다. 공민왕은 정치적 인맥이 없다는 이유로 승려인 신돈을 등용했다. 신돈은 행정, 군사, 감찰 및 승려 감독 기구의 장이 되었다. 그는 먼저 최영崔瑩 같은 군벌이나 권문세족에 대한 숙청을 시행했다. 또 정치권력을 한곳에 집중시키기 위해 내재추제內宰樞制를 시행했다. 내재추제는 당시

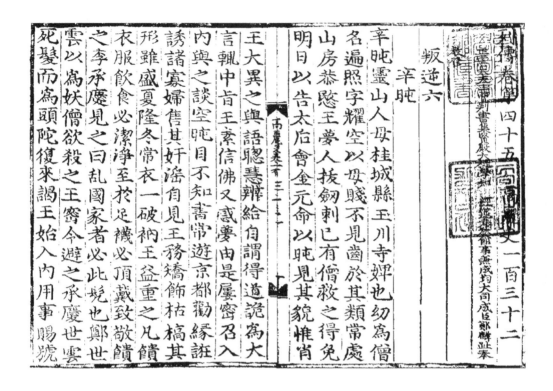

列傳卷第
四十五
高麗史 一百三十二

叛逆六

辛旽

辛旽靈山人母桂城縣玉川寺婢也幼爲僧
名遍照字耀空以母賤不見齒於其類常處
山房恭愍王夢人拔劍刺己有僧救之得免
明日以告太后會金元命以旽見其貌惟肖
王大異之與語聰慧辯給自謂得道詭爲大
言輒中旨王素信佛又感夢由是屢密召入
內與之談空旽目不知書常遊京都勸緣其
誘諸寡婦隽其奸姦自見王務矯飾枯槁其
形雖盛夏隆冬常衣一破衲王益重之凡饋
衣服飲食必潔淨至於足襪必頂戴致敬世
之李承慶見之曰亂國家者必此髡也鄭世
雲以爲妖僧欲殺之王竊令避之承慶世
死髡而爲頭陀復來謁王始入內用事賜號

《고려사》권132 〈열전〉 '신돈' 부분 신돈辛旽은 영산靈山(현재의 경남 창녕군 영산면) 사람으로 그 어미는 계성현桂城縣(창녕군 계성면) 옥천사玉川寺의 여종이었다. 어려서 승려가 되어 이름을 편조遍照, 자字를 요공耀空이라 했는데 어미가 천출이라는 이유로 승려들 사이에 끼지 못하고 늘 산방山房에 떨어져 살았다.

어느 날 공민왕이 어떤 자가 칼을 빼어 자기를 찌르려 하는데 한 승려 덕분에 살아나는 꿈을 꾸었다. 이튿날 태후에게 꿈 이야기를 할 때 마침 김원명金元命이 신돈을 알현시켰는데, 그 모습이 꿈에 본 승려와 흡사했다. 매우 이상히 여긴 왕이 그와 이야기를 나누어본즉 총명하고 사리에 밝았으며 도를 깨우쳤노라고 큰소리치는 것이 모두 왕의 뜻에 맞았다. 왕이 평소 불교를 신봉한 데다 꿈에 현혹되어 자주 몰래 그를 궁중으로 불러들여 함께 불교의 교리를 논하곤 했다. 신돈은 늘 도성을 오가면서 불법을 전파하는 척하며 과부들을 허황한 말로 꾀어 그들과 정을 통했다. 왕을 만난 뒤부터는 거짓으로 초라한 모습을 꾸미면서 무더운 여름이나 추운 겨울이라도 늘 해진 장삼 한 벌로 지내니 왕이 그를 더욱 존중히 여겼다. 그에게 보내는 모든 의복과 음식은 반드시 정결한 것으로 마련했으며 심지어 버선 같은 것이라도 반드시 머리 위까지 받들어 경건히 보낼 정도였다. 이승경李承慶이 그 꼴을 보고, "나라를 어지럽힐 자는 필연코 이 중놈일 것이다"라고 지목했으며, 정세운鄭世雲은 그를 요사스러운 중이라 단정하고 죽이려 했으나 왕이 몰래 피신시키기도 했다.

이승경과 정세운이 죽은 뒤 신돈은 머리를 기르고 행각승 행세를 하다가 다시 와서 왕을 알현한 후 그때부터 궁중으로 들어와 권력을 휘두르게 되었다. 왕은 그에게 청한거사淸閑居士라는 호를 내려주고 사부師傅라고 부르면서 국정에 관한 일은 모조리 그의 의견에 따라 처리했다.

많은 재상이 모인 도평의사사를 제치고, 선발된 일부 재상만을 모아 궁궐에서 행정을 처리해 효율성을 높이려 한 제도다.

또한 지방의 관직 없는 관료들을 군사 조직에 편성시키고, 서울로 올라와 숙위하게 했다. 이 제도는 지역 관료층에 대한 통제와 새로운 선발에 대비해 새 관료층을 양성하려 한 것으로 후일 조선 초기 정도전에 의해 계승된다.

관료들의 인사 운영은 순자격제循資格制를 채용해, 능력보다는 근무 연한에 따라 승진시키도록 했다. 순자격제는 권문세가의 자제가 어린 나이에 관료에 임용되어 고속으로 승진하는 것을 막기 위한 것이다. 그 결과 이것은 서열을 무시한 관료의 승진을 방지해 관료 사회 내부의 불만을 억제하는 효과가 있었다. 경제적으로는 전민변정도감을 다시 설치했다. 신돈은 여기서 판사를 맡아 불법으로 빼앗은 땅을 돌려주고 강제로 노비가 된 사람들을 양인으로 만들어 주었다. 그래서 신돈은 한때 성인聖人으로 불릴 만큼 지지를 받았다.

성균관과 신진 사류

새로운 정치 세력, 즉 신진 사류층新進士類層은 신돈의 개혁 속에서 힘을 결속해 나간다. 1367년(공민왕 16) 신돈은 과거의 국자감國子監을 성균관成均館으로 바꿨다. 그전까지는 국자감보다 사학 12도私學十二徒가 교육의 중심이었는데, 성균관으로 이름을 바꾸면서 예비 관료층을 국가에서 교육하는 것을 목표로 재건되었다.

성균관의 중영重營은 과거제 개혁과 관련이 깊다. 과거는 원의 방식처럼 초장, 중장, 종장으로 구성하고 유교 경전 습득을 중시하는 방향으로 바뀌었다. 공민왕은 과거의 최종 과정인 종장에서 자신이 좌주가 되어 기존의 좌주—문생 관계를 없애 버렸다. 좌주와 문생 관계는 고려에서 아버지와 아들의 관계로 생각했다. 따라서 공민왕이 좌주가 되는 것은 자신에게 충실할 관료들을 뽑는다는 의미다. 과거에서는 이전과 달리 문장력보다 유교 경전 학습과 이를 현실에 적용하는 것을 중시했다. 과거 시험이 목표로 하는 새 관료의 모습은 이른바 경세가經世家, 즉 성리학의 개인 수양과 세상 경영을 일치시키는 사람이었다. 이에 따라 형성된 새로운 정치 세력이 신진 사류다. 원래 신진 사류를 대신해 쓰인 사대부란 말은 1960년대부터 학계에 등장한 개념이다. 즉, 조선 초기 새로운 시대를 맡은 사회 계층을 한국사의 내재적 발전이라는 시각에서 설명하기 위해 붙인 이름이다.

이 계층의 기원은 무신 집권기의 문장과 행정력을 겸비한 관료층에게까지 거슬러 가기도 한다. 이들은 학문과 문장력을 바탕으로 과거제를 통해 성장한 세력으로서 사회적으로 중간층이 많고, 경제적으로는 지방의 중소 지주층으로 구성되었다. 이들은 고려 말에 농장을 소유한 대지주 격인 권문세족과의 정치적 대결을 통해 조선왕조를 건립했다고 한다. 그리고 사상적으로는 성리학을 근간으로 하며, 친원적親元的인 권문세족과 달리 명明에 우호적인 성향을 가지고 있다고 설명되어 왔다.

그러나 이 주장은 사대부가 관직에 진출한 뒤에는 결국 권문세족과 비슷해진다는 점에서 문제가 있다. 특히 권문세족 출신의 사대부가 고려 말기에도 다수 존재한다는 점이 문제로 지적되었다. 이에 따라 사회 계층적 성격이 아닌 정치·사상적 공통점으로 묶인 세력, 즉 신

정몽주(좌)와 이숭인(우) 정몽주는 신진 사류의 대표적 존재 중에 하나이며, 나중에 신왕조 개창에 반대하다가 죽임을 당했다. 그는 경상도 영천 출신으로 과거에 수석으로 합격했으며, 이후 관료로서 일본이나 명과의 외교에서 뛰어난 활약을 했다. 정몽주는 유교 경전 해석에 뛰어났으며, 성균관 박사를 지냈다.

이숭인은 지금의 대구광역시 경산시 출신인데 우왕 때 김구용, 정도전 등과 함께 북원 사신을 영접하는 일에 반대하다가 귀양을 갔다. 귀양에서 돌아와 성균관의 교수로 임명되었다. 이후 이색을 따라 명에 사신으로 갔다가 온 뒤 탄핵을 받기도 했다. 그는 정몽주의 당파로 지목되어 귀양을 갔다가 그곳에서 사망했다.

진 사류, 신흥 유신이라는 개념으로 이들을 규정하려는 시도가 학계에 있었다. 단, 공민왕 대(1351~1374)에 새 정치 세력이 등장한다는 주장 자체에는 크게 이견이 없다.

성균관에서 공부한 이들은 이색을 중심으로 정몽주, 이존오, 김구용, 박상충, 김제안, 임박, 이숭인, 정도전, 윤소종, 이첨, 권근, 박의중 등이다. 이들 가운데 김구용 형제나 권근 등은 전통적인 권문세족 출신이었다. 이들은 성균관에서 성리학을 통해 결속력을 키워 갔다. 그런데 신돈의 개혁은 시간이 지날수록 반발 세력의 결집을 불러 왔다. 신돈의 개혁은 정통 관료 세력과 보수층을 정계에서 몰아내려 했지만, 이를 대신할 새로운 세력을 길러 내지 못했다. 특히 신돈에게 집중된 권력은 그의 자의적 행정과 무리한 사법 판단을 야기했고, 이것은 그의 개혁 추진에 큰 문제로 작용했다. 신돈의 권력 확대는 공민왕 또한 바라지 않았다. 이로 인해 신돈은 1371년 공민왕에 의해 제거된다.

군벌 세력과 신왕조 개창을 둘러싼 갈등

군벌 세력의 등장과 우왕 대 정국

군벌 세력이 고려시대에만 등장했던 것은 아니다. 지칭하는 대상이 분명하지 않기 때문에 무장武將 세력이란 말을 쓰기도 한다. 고려시대

군벌 세력이란 공병公兵 조직을 이용해 자신의 개인적 기반을 만들고, 정치적 영향력까지 확충시킨 세력이다. 당시 특정 가문이 일정한 지역을 기반으로 군대를 양성하고, 이를 국가의 공병으로 만들었다. 대표적인 경우가 이성계李成桂 집안이다. 그의 집안은 원과 관계를 맺어 함흥을 거점으로 동북면 지역에서 세력을 확대해 왔다. 즉 이들의 성장 배경에는 원이나 여진족과의 타협과 세력화가 있었던 셈이다. 그런데 이성계 집안은 공민왕의 정책에 맞추어 중앙 정계에 진출했다. 이성계의 아버지 이자춘李子春은 공민왕이 원의 쌍성총관부를 공략할 때 호응해 자신의 군대를 동원했다. 이후 이성계 집안은 자신들이 거느린 친위군단의 힘을 바탕으로 신흥 군벌이 되어 중앙 정계에 등장했다.

한편 권문세족인 철원 최씨 가문의 최영 또한 군벌 세력으로 성장한다. 그는 이성계보다 국가의 공병 조직에 더 의존했고, 전통 귀족 출신이라는 점에서 권문세족의 이해관계를 옹호할 여지가 컸다.

군벌 세력이 성장한 배경에는 홍건적과 왜구 등의 침입에서 비롯된 빈번한 전투가 있었다. 특히 왜구 문제가 심각해서, 권근의 말에 따르면 해안 지역이 모두 풀밭으로 변했을 지경이라고 했다. 심지어 왜구 때문에 개경 지역에는 계엄이 자주 내려졌다. 이로 인해 고려는 물자 수송이 막히거나 경작과 수확을 못 하는 등 많은 해를 입었다. 왜구의 약탈과 파괴로 입은 인명과 재산 손실은 매우 컸다. 당시 왜구는 해적 차원이 아닌 수백 척의 배와 대규모 인원을 동원했고, 고려인 중에도 왜구를 가장한 도적들이 등장했다.

당시 군인들은 전쟁에서 세운 공로로 관직이 올라갔다. 게다가 군

황산대첩비명 탁본

황산대첩비荒山大捷碑는 이성계가 전라도 운봉의 황산에서 왜구를 크게 물리친 일을 기념한 승전비다. 1380년(우왕 6) 이성계는 함양으로부터 공격해 오는 왜구들과 이곳에서 격전을 벌여 적장 아지발도를 사살하는 등 대승을 거두었다. 현재 남원시 운봉읍에 있는 비는 1957년에 다시 세운 것이다.

정지 장군의 갑옷

고려 말 명장 정지鄭地(1347~1391)는 병마사, 순문사, 원수 등을 역임하며 서·남해안의 여러 곳에 침입한 왜적을 무찔렀다. 정지 장군의 경번갑鏡幡甲은 철판과 철 고리를 서로 사이에 두고 엮어서 만든 국내 유일의 고려시대 갑옷이다.

홍건적과 왜구의 침략 홍건적은 원의 지배에 반대하여 일어난 한족 반란군인데, 이들 중에 일부가 고려를 침략했다. 두 번째 침입 때는 개경이 함락되고 공민왕이 안동까지 피난하면서 큰 피해를 입었다. 하지만 보다 큰 피해를 입힌 존재는 왜구였다. 왜구는 내륙 깊숙한 곳까지 침략하여 약탈을 일삼고 백성을 포로로 잡아 갔다. 고려는 왜구의 침입으로 조운선이 끊기거나 서남부 해안에 큰 피해를 입었다. 최영과 이성계는 각각 홍산과 황산 전투에서 왜구를 물리쳤다. 고려는 왜구를 근본적으로 박멸하고자 박위에게 대마도를 정벌하도록 했다.

대는 지휘관과 사적 인맥으로 연결되어 있었다. 따라서 이들은 자신이 추종하는 장군 내지 지휘자에게 충성도가 높았고, 공민왕 사후 점차 정계에서 중요한 역할을 하기 시작한다.

공민왕은 신돈을 축출한 후 새로운 친위 세력을 구축하려 했다. 그 방법으로 귀족 자제들을 소속시킨 자제위子弟衛를 만들었고 환관 세력을 양성했다. 그러나 공민왕은 자신의 친위 세력인 자제위 소속의 최만생, 홍륜 등에 의해 1374년(공민왕 23) 살해되었다. 그의 죽음은 고려 정국에 후계자 문제를 불러왔다. 이인임 등은 강릉대군 우禑를, 명덕태후와 경복흥慶復興은 종실 내에서 새로 왕을 추천하려 했고, 친원 세력은 심왕 고瀋王暠의 손자를 옹립하려고 하면서 고려 정국은 위기를 맞는다.

이때 이인임 계열은 최영 등 군벌 세력과 손잡고 열 살의 어린 우를 왕으로 즉위시켰다. 재상 이조년의 손자인 이인임은 신흥 집안 출신으로 신돈 제거 이후 공민왕 치하에서 수상의 위치에 있었다. 그는 우왕 즉위 뒤에 권문세족과 결탁했다. 그런데 신진 사류들은 원과의 관계 개선을 꾀하려는 이인임 정권에 반발했다. 이 때문에 그들 상당수가 정계에서 숙청되는데 정도전, 전녹생, 박상충, 이첨, 정몽주, 김구용, 이숭인, 임박 등이 유배되거나 죽었다.

이들 중 많은 수가 다시 기용되지만, 우왕 대(1374~1388) 정국은 권문세족과 신진 사류 간의 대립 양상을 띠었다. 이 대립은 신진 사류의 정치적 성장에 도움이 되었다. 대립 관계 속에서 신진 사류는 정치적 정체성을 추구하면서, 보수층과 대항하기 위해 정책을 연구·개발했기 때문이다. 이들은 유교 경전이나 역사책에서 문제의 해결책을 찾아내려 했고 그러한 정책 검토는 국가 운영 전반으로 확산되었다. 따라서 이들은 보수 세력에 비해 정치적 명분과 실제에서 점차 우위에 설 수 있었다.

당시 이인임을 위시한 집권 세력은 개인적인 기반을 극대화하려 했다. 이제 국왕은 정치 운영에서 통제와 조절 능력을 발휘할 수 없었다. 불안한 정국 속에서 모든 세력이 자신의 기반을 확보하기 위한 경쟁에 돌입했다. 1377년에는 하위 신분에서 출세한 지윤池齋이 이인임과 최영에 의해 제거당했다. 이후 권문세족인 임견미와 염흥방이 불법을 자행했다. 이런 행위들은 법과 운영 체계를 무력화했고, 특정인에게 독점적 권력을 만들어 주었다. 이로 인해 지배 체제 전체가 붕괴될 수 있다는 위기감이 보수층 내부에까지 번져 갔다.

군벌 세력이 개입한 것은 이 시점이었다. 1388년 1월 최영은 우왕과 이성계의 동조를 바탕으로 이인임, 임견미, 염흥방 등을 축출했다. 정계의 최고 실력자로 부상한 최영은 이인임 처리에 미온적이었지만, 이성계는 신진 사류층과 결합해 단호한 처벌을 주장했다.

특히 양자는 대외 관계 문제로 갈등을 겪게 된다. 친원 외교로 고려와의 관계가 순탄치 않던 명은 같은 해 2월 철령 이북 땅에 철령위를 설치해 직접 통치하겠다고 알려 왔다. 이에 최영은 요동 정벌을 주장했으나, 이성계는 여기에 반대했다. 최영은 요동 정벌군을 조직해 조민수와 이성계를 각기 좌·우군 도통사로 삼아 출정시켰다. 하지만 이성계는 압록강 중간에 있는 위화도에서 조민수를 설득해 회군했다. 이른바 위화도 회군(1388)이다.

회군한 이성계 부대는 개경에 진입해 최영을 체포하고 우왕의 어린 아들 창왕昌王을 세웠다. 여기에는 신진 사류의 대표자인 이색의 지원이 있었다.

신왕조 개창과 갈등

위화도 회군 이후 이성계는 정계의 최고 실력자로 등장했고, 정도전이나 조준과 같은 신진 사류들이 중요 관직에 오르게 된다. 이제 신진 사류들이 생각한 여러 개혁을 추진할 기회가 온 것이다. 그러나 그때부터 개혁 방향에 대한 신진 사류 내부의 대립이 형성되었다. 이는 결국 사전私田 개혁 문제로 절정에 이른다. 사전이란 어떤 개인이 소유한 땅을 말하지만, 그 땅에서 나오는 수확물 중에 10분의 1을 거두어 갈 수 있는 권리도 의미한다. 이 권리를 수조권收租權이라 부른다. 고려 후기 이래 같은 땅에서 불법적으로 몇 차례나 수조하는 문제가 발생하면서 수조권자들과 소유자 간의 갈등이 심각했는데, 대개 수조권자들이 권력을 갖고 있었다.

신진 사류들은 이를 개혁해야 한다고 보았다. 그러나 개혁 방식을 놓고 신진 사류 내에서 의견 차이가 컸다. 당시 최고의 지위와 권위를 가진 이색은 사전 개혁에 대해 신중했다. 그는 사전에서 수조하는 사람들이 여러 명으로 많아진 것을 한 사람만으로 다시 정하자고 주장했다. 반면에 정도전과 조준 등의 급진 개혁파 사류들은 토지의 재분급을 생각했다. 이 경우 기존의 권문세가들이 크게 손해를 보게 된다. 양측의 대립이 계속되는 가운데 1389년(창왕 1) 11월 발생한 김저 사건은 보수 세력을 몰아내는 계기가 되었다. 최영의 조카인 김저는 우왕의 복위를 꾀하다가 발각되었다. 심문 과정에서 김저는 변안열, 이

림, 우현보, 우인열 등 공모자를 발설했고, 많은 권문세족 출신이 유
배되었다.

또한 이성계 계열은 우왕과 창왕 부자가 공민왕의 혈통이 아니고,
신돈과 그의 노비인 반야에게서 태어났다는 이유로 이들을 교체해야
한다고 주장했다. 결국 이성계 계열은 창왕을 몰아내고, 무인 집권기
왕인 신종神宗의 7대손 정창군 왕요를 공양왕恭讓王으로 세웠다. 아울
러 반대 세력인 이색을 탄핵해 유배를 보냈다.

그 후 1390년(공양왕 2) 윤이·이초 사건으로 이색 계열은 더욱 곤경
에 빠졌다. 이와 함께 이성계와 정도전 등은 토지 문서를 시가지에서
불태우고 사전 개혁을 추진했다. 과전법은 여기서 탄생한다(1391). 이
무렵 무력의 기반이 되는 군제 개혁도 시도되었다. 이는 개인 사병을
공병 조직 속에 흡수하기 위한 것이다. 군제 개혁에 따라 삼군도총제
부三軍都摠制府*가 만들어졌고, 이성계가 삼군도총제사를 맡았다.

고려왕조를 지키려는 마지막 노력은 정몽주에 의해 추진되었다. 그
는 후일 조선 태종이 되는 이방원李芳遠과 조준, 정도전, 남은, 윤소종
등의 신왕조 개창 움직임에 맞섰다. 양자의 대립은 1392년 3월 이성
계가 해주에서 사냥하다가 중상을 입은 뒤, 정몽주 계열의 정치적 공
격으로 본격화했다. 정몽주는 간관諫官 김진양金震陽 등을 통해 조준,
정도전, 남은, 윤소종 등을 유배 보냈다. 이로 인해 이방원은 정몽주
를 죽이게 된다.

같은 해 7월 우시중인 배극렴裵克廉 등은 공민왕의 정비定妃였던 왕
대비 안씨에게 건의해, 양위讓位 형식으로 이성계에게 왕위를 넘기게
했다. 공양왕은 폐위된 뒤 원주를 거쳐 삼척으로 유배되었다가 죽임

삼군도총제부
고려 말 조선 초에 있었던 상
급 군령 기관. 1391년(공양왕 3)
고려의 전통적인 중·전·후·
좌·우의 5군 제도에서 전·후
2군을 없애고, 중·좌·우의 3
군으로 중앙군을 재편하면서
설치된 것으로, 국내의 모든
군사 조직을 통합했다. 당시
이성계는 삼군도총제사三軍都
摠制使로 임명됨으로써 병권을
확고히 장악할 수 있었다.

을 당했다. 조선 태조 이성계의 즉위로 고려왕조는 475년의 역사를
마감했다.

－김인호

於農隙遴選官吏
稱八年十二月
等為別坐分
道觀察使
二十
白川界
禮城江
甘露亭
永安城
昌陵
喬桐
江華
摩尼山
午正門
勝戰門
廣明洞
奉常
厚陵
齊陵

고려는 신라와 달리 정치 운영에서 골품제의 원리가 폐기되어 중앙 정치에 참여하는 지배층의 범주가 크게 넓어졌다. 광종의 독단적인 정치 운영과 경종 대 권신의 권력 남용으로 지배층의 다수가 희생되자, 고려 지배층은 국왕이 권력을 남용하지만 않는다면 국왕을 중심으로 국왕과 신료가 합의하에 국정을 이끌어 가는 정치 체제를 수립하고자 했다. 성종은 당송 제도를 전면적으로 도입해 관료 제도를 새로 정비했고, 이로써 3성 6부제는 국가 운영의 기본 제도로 정착되었다. 골품 귀족과 같은 특권적 신분이 없어져 지배층의 지위를 유지하는 데 중앙 관료를 배출하는 것이 중요하게 된 상황에서, 중앙과 지방의 지배층 내에서 관료를 배출하기 위해 교육제, 과거제, 음서제를 운영했고, 국가에 봉사하는 관료에게 전시과와 녹봉을, 공로를 세운 관료에게 공음전을 지급했다. 차츰 문벌이 형성되었으나 문벌 출신만을 위한 특혜는 따로 없었다. 국왕이 6부를 관할하고 국가 행정을 직접 이끌어 갔으며, 일부 재상이 6부 판사로서 행정에 참여했으나 재상이 6부 판사 전부를 겸직한 적은 거의 없었다. 국왕과 신료의 정치적 입지가 넓어지면서 그들의 잘못된 정치 행위를 비판하는 대간 제도가 크게 발달했다. 국왕은 왕명의 반포를 통해 국정을 이끌어 갔고, 국왕의 최종 결정권을 중심으로 신료의 상주와 시행이 결합된 형태로 국정이 운영되었다. 국왕이 최종 결정권을 행사하면서도 국왕과 신료가 함께 국정을 논의하는 합의 정치가 크게 발달했다.

중앙 정치의 구조와 운영

왕과 관료에 의한 정치

정치 제도사 연구와
귀족제설

귀족제설에서 보는 고려의 정치 체제

고려의 중앙 정치는 국왕과 신료가 함께 이끌어 갔다. 그러나 그동안 이런 단순한 사실이 제대로 인식되지 못했다. 정치 제도사 연구가 귀족제설의 관점에서 이루어지면서 권력 구조와 국정 운영에서 신료인 재추宰樞의 역할이 강조되어 왔기 때문이다.

이에 따르면 고려의 최상층 신분은 문벌 귀족인데, 이들은 중서문하성의 재신宰臣과 중추원의 추밀樞密이 되어 국정의 논의를 주도하면서 정치를 이끌어 갔다. 또 재신이 6부 판사를, 추밀이 6부 상서尙書를 겸직하여 6부의 행정까지 장악했다. 6부는 상서도성尙書都省의 복야僕射나 중서문하성의 재신을 거치지 않고 국왕에게 직접 상주上奏*하여 국왕이 6부 행정을 직접 관할하기는 했으나, 재신이 겸직하는 6부 판사제가 있어 업무가 재신의 통할 하에 있었으므로 국왕의 6부 관할은 실효성이 없었다. 이로 인해 재추는 권력 구조와 국정 운영의 중심적인 위치에 있었고, 고려의 왕권은 상당한 제약을 받았다. 이러한 재추의 운영 방식은 고려가 문벌 귀족 사회라는 점을 입증하는 중요한 논

상주
신료가 국왕에게 국정을 아뢰는 것을 말한다.

거로 이해되었다.

또한 중서문하성의 간관諫官과 어사대의 대관臺官은 제도적으로는 국왕과 신료 모두의 잘못된 정치 행위를 비판하고 견제하는 기능을 했으나, 고려는 문벌 귀족이 대간臺諫이 되었기 때문에 왕권을 규제하는 성격이 강했고, 재추와는 신료의 입장에서 국왕에 대한 공동 운명체가 되어 협력 관계에 있었다고 보았다. 특히 대간의 서경권署經權 행사는 인사 명령이나 법제 제정에 대한 최종 권한이 대간에게 있었음을 의미한다고 해석되어, 이 역시 고려가 문벌 귀족 사회임을 보여 주는 근거로 이해되었다.

귀족제설로 해석되지 않는 것들

국왕을 제외한다면 재추는 고려의 관료 가운데 지위가 가장 높았으므로 이들이 권력 구조와 국정 운영에서 높은 비중을 차지하고 중요한 역할을 하는 것은 당연했다. 문제는 귀족제설의 관점에서 연구가 이루어지면서 재추의 역할과 위상은 강조되었으나 국왕의 위상과 역할은 제대로 평가되지 못했다는 점이다. 국정을 국왕과 재추가 함께 이끌어 갔음에도 불구하고, 국왕의 역할과 위상에 대한 검토 없이 재추를 중심으로 연구한 뒤 이를 바탕으로 권력 구조에서 왕권이 약했다고 설명하는 것은 연구 방법상 문제가 있었다. 재추가 국정의 논의를 주도하고 정치를 이끌어 갔다는 견해는 국정 운영에서 국왕과 재추의 역할을 동시에 살펴본 후에야 비로소 설득력을 얻을 수 있을 것이기 때문이다.

그런데 고려의 재추는 문벌 출신만 임명되는 것이 아니라 관료 가

복두 고려시대 관료들이 썼던 관모. 북주 무제 때부터 모자 뒤쪽에 각
이 있는 복두幞頭를 착용했다. 당에서는 황제가 쓰는 복두의 각은 위로,
신료가 쓰는 것은 아래로 향하게 했으나, 오대부터 양각이 평행으로 바
뀌었다. 고려 전기에는 양각이 평행인 복두를 사용했고, 후기에는 아래
로 향한 것을 착용했다.

청동인 개성에서 출토된 고려시대 관료들이 사용한 다
양한 도장들. 사자나 물고기가 조각되었고, 도장 면에
는 글자나 문양이 새겨져 있다.

문 출신이나 신진 관료도 임명되었으므로, 재추에 임명된 모든 관료가 문벌의 이익을 대변했다고 볼 수는 없다. 다시 말해 설령 재추가 정치를 주도하고 국정의 논의를 이끌어 갔다고 해도 그것이 문벌의 이익을 대변하는 것이었는지는 다시 검토해야 한다는 것이다.

뿐만 아니라 고려의 문벌을 귀족이라고 생각하는 경우가 많으나 그렇게 볼 수 있을지도 의문이다. 역사상의 귀족은 대개 지배층 내에서 그들 신분만 향유하는 법적인 혹은 관습적인 배타적 특권을 가지고 있으면서 그것을 가문이나 혈연을 통해 세습하는 최상층 신분으로, 군주의 권력이나 군주 중심의 관료제적 질서로부터 일정하게 자율적인 정치·경제·사회적 위상을 가진 존재였다. 하지만 고려는 지방 향리가 중앙 관료로 진출하면 사족土族으로 신분이 상승했고, 중앙에 진출한 후에는 신진 관료로서 새롭게 시작했다. 문벌의 경제 기반도 다른 관료와 마찬가지로 관료로서 근무하는 대가로 받는 전시과나 녹봉이 가장 중요했으며, 그들이 원래 가지고 있던 지역에서의 경제 기반이 관료나 문벌이 된 후에 그들의 사회적 위신을 높이는 데 별다른 영향을 주지 못했다. 고려의 문벌은 국왕을 중심으로 발달된 관료 제도를 기반으로 누대에 걸쳐 다수의 재상을 배출함으로써 형성된 명망 있는 가문이었다. 문벌이 되기 위해서는 관료 제도상의 관직인 재상을 배출하는 것이 중요했으며, 관료 제도를 벗어나 자율적인 특권을 가지고 있지 않았다. 고려의 문벌을 귀족으로 보기 어려운 이유다.

그리고 재신이 6부 판사를 겸직하기는 했으나 6명의 판사가 모두 임명된 경우는 거의 없었고 또 상서도성의 복야나 6부의 상서 등이 일부 재신과 추밀을 겸직한 것으로 밝혀져 재추가 6부의 행정을 장악

〈아집도대련〉 일부 고려시대 문신 관료들이 교유하는 모습을 담은 그림(14세기경). 문신 관료들이 함께 모여 시를 짓고 책을 읽거나 그림을 감상하며 담소를 나누고 있다. 고려의 문신 관료들이 이상으로 삼은 풍류를 보여 준다.

했다고 보는 견해도 받아들이기 힘들게 되었다. 대신 6부가 국왕에게 업무를 곧장 상주하여 국왕이 6부 행정을 직접 관할했다는 것은 부정하기 어려운 사실이어서 국정 운영이 재추를 중심으로 이루어졌다는 견해를 그대로 수용할 수는 없는 상황이다.

또한 고려에서는 대간에 문벌 출신이 임명되기도 했으나 관료 가문 출신이나 신진 관료도 임명되었으므로 대간에 임명된 관료들이 모두 문벌의 이익을 대변했다고 볼 수는 없다. 그리고 신료에 대한 대간의 비판이 갖는 의미를 충분히 고려하지 않고 국왕에 대한 비판 기능만 강조하는 것은 문제가 있다. 대간과 재추가 국왕에 대해 신료의 입장에서 운명 공동체였고 협력 관계에 있었다는 것도 입증되지 않은 추론에 불과한 것이어서 사실로 받아들이기 힘들다. 대간에게 서경권署經權*이 있었던 것은 사실이나 그러한 서경을 받아들일 것인가의 여부를 결정하는 것은 국왕의 권한이었으므로 서경권을 최종 권한으로 볼 수는 없다. 따라서 서경권을 근거로 고려가 문벌 귀족 사회라고 설명하는 것은 문제가 있다.

요컨대 고려의 관료 제도는 귀족제설의 관점에서 주장하는 것처럼 문벌 귀족의 이익을 보장하는 형태로 조직·운영되었다고 할 수 없다. 이러한 점은 고려의 정치 체제가 수립된 역사적 배경을 살펴보면 보다 분명히 이해할 수 있다.

서경권
인사 명령이나 법제 제정에 대해 대간이 심의하는 권한을 말한다. 고려시대에는 중서문하성의 낭사와 어사대의 대관이 담당했고, 조선시대에는 사헌부와 사간원이 담당했다.

정치 체제 수립의
역사적 배경

신라 중앙 정치의 골품제 원리

고려 일대에 걸쳐 운영된 관료 제도는 성종 대(재위 981~997)에 새롭게 정비된 것으로, 신라 말 고려 초의 사회 변동을 배경으로 성립했다. 신라의 중앙 정치는 골품제의 원리를 바탕으로 운영되었다. 관료 제도의 조직과 운영이 골품의 신분을 바탕으로 이루어져 골품에 따라 임명되는 관등의 상한이, 관등에 따라 관직의 상한이 제한되었다. 17관등의 경우 진골은 1등급인 이벌찬伊伐飡까지, 6두품은 6등급인 아찬阿飡까지, 5두품은 10등급인 대나마大奈麻까지, 4두품은 12등급인 대사大舍까지 승진 가능하게 차등적으로 운영되었다. 그리고 상급 관청의 장관은 1~5등급의 관등을 가진 인물에서, 차관은 6~9등급의 관등을 가진 인물에서 선발되어 진골은 장관과 차관이 될 수 있었으나 6두품은 차관에 임명될 수 있을 뿐이었다. 재상도 대개 상대등上大等과 상급 관청의 장관에서 임명되었기 때문에 국가 중대사의 논의가 진골의 이해를 벗어나 이루어지기 어려웠다. 게다가 골품제는 경주의 지배층을 대상으로 하는 신분제였으므로 지방 세력은 중앙 정치에 참여하지 못했다.

이처럼 신라에서는 경주의 골품 귀족이 지방 세력과 비교되는 배타적인 기득권을 누렸으나 중앙에서는 진골 귀족의 기득권이 우월하게 인정되는 방식으로 관료 제도가 조직·운영되어 국왕과 두품頭品에게 상당히 불리했다. 국왕의 고유 권한 중 하나가 인사권인데, 신라에서는 국왕의 인사권이 제대로 발휘되기 어려웠다. 국왕이 능력 있는 인물에게 적절한 관직을 맡기고 싶어도 신분을 뛰어넘어 관등을 올려 줄 수 없었기 때문에 인사권의 행사에 한계가 있었다. 국왕이 상급 관청의 장관이나 재상으로 임명하고 싶은 인물이 있다 해도 진골에서만 선발해야 했으므로 6두품 이하는 기회가 없었던 것이다. 이처럼 신라에서는 국왕과 두품의 권력이 골품제로 인해 커다란 제약을 받고 있었다.

지방 세력의 중앙 정치 참여

신라 말에 진골이 사회·경제적 모순을 야기하고 왕위 계승 분쟁에 빠지면서 중앙의 통제력이 약화되자, 중앙 정치에서 배제되어 있던 지방 세력이 성장하여 후삼국이 정립되었다. 고려는 골품제의 원리를 채택하지 않은 태봉泰封을 이어받아 건국했기 때문에 정치 운영에서 골품제의 영향을 받지 않았다. 그래서 건국 초기부터 지방 세력이 중앙 관료가 되어 정치에 참여하는 것이 가능했고, 상급 관청의 장관이 되는 것은 물론 재상이 되어 국정 논의에 참여할 수도 있었다. 이에 따라 고려의 지배층 내에는 배타적 특권을 누렸던 신라의 진골과 같은 신분이 존재하지 않게 되었고, 관료들을 선발하는 국왕의 인사권도 신라에서와 같은 제약을 받지 않게 되었다.

하지만 골품제의 원리를 바탕으로 하는 정치 체제를 대체하는 새로운 정치 체제가 제대로 성립되지 못해 초기에는 상당한 혼란을 겪었다. 왕위 계승 과정에서 정쟁으로 상당수의 지배층이 희생되었을 뿐만 아니라, 광종(재위 949~975)은 신료들과 함께 국정을 논의하지 않고 독단적으로 이끌어 나갔고, 서열을 뛰어넘어 관료를 선발하거나 호족 출신의 구신舊臣과 숙장宿將을 함부로 숙청하는 등 권력을 자의적으로 행사했다. 경종 또한 광종의 정치에 대한 복수를 허용하고 권신權臣에게 권력을 맡겨 개혁에 참여했던 많은 사람들이 죽임을 당했다. 이로 인해 성종 대의 지배층은 국왕과 신료 어느 쪽이라도 권력을 독점하고 남용해서는 안 된다는 인식을 공유하고 있었다.

새로운 정치 체제의 수립

성종 대 지배층은 국왕이 권력을 남용하지만 않는다면 국정에 대한 최종 결정권을 행사하는 가운데 국왕과 신료가 합의하에 국정을 이끌어 가는 정치 체제를 수립하고자 했다. 동시에 국왕과 신료 어느 한쪽이 법제나 관행에서 벗어난 잘못된 정치 행위를 할 때 이를 비판하고 견제하는 제도적 장치를 마련하고자 했다. 이러한 배경 속에서 성종은 당송의 제도를 전면적으로 수용해 중서문하성의 재신과 간관, 상서도성과 6부, 어사대의 대관 등과 중추원의 추밀과 승선承宣, 삼사三司 등을 설치하여 고려의 관료 제도를 새롭게 정비했다.

고려가 당시 이웃 나라인 송의 제도보다 멸망한 당의 제도를 더 중점적으로 도입한 것은 《정관정요貞觀政要》*의 영향이 컸다. 《정관정요》는 당 태종의 제왕학적 통치술이 담긴 저술로, 군주가 정치를 주도하면서 동시에 군주와 신하가 정치를 조화롭게 운영해야 한다는 주장이 들어 있다. 특히 신료의 간쟁을 받아들이는 군주의 미덕을 강조하고 있다.

《정관정요》
당의 오긍吳兢이 찬술하여 현종에서 바친 제왕학의 교과서로, 당 태종과 신하들의 정치 문답을 엮은 책이다.

고려에서는 광종 초반에 이미 지배층 사이에《정관정요》가 널리 퍼져 있었다. 이 책을 광종에게 추천한 인물은 성종 초반의 정치를 이끌었던 최지몽으로 추정되고 있다. 성종의 정치에 커다란 영향을 미친 최승로가〈오조치적평五祖治績評〉서술의 이념적 근거로 삼은 것도《정관정요》였으며,〈오조치적평〉에서 가장 비판적으로 평가한 광종에 대해 그의 전반기 8년의 정치에 대해서만은 삼대의 정치라고 칭찬을 아끼지 않은 것도 당시에 광종이《정관정요》를 바탕으로 정치를 운영했기 때문이었다. 성종이《정관정요》의 정치를 가능하게 한 당 전기의 3성 6부제를 도입했던 것은 이런 배경하에서 이루어졌다.

그동안 성종 대에 성립된 정치 체제가 귀족적 성격을 가진 것이라는 견해가 있어 왔다. 그러나 고려는 건국 때부터 신라의 진골과 같은 귀족적 특권을 가진 신분이 존재하지 않았다. 뿐만 아니라 경종이 즉위할 당시에 구신으로 살아남은 자가 40여 명에 불과했다는 최승로의 말처럼 고려 초기의 정쟁으로 특권을 가질 만한 지배층의 다수가 제거된 상태였다. 따라서 성종 대에 수립된 정치 체제가 지배층 내에서 소수의 특권적 신분에게 더욱 유리하도록 조직된다는 것은 불가능했다.

성종 대 정치 체제의 성격을 귀족적이라 보는 견해와 달리 실제로는 지방 세력이 중앙 관료가 되어 중앙 정치에 참여하고 이를 통해 지배층의 지위를 유지할 수 있었던 건국 이래의 변화가 그대로 계승되고 있었다. 성종 이후 상급 관청의 관료이자 재상으로 활동한 중서문하성의 재신과 중추원의 추밀의 임명은 문벌 출신으로 제한되지 않았고, 관료 가문 출신이나 향리에서 진출한 신진 관료에서도 임명되었다. 이에 따라 새로운 정치 체제에 참여하는 지배층의 범주가 크게 확대되었고, 국왕의 인사권도 강화되었다. 요컨대 성종 대에 수립된 고려의 정치 체제는 나말 여초의 사회 변동이 반영되어 형성된 것이었다.

국왕의 위상과 권한
그리고 군신 관계

국왕의 초월적 위상과 군신의 상하 관계

정치 운영에서 골품제의 원리가 배제되어 골품 귀족과 같은 특권적 신분이 사라지고 지방 세력이 중앙 관료가 되면서 중앙 정치에 참여하는 지배층의 범주가 넓어지자, 고려에서는 국왕과 신료의 변화된 정치적 위상과 역할을 합리화하는 새로운 인식이 대두되었다.

고려의 국왕은 신료와 공유할 수 없는 초월적 위상을 가진 존재로 인식되었는데, 이는 천명사상天命思想과 용손龍孫 관념으로 합리화되었다. 천명사상은 유교의 도입으로 삼국시대 이래 이미 존재해 왔으나 고려 건국 이후 유교가 정치 이념으로 정착하면서 뿌리내린 사상이었다. 왕건王建의 추대가 천명에 의한 것이라고 표방되면서 그의 후손으로 왕위에 오른 인물들도 모두 천명을 받아 국왕이 되었다고 인식되었다. 용손 관념은 왕건의 조모가 용녀龍女였다는 설화에서 나온 것으로, 고려에서는 용손으로 표현되는 왕건의 혈연적 후손만이 왕위에 오를 수 있다는 인식으로 나타났다.

이렇게 되자 고려에서는 왕건의 후손이 아닌 이성異姓이 국왕이 되

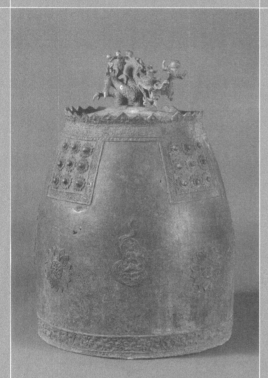

음사명 동종乙巳銘銅鐘 왕의 만수무강과 국태민안, 중생 제도를 기원하는 발원문이 새겨진 동종(12세기 후반~13세기 전반 제작). 명문에 따르면 "지추밀원사知樞密院事 호부상서戸部尚書 상장군上將軍 조필과 부인 하원군부인河源郡夫人 등이 성상聖上의 장수, 나라의 태평과 민의 평안, 그리고 법계 중생이 고통에서 벗어나 즐거움을 얻기를 기원하며 쇠종 하나를 들였는데 종은 70근으로 만들었다.…… 음사년 9월에 조성했다"고 한다. 조필 조원정曹元正(?~1187)으로 보고 음사년을 1185년으로 추정하기도 하나, 종의 양식을 근거로 달리 보는 견해도 있다.

만월대 용머리 조각 왕건의 선대先代에 대한 기록이 담겨 있는 《고려사》〈고려세계高麗世系〉에는 왕건의 조부인 작제건이 아버지인 당의 황제를 찾아 바다를 건너 가다가 서해 용왕을 괴롭히는 늙은 여우를 없앤 뒤에 용왕의 딸과 혼인하는 것으로 되어 있다. 그래서 왕건과 그의 후손은 용손龍孫으로 인식되었다.

왕건 초상 《개성왕씨족보開成王氏族譜》에 수록된 고려 태조 왕건의 초상화다. 왕건은 "하늘이 주는데 받지 않으면 도리어 재앙이 된다"는 휘하 장수의 추대를 받아 왕위에 올라 고려를 건국했다. 호족 세력에 대해 결혼 정책, 사심관 정책, 기인 정책을 시행했으며, 중앙 관료로 받아들여 함께 국정을 이끌었고, 백성에 대한 과도한 수취를 금지했다. 친신라 반후백제 정책을 써서 후삼국을 통일하고, 발해 유민을 받아들였다. 〈훈요십조〉를 남겼다.

어서는 안 된다는 생각이 널리 수용되었다. 이는 원나라가 공민왕을 폐하고 덕흥군°을 고려 왕위에 올리려 하자, 이순李珣이 덕흥군을 지지하는 사람들에게 보낸 글에서도 확인된다. 이순은 "본조는 태조가 삼한을 통일한 이래로 성스럽고 신이한 자손들이 서로 계승하여 오늘날에 이르기까지 왕씨가 아니면 왕이 될 수 없었음을 너희들도 아는 바다. 그런데 어찌 이성인 백가白家의 아들을 세워 왕으로 삼고자 하는가"라면서, 왕씨가 아닌 이성이 왕이 되어서는 안 된다는 인식을 드러냈다. 이러한 인식은 단순히 관념에 머무르지 않고 왕건의 후손인 공민왕을 지지하는 사람들을 결집시키는 현실적인 힘이 되었다.

이런 인식이 지배층 사이에 널리 수용되고 있었기 때문에 왕권을 능가하는 권력을 행사한 최충헌도 명종을 폐한 후 신종을 세웠고, 희종을 폐하고 강종을 세우면서도 왕건의 후손 가운데 국왕을 선택했을 뿐 자신이 스스로 왕위에 오르려 하지는 않았다.

국왕의 초월적 위상이 인정된 것은 고려에서 종실의 정치적 영향력이 크지 않았다는 사실과도 관련이 있었다. 신라의 왕족은 진골 출신으로 정치적으로 몰락하지만 않는다면 진골 신분을 유지할 수 있었다. 이러한 신분을 바탕으로 상급 관청의 장관이나 재상이 되어 국정 논의에 참여했으며, 심지어 왕위를 찬탈하기도 할 정도로 정치적 영향력이 컸다. 그러나 고려 종실은 국왕의 아들과 사위, 태자의 비부妃父, 그리고 그들의 아들과 사위로 범주가 제한되었다. 공·후·백과 사도·사공의 작위를 받았을 뿐 정치 참여가 인정되지 않아 정계에 미치는 영향력이 작았다. 이로써 고려 국왕의 정치적 영향력은 신라에 비해 상대적으로 커졌다.

덕흥군
충선왕의 서자로 궁인이 낳은 아들인데, 궁인이 쫓겨난 후에 백문거에게 시집가서 낳은 아들로 알려졌기에 백가의 아들로 불린 것이다. 원나라 순제가 고려왕으로 책봉하자 군대를 이끌고 고려에 침략했다가 최영과 이성계에게 패했다.

인종 옥책 1146년(의종 즉위년) 인종이 사망한 뒤 아들 의종이 아버지 인종에게 시호와 묘호를 올린 책문. 인종은 묘호이며, 시호는 효공대왕이다. 인종의 국왕으로서의 인품과 정치적 업적을 칭송하는 내용이 적혀 있다. 인종의 무덤인 장릉에서 출토된 것으로 전해진다.

인종 청동인 1146년에 제작된 청동 도장으로 죽은 인종의 권위를 드높이는 상징물일 가능성이 높다. 불법을 수호하는 영물인 사자 두 마리가 앞발로 보주를 받치고 있는 형태다. 일제 강점기에 도굴된 인종의 무덤인 장릉에서 출토된 것으로 전해진다.

이렇게 되자 국왕은 신료와는 뚜렷이 구별되는 특별한 존재로 인식되었다. 이는 고려 전기 최대의 문벌인 이자겸의 사례에서도 확인된다. 이자겸의 추대로 어린 나이에 왕위에 오른 인종은 이자겸이 자신의 외조이므로 반차班次를 신료들처럼 하지 말고 특별하게 예우해야 한다는 논의를 제기했다. 이에 대다수의 신료는 이자겸이 표문을 올릴 때 신臣이라 칭하지 말고 국왕과 신료가 함께하는 연회에서도 백관과 더불어 뜰에서 하례를 올리지 말게 하자고 했다. 그러나 김부식은 국왕에게는 신이라 칭하고, 왕정에서는 군신의 예를, 궁궐에서는 가인家人의 예를 하면 공의公義와 사은私恩이 모두 순조로울 것이라 했고, 이자겸은 김부식의 견해가 천하의 공론이라면서 따랐다. 국왕과 신료의 구별은 이자겸이라 해도 넘을 수 없었던 것으로, 고려의 문벌은 군주 중심의 관료제적 질서로부터 자율적인 위상을 가진 존재가 아니었던 것이다.

이후 공민왕 대에 신돈이 재신의 반열에 앉지 않고 왕과 나란히 앉자 이존오는 이자겸의 사례를 들며 군신의 분수는 정해져 있고 이는 군신이 있은 뒤로는 만고에 고쳐질 수 없는 것이라면서 신돈을 비판했다. 이 역시 고려에서 국왕이 왕위의 특수성을 인정하는 대다수 지배층에 의해 특별한 존재로 인식되고 있었음을 보여 준다. 이러한 인식 속에서 국정에 대한 최종 결정권은 국왕의 고유 권한으로서 신료가 대신할 수 없는 것으로 이해되었다.

국왕의 국정 주도와 합의 정치

고려 지배층은 국왕을 단지 관념적 차원에서만 초월적 위상을 가진 존재로 인식한 것이 아니라 권력을 남용하지만 않는다면 현실에서 국정을 주도해야 하는 존재로 생각했다. 예를 들어, 어려서 즉위하여 국정을 제대로 이끌어가지 못했던 헌종이 병들자 이자의가 조카인 한산후 윤㷷을 왕위에 올리려는 의도를 드러내면서 많은 사람이 희생되고 정국이 혼란해졌다. 당시 지배층은 선종이 다섯 명의 동생이 있는데도 어린 아들인 헌종에게 왕위를 전하여 이런 혼란이 생겨났다고 생각했다. 이는 〈훈요십조〉의 왕위 계승 원칙을 따른 것으로, 정치를 주도할 수 있을 정도로 성장하지 못한 어린 아들에게 왕위를 물려주는 것은 잘못이라는 관념인데, 국왕은 정치를 실질적으로 주도할 수 있어야 한다는 인식을 보여 주는 것이었다.

그렇다고 해서 국왕의 자의적인 국정 운영을 인정하는 것은 아니었다. 광종의 독단적인 정치와 경종 대 권신의 권력 남용을 경험한 이후 고려 지배층은 국왕과 신료 어느 한쪽이라도 권력을 남용해서는 안 된다는 비판적인 인식을 가지고 있었고, 국왕과 신료 사이의 합의 정치를 매우 중요하게 생각했다. 이는 국왕이 국정을 이끌어 가야 한다는 것을 인정하면서도 독단적으로 결정하지 말고 신료의 견해를 수용해야 한다는 것을 의미했다. 또한 고려 지배층은 신료의 간쟁을 널리 받아들인 것으로 유명한 당 태종을 이상 군주로 생각했으며 신료의 간쟁을 잘 받아들이는 국왕을 높이 평가했다.

이처럼 고려는 국왕이 최종 결정권을 행사하여 정치를 이끌어 가는 것을 인정하면서도 국왕과 신료가 함께 국정을 논의하는 합의 정치를 추구했다. 또한 국왕과 신료의 잘못된 정치 행위를 비판하고 견제하고자 했다. 이러한 국왕 중심의 합의 정치와 비판 정치의 발달은 전 시기와 뚜렷이 비교되는 고려 관료 제도 운영의 중요한 특징이었다.

관료 제도의
조직과 변천

관료 제도의 정비와 유교 정치

고려 초기에는 광평성, 내봉성, 내의성 등의 관료 기구가 있었다. 그러나 고려 전 시기에 걸쳐 운영된 관료 제도는 성종 대에 당송 제도를 도입하여 새로 설치한 중서문하성, 상서도성과 6부, 어사대와, 중추원, 삼사 등의 정치 기구였다.

성종 대 당송 제도의 도입은 한국사의 전개 과정에서 처음으로 중국 제도를 전면적으로 수용한 것을 의미했다. 중국과 밀접한 관계를 가지고 제도와 문물을 수용한 것은 삼국 이래의 일반적인 특징이었으나, 중국 제도를 전면적으로 도입해 관료 제도를 개편한 것은 고려 성종 대가 처음이었다. 신라의 경우 중국 제도를 전면적으로 도입하지 못했던 것은 제도 운영에서 골품제의 원리를 부정하기 어려웠기 때문이다. 그러나 고려는 건국 초기부터 국정 운영에서 골품제의 원리가 배제되어 있었다. 중국 제도의 전면적인 도입이 가능한 기반이 만들어져 있었던 것이다.

중국의 제도와 문화를 수용하는 분위기는 태조 때부터 형성되어 있었다. 왕건이 〈훈요십조〉에서 "우리 동방은 예부터 당풍唐風을 사모하여 문물과 예악은 모두 그 제도를 따랐다"고 말한 것은 그러한 사정을 잘 보여 준다. 광종은 과거제, 문산계, 공복제, 황제 제도 등 다양한 중국 제도를 수용했다. 성종은 유교 정치 이념의 실현을 위해 원구圓

丘를 설치하고 적전籍田을 갈며 신농神農과 후직后稷에게 제사하는 등의 유교 의례를 적극 도입하고, 새로운 정치 체제의 수립을 위해 당송의 정치 제도를 들여왔다. 화풍華風을 너무 지나치게 추구한다고 비판받을 정도로 중국 제도와 문화의 도입에 열성이었다.

성종 대 중국 제도의 전면적인 수용을 통한 관료 제도의 정비는, 골품제의 원리로 운영된 신라와 달리 국왕 중심의 합의 정치와 비판 정치를 가능하게 하는 유교 정치 이념 실현의 제도적 장치를 마련하기 위해 이루어진 것이었다.

● 고려의 중앙 정치 조직

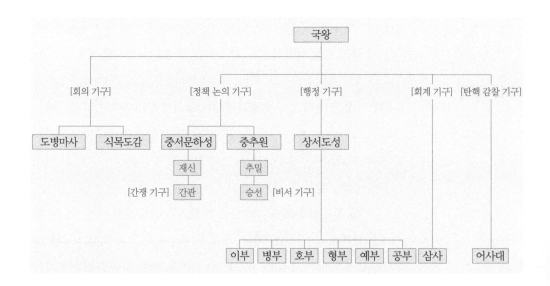

당제를 도입한 중서문하성, 상서도성과 6부, 어사대

당의 3성은 군주를 보좌하는 기구로서 중서성은 왕명 찬술을, 문하성은 왕명 심의를, 상서성은 왕명 시행을 담당했다. 고려는 당의 3성을 받아들여 중서성, 문하성, 상서성을 설치하고 중서성과 문하성을 합쳐 중서문하성으로 운영했다. 그래서 당 문하성에서 왕명인 제서制書를 심의하던 기능인 봉박권封駁權은 중서문하성의 대표 기능이 되었고, 당 중서성의 왕명 찬술 기능은 중서문하성의 간관이 맡았다. 원래 고려에서 왕명 찬술을 담당하는 문한관은 지제고知制誥였는데, 간관들은 대부분 지제고를 겸하는 방식으로 왕명 찬술에 참여했다.

중서문하성의 관료로는 재신과 간관(낭사郎舍, 성랑省郎)이 있었다. 재신은 정사당政事堂에서 국정 전반에 대해 논의하여 국왕에게 건의하거나 국왕의 자문을 받아 회의함으로써 국왕의 최종 결정권을 보좌했고, 간관은 국왕의 잘못된 정치 행위를 비판·견제하는 간쟁을 맡았다. 어사대의 대관은 신료의 잘못된 정치 행위를 규찰하고 탄핵하는 일을 맡았고 현실 정치의 잘잘못을 따지거나 풍속을 교정하는 업무도 했다. 간관이 대관의 기능을, 대관이 간관의 기능을 하기도 했고, 대관과 간관이 합쳐 대간으로 활동하기도 했다.

상서성은 3성의 하나지만 관료 중에 재상이 없어 중서문하성보다 지위가 낮았다. 상서성은 상서도성과 6부로 구성되었다. 상서도성은 중앙에서 지방으로 또는 지방에서 중앙으로 업무를 전달할 때 공문서가 반드시 거쳐 가는 관청으로 문서 전달을 맡은 사무 기구였다. 이때 문서를 검토해 전달의 가부를 결정했다. 다만 합법적으로 작성된 문서의 내용을 반박하는 권한은 없어 권력 기구가 되지는 못했다.

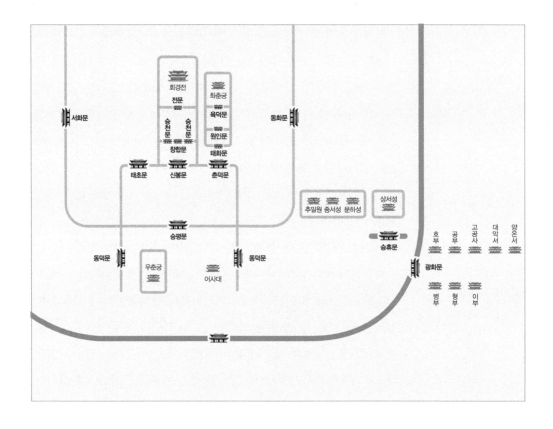

고려 개경의 궁궐·관부 1123년(인종 1) 송나라 사절의 한 사람으로 고려에 왔던 서긍의 견문록《선화봉사고려도경宣和奉使高麗圖經》〈관부〉대
성臺省 항목에 따르면, 고려에서는 상서성, 중서성, 문하성의 건물이 따로 있었다. 상서성은 승휴문 내의 앞에 있는 대문으로 들어서면 회랑
으로 둘러싸인 세 칸으로 이루어진 건물이고, 상서성의 서쪽과 태자가 거처하는 춘궁의 남쪽에 앞으로 열려 있는 문으로 들어가면 가운데 나
란히 중간은 중서성이고, 왼쪽은 문하성이며, 오른쪽은 추밀원이 있다. 이 3성은 위치한 공간이 달랐고 건물이 각각 따로 있었다.

6부는 《주례周禮》의 육전六典 체제를 따른 당의 이부-호부-예부-병부-형부-공부의 순서와 달리 이부-병부-호부-형부-예부-공부의 순서로 되었다. 이는 단순히 순서를 넘어 6부의 서열을 나타냈다. 고려의 재신은 6부 판사를 겸했는데, 수상首相이 판이부사를, 아상亞相이 판병부사를, 삼재三宰가 판호부사를 겸하는 식이었다. 그러나 이부와 병부를 제외하고는 6부의 서열이 반드시 지켜진 것은 아니며 6명의 판사가 모두 임명되는 것도 아니었다.

6부는 국가 행정의 중심 기구다. 당의 6부는 24개의 속사屬司가 있어 행정 기구가 방대했으나 고려의 6부는 이부 아래에 관료들의 고과考課를 담당한 고공사考功司, 형부 아래에 노비 문서와 소송을 처리한 도관都官이 소속되어 있을 뿐이었다. 물론 6부가 고려의 모든 행정을 관장했던 것은 아니었고, 지위는 6부보다 낮았지만 중급 관청인 성省 및 시寺·감監과 하급 관청인 서署·국局이 6부가 담당하지 않는 영역의 행정을 맡았다.

당에서는 6부와 성 및 시·감 사이에 업무상의 관련은 있었으나 예속 관계는 없었고, 대신 성 아래에 국이, 시·감 아래에 서가 예속되어 있었다. 고려는 6부와 성 및 시·감 사이는 물론 성 및 시·감과 서·국 사이도 관청의 지위에 따른 상하 관계는 있었으나 예속 관계는 없어 모두 독립적인 관부로 운영되었다.

송제를 수용한 중추원, 삼사

고려는 당의 제도를 기본으로 관료 제도를 수립했지만 송의 제도도 일부 수용했다. 송에서는 당의 3성 6부제가 제기능을 하지 못했으므로 중서문하, 추밀원, 삼사를 중심으로 정치를 운영했다. 고려는 이들을 수용해 중추원과 삼사를 설치했다. 송의 추밀원은 군사 업무를 총괄했다. 반면 고려의 중추원은 군령을 담당했을 뿐 군사 행정은 병부가, 군사의 선발은 선군選軍이, 변방의 군사 문제에 대한 논의는 도병마사가 맡았으므로 송의 추밀원처럼 군사 업무를 총괄하지 못했다. 또한 중추원은 궁궐의 숙직 전반을 관할했고, 궁궐에 관한 사무와 의례, 연등회나 팔관회의 행사 관장 등의 업무도 담당했다.

중추원은 추밀과 승선으로 구성되었다. 추밀은 국정을 논의하는 기능이 없었으나 국왕의 자문을 받는 경우에는 다른 신료들과 함께 국정의 논의에 참여했으며, 예종 대부터는 재신과 함께 재추가 되어 국왕의 자문을 받기도 했다. 승선은 중추원에 부속된 승선방에서 왕명 출납을 담당했다. 단순히 문서를 전달하기만 한 것이 아니라 국왕의 자문에 답하기도 했다.

송의 삼사는 염철鹽鐵, 탁지度支, 호부로 구성된 방대한 재정 기구였으나, 고려의 삼사는 이러한 구분이 없는 단일 관청이었다. 고려에서는 호부가 정상 기능을 하고 있었으므로 송의 삼사처럼 거대한 조직일 필요가 없었다. 호부는 호구戶口와 공부貢賦 등의 재정 일반에 관한 업무를 관장했고, 삼사는 조세의 수납과 감면, 세공歲貢의 수납, 녹봉 지급과 같은 중앙과 지방의 전곡錢穀 출납과 회계를 담당했다.

필요에 따라 설치한 도감

고려에는 필요에 따라 임시로 설치했다가 임무가 끝나면 폐지하는 도감都監이라는 특수한 관청이 있었다. 당송에서 도입해 설치 운영한 중서문하성, 상서성과 중추원 등은 고유 업무가 있었으므로 상황 변화에 따른 국정의 새로운 필요를 즉각적으로 해결하기가 쉽지 않았다. 이러한 상황에서 고려는 새로운 필요를 효율적으로 처리하기 위한 방법으로 기존 관청과는 별도로 도감을 설치해 운영했다. 당 후기에 사회가 변하면서 율령이 정한 3성 6부의 기능을 벗어난 다양한 업무를 처리하기 위해 영외관令外官인 사직使職을 설치 운영했는데, 고려의 도감은 이러한 제도를 참고하여 설치한 것으로 이해된다. 고려는 일이 생기면 도감을 설치하고 여러 관청의 관료 중에 적임자를 선발해 도감의 관직을 겸하게 하여 업무를 논의·처리하게 했다.

대표적인 것이 도병마사와 식목도감이다. 도병마사는 양계의 장졸將卒에 대한 상벌, 축성, 둔전, 군사 훈련 등 변방의 군사 문제를 회의하는 기구로서, 재추에서 소경少卿 이하까지 관료 중에서 선발해 논의하도록 했다. 식목도감은 관료의 임명과 신분에 대한 문제, 학식學式의 제정, 판안判案의 보관 등 제도와 격식의 문제를 회의하는 기구로서, 재상에서 5품 이상까지 관료 중에서 뽑아 업무를 맡겼다.

고려의 관료 제도 운영은 신라의 제도와 비교하면 공공성이 크게 확대되었다. 《삼국사기》〈직관지〉에 따르면 신라의 중앙 관청은 행정 관부 44개, 왕실 관부 115개로 총 159개였는데, 《고려사》〈백관지〉의 문종 관제를 기준으로 보면 고려의 중앙 관청은 행정 관부 73개, 왕실 관부 13개, 임시 관부 38개로 총 124개였다. 고려 중앙 관청의 숫자가 신라보다 적었는데, 이는 행정 관부의 숫자가 늘어난 반면 왕실 관부의 숫자가 크게 줄어서였다. 또 전에 없던 임시 관부가 새로 설치되었음을 알 수 있다.

신라에서는 왕권 강화를 위해 왕실 관부를 행정 관부와 구분되는 독자적인 범주로 조직했고 그 숫자도 행정 관부보다 훨씬 많았으나, 이는 왕권이 진골 귀족을 초월하지 못했기 때문에 그런 형태로 제도를 운영했던 것이다. 신라의 왕권이 초월적 위상을 가졌다면 국왕과 왕실에 대한 업무가 국가의 공적 업무를 담당한 행정 관부를 통해 이루어져야 했겠지만 신라에서는 그렇지 못했던 것이다.

게다가 신라의 왕실 관부는 단지 국왕과 왕실의 일상적 필요만 공급했던 것이 아니라 국정 일반을 다루는 여러 기구를 따로 두고 있었다. 반면에 고려는 국정 일반에 대한 기능은 모두 행정 관부가 담당하고 왕실 관부에는 그런 유형의 기구를 설치하지 않았다. 심지어 왕실의 일상적 필요나 재정을 돕는 여러 기구[●]도 행정 관부로 운영하여 왕실 관부의 숫자가 더욱 줄어들었다. 이는 고려 국왕의 위상이 전 시기에 비해 강화되면서 관료 제도 운영의 공공성이 크게 확대되었기 때문이었다.

왕신 기구
전중성과 상식국, 상약국, 상의국, 상사국, 상승국, 그리고 양온서, 중상서, 수궁서, 내장택 등이 있다.

무신 정권의 지배 기구

고려의 3성 6부 제도는 무신 정권기에도 국가 운영의 기본 제도로 운영되었다. 그래서 무력으로 권력을 장악한 무신들은 관료 제도를 폐기하지 않고 그들에게 유리하도록 운영 방식을 바꾸거나 그들이 원하는 문무반의 관직을 얻어 관료 제도를 장악하는 방식으로 권력을 행사했다. 특히 최씨 정권은 재신 또는 추밀, 이부와 병부의 장관, 어사대의 장관, 상장군 등을 모두 겸하여, 재신과 추밀로서 재추 회의를 이끌었고, 이부와 병부의 장관으로 문무반에 대한 인사권을 행사했으며, 어사대의 장관으로 관료들을 감시하고, 상장군으로 중방을 이끌면서 관료 제도를 장악하고 이를 통해 국정을 이끌어 갔다.

무신들은 그들의 지배 기구를 통해 권력을 행사했다. 무신란 초기에는 상장군과 대장군의 회의 기구인 중방重房이 권력 기구로 운영되었으나, 최씨 정권기에는 중방의 위상이 낮아지는 대신 새로운 지배 기구가 설치·운영되었다. 최씨 정권은 도감류의 관부인 교정도감敎定都監을 설치하여 정적이나 모반자의 색출과 처벌, 정보 수집과 규찰, 죄인의 재산 몰수와 분배를 담당하게 했다. 교정도감이 관료 기구라는 점을 이용해 공문서를 보내 인재 천거의 요구, 지방 서무의 간여 등 다양한 업무를 관장하며 권력을 남용했으며, 여러 지방에 재정원을 설정하고 수취와 수탈을 자행했다. 하지만 교정도감이 3성 6부의 관료 제도를 통솔하거나 국정 전반을 장악한 것은 아니었다.

최씨 정권은 3성 6부의 관료 제도를 무력화시키고 그 외곽에 독자적인 지배 체제를 구축하려 하지는 않았다. 대신 관료 제도를 장악하기 위해 몇몇 기구를 설치했다. 그들은 이부와 병부의 장관이 되어 사제私第나 정방政房에 정안政案을 가져와서 인사권을 독점하고 문신을 뽑아 보좌하게 함으로써 이부와 병부를 약화시켰다. 사제나 정방에서의 인사권 행사는 그들의 사인私人이 아니라 관료를 선발하는 것이었으므로 공적 업무로 인정받았고, 최씨 정권은 이를 통해 관료 사회를 통제했다. 서방書房을 설치하고 유학자를 두어 자문과 숙위宿衛를 담당하게 했는데, 이들을 정방에 등용하기도 했다는 점에서 보면 유학자들의 다수는 문신이었다고 생각된다.

사병私兵 기구로서 도방都房은 경대승이 신변 보호와 정적의 숙청 및 정보 수집을 위해 처음 설치했으나 경대승이 병사하면서 해체되었다. 이후 최충헌이 문무반과 한량, 군졸을 모집해 규모를 확대하고 6 번으로 나누어 호위를 담당하게 하면서 최씨 정권의 무력 기반이 되었다. 사병이기는 했으나 단순히 사인私人이 아니라 문무반과 군졸을 포섭한 기구였다. 도방은 관료와 군인으로 국가에 봉사하면서 동시에 최씨 정권의 사적 이해에 복무했기 때문에 관료 제도의 국왕 중심적 성격을 약화시키는 효과가 있었다. 최우는 호위와 의장대의 기능을 하는 기병인 마별초馬別抄를 설치하여 도방과 함께 사적인 무력 기반으로 삼았다.

최씨 정권은 공병公兵 기구인 야별초夜別抄를 두어 치안 유지의 경찰 기능을 하게 했다. 몽골과의 전쟁으로 외적 방어에 나서면서 조직이 확대되어 좌별초, 우별초로 분화되었다가 신의군과 합쳐 삼별초가 되었고 친위대의 기능과 도성 수비 등도 담당했다. 그러나 무신들이 정치적으로 이용하면서 삼별초는 사병화했다. 이들 지배 기구들은 무신 정권이 몰락하면서 모두 없어졌으나, 정방은 최씨 정권이 몰락하면서 국가 기구로 바뀌어 고려 후기에도 인사 기구로 운영되었다.

원 간섭 이후 관료 제도의 변화

고려 후기에는 원의 간섭과 반원 개혁 정치 등 여러 정치 변동에 따라 관료 제도의 개편이 잦았다. 원의 간섭으로 왕실의 용어가 격하되어 짐朕은 고孤로, 폐하는 전하로, 태자는 세자로, 선지宣旨는 왕지王旨로, 사赦는 유宥로 바뀌었다. 중서문하성과 상서성을 합쳐 첨의부로, 6 부는 4사*로, 추밀원은 밀직사로 개편된 이후 변천을 거듭하다가 공

4사
이부와 병부를 합쳐 전리사, 병부는 군부사, 호부는 판도사, 형부는 전법사로 개편한 것이며, 공부는 폐지했다.

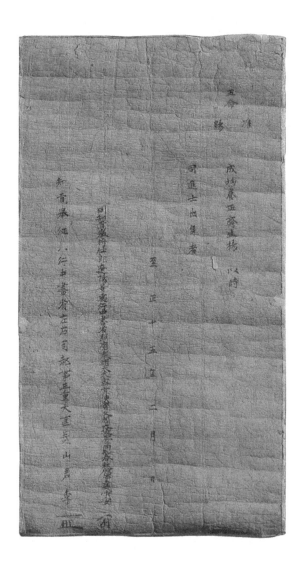

양이시 홍패 성균양정재생 양이시楊以時가 1355년(공민왕 4) 예부시에 급제해 발급받은 합격증(보물 725호)이다. 양이시는 성균관에 설치된 칠재七齋의 하나로서 《춘추》를 가르친 양정재養正齋의 학생으로 과거에 합격했다. 성적은 동진사이며, 그를 선발한 인물은 지공거知貢擧인 밀직사 안보安輔와 동지공거同知貢擧인 익산군 이공수李公遂였다.

민왕이 반원 정치를 시행하면서 문종 대 제도로 상당 부분 복구되기도 했다. 도병마사는 재신과 추밀, 심지어 삼사의 관료까지 합좌하여 국가 중대사를 논의하는 도평의사사로 개편되었고, 말기에는 행정 조직까지 갖추면서 최고 권력 기구가 되었다. 식목도감이 일시적으로 도평의사사의 기능과 위상을 대신하기도 했다. 고려 후기의 사회 모순을 개혁하는 기구로서 충선왕 대에 사림원이, 충숙왕 대에 찰리변위도감이, 충목왕 대에 정치도감이, 공민왕 대에 전민변정도감이 설치되어 개혁 정치를 이끌기도 했다.

중앙 관직의 구조와 신분제

중앙 관직의 다원적 구조

고려의 중앙 관직은 다원적 구조를 가지고 있었다. 먼저 지위에 따라 품관品官과 이속吏屬으로 구분되었는데, 품관은 재추宰樞, 참상參上(참내參內), 참하參下(참외參外)로, 이속은 인리人吏와 장고掌固로 구분되었다. 이들 중에 품관은 반열에 따라 문신의 벼슬길인 문반(동반東班), 무신의 벼슬길인 무반(서반西班), 내료의 벼슬길인 남반南班으로 구분되었다. 입사 여부에 따라 품관과 품관으로 승진이 가능했던 인리는 입사직入仕職, 품관으로 승진이 불가능했던 장고는 미입사직未入仕職으로 구분되었고, 입사직은 실무 여부에 따라 실무가 있는 실직實職과 실무가 없는 산직散職으로 구별되었다.

먼저 품관과 이속의 구분이다. 품관은 관직의 높낮이를 나타내는 1~9품의 품계를 가진 관료로서 재추, 참상, 참하로 구분되었는데, 유품流品이라고도 했다. 흔히 1~2품을 재추, 3~6품을 참상, 7~9품을 참하로 생각하지만, 고려에서는 품계와 관직의 연결이 그처럼 명확하게 대응되지 않았다. 관청의 비중과 관직의 기능을 고려해 재추, 참상, 참외로 구분했기 때문이다.

재추는 국정의 중대사를 논의하며 국왕의 최종 결정권을 보좌하는 관직으로, 종1품의 문하시중, 정2품의 평장사, 종2품의 참지정사·정당문학·지문하성사 등의 재신宰臣과 종2품의 판중추원사·중추원사·지중추원사·동지중추원사, 정3품의 중추원부사·첨서중추원사·중추원직학사 등의 추밀을 말한다. 추밀 중에는 정3품이 있었으나 이들 역시 추밀로 인정되었던 것은 품계보다는 추밀의 기능과 비중을 중시했기 때문이다.

참상과 참하는 국왕과 함께 국정을 논의하는 조회의 참석 여부에 따라 구분한 것으로, 참상은 조회에 참석해서 국정 논의에 참여했으나 참하는 조회에 참석하지 못해 국정을 논의하지 못했다. 참상과 참하는 기본적으로 6품과 7품 사이에서 구분되었으나 5~6품 중에 참외로 있거나 7품으로 참상인 경우도 있었다.

예를 들어, 문반의 영令과 승丞은 5~6품이었으나 참외로 운영되었는데, 이들 관직은 중급 관청인 시寺·감監과 하급 관청인 서署의 관료로서 소속 관청이나 기능의 비중이 낮았기 때문이었다. 그러다가 신종이 참상의 숫자를 늘리기 위해 종5품의 대묘령大廟令과 제릉령諸陵令

을 참상으로 올리면서 비로소 영과 승에서 참상이 나오게 되었다. 또한 신종은 종6품의 감찰어사와 정7품의 각문지유도 각각 참상으로 올렸는데, 이로써 7품 중에도 참상이 생겨나게 되었다.

참상이 중요하게 인식되었던 사실과 관련해서 흥미로운 것이 역관役官 제도다. 역관이란 정7품의 중추원당후관, 종7품의 문하녹사, 중서주서 등을 말하는데, 백은白銀 60~70근을 바쳐 해당 관청의 운영 경비를 제공하면 이들 관직에 임명될 수 있었고, 대개 1년이면 참상에 올랐다. 역관은 참외에서 참상으로 올라가는 지름길로 인식되었고, 그래서 부자들은 아들이나 사위를 위해 서로 구해 주었다고 한다. 많은 비용을 들여서라도 참상에 쉽게 오를 수 있는 역관에 임명되고자 했던 것은, 참상이 되면 국정 논의에 참여할 수 있었던 것은 물론 특별한 사정이 없는 한 음서의 혜택을 누리는 5품으로 승진하여 관료 신분을 자손에게 계승할 수 있었기 때문이다.

품관은 반열에 따라 문반, 무반, 남반으로 구분되었다. 문반은 최고 관직이 종1품의 문하시중인 반면에, 무반은 정3품의 상장군이었고, 남반은 정7품의 내전숭반이 가장 높았다. 문반의 조직과 위상이 무반보다 우위였고 국가 중대사를 논의하는 재신과 추밀은 문반에만 있었다. 무신이 국가 중대사의 논의에 참여하려면 재신과 추밀의 문반 관직에 임명되어야 했다. 문신에 비해 차별을 받고 있었던 것이다. 다만 산계散階의 수여에서 문신은 문산계를, 무신은 무산계를 주었던 당이나 조선과 달리, 고려에서는 문신과 무신 모두가 문산계를 받았다. 이는 문반과 무반의 분화가 이루어지기 전인 고려 초기에 지배층이 모두 같은 관계를 받았던 데서 기원한 것으로, 고려에서는 문반과 무반이 반열은 달라도 같은 지배층으로 인식되었음을 의미한다. 기본적으로 문신은 문반으로, 무신은 무반으로 진출했으나 문신이 무반 관직을, 무신이 문반 관직을 받기도 했으며, 무신란 이후에 후자의 사례가 크게 늘어났다. 무산계는 향리, 탐라 왕족, 여진 추장, 노병老兵, 공장工匠, 악인樂人 등이 받았다.

남반은 신분에 흠이 있는 인물들이 진출하는 것으로 인식되어 최고 관직이 참하인 7품으로 제한되었고, 6품 이상으로 승진이 가능한 문반이나 무반으로 반열을 바꾸는 것도 허락되지 않았다. 그러나 무신란 이후 이러한 규정은 상당히 허물어졌다.

이속은 중앙 관청에 소속되어 말단 실무를 담당하는 관료로서, 유품 외에 있다고 해서 유외流外라고도 했다. 인리는 서리와 향리 출신의 벼슬길이고, 장고는 관청의 잡역을 담당하는 잡류雜類 출신의 벼슬길이다.

다음으로 입사직과 미입사직의 구분이다. 품관과 품관으로 승진할 수 있는 인리를 입사직이라 했다. 인리는 서리나 서리로 진출한 향리 출신의 벼슬길이지만 관료 자손이 음서로 진출하는 벼슬길이기도 해서 품관과 연결되어 있었다. 그래서 관료 자손은 물론 서리, 서리로 진출한 향리 출신도 품관으로 승진할 수 있었다. 특히 서리와 서리로 진출한 향리가 품관으로 진출할 수 있었던 것은 고려에서는 이들 사이의 신분적 격차가 크지 않았음을 의미한다. 반면에 장고는 인리까지는 오를 수 있었으나 품관으로 진출하지는 못해 미입사직이라 했다.

입사직은 실직과 산직으로 구분되었다. 원래 국정의 운영은 실무를 보는 실직을 통해 이루어지는 것이나, 관직의 숫자가 제한되어 있는 상황에서 관료 예비군의 숫자가 많아지자 이들에게 실무가 없는 산직을 주었다. 산직은 문반 5품과 무반 4품 이상에게 검교직檢校職을, 문반 6품과 무반 5품 이하에게 동정직同正職을 주었다. 공민왕 대는 왜구와 홍건적의 침략에 맞서 군공을 세운 사인士人과 향리 등에게 첨설직添設職을 주었는데, 문반은 이부와 병부를 제외한 3품 이하, 무반은 5품 이하에 설정되었다.

문반의 정직正職이 담당하는 업무 외의 사무를 처리하기 위해 권무직權務職을 두었는데, 임시 관청인 도감류의 관청에 많이 두었고 문한관, 사관史館 등의 관직에도 일부 설치했다.

중앙 관직의 신분제적 운영

품관과 이속, 문반·무반과 남반, 입사직과 미입사직 등으로 구분된 중앙 관직의 다원적 구조는 신분제와 긴밀하게 결합되어 있었다. 고려의 신분제는 전 인구를 양인과 천인으로 구분하는 양천제良賤制를 근간으로 했다. 양인은 관료로 진출이 가능했으나 천인은 불가능했다. 양인에는 문·무의 품관과, 남반·서리·향리·하급장교·일부 군인이 있었고, 아래에 양민이 있었다. 천인으로는 노비가 있었다.

또한 사서제士庶制에 따라 사족과 서인으로 구분했는데, 사족은 신분상에 하자가 없는 관료와 그 가족을 의미했고 서인은 그러한 특권을 갖지 못한 부류를 의미했다. 사민四民 사상에 따른 사, 농, 공, 상의 구분도 있었는데, 농민과 달리 천한 일을 한다고 인식된 공장工匠과 상인은 차별을 받았고, 악인樂人도 비슷한 대우를 받았다. 그리고 지역에 따라 군현제와 부곡제로 구분되어 일반 군현과 비교해서 부곡 영역의 향리와 민들은 차별을 받았다. 이처럼 고려의 신분제는 다양한 원리가 복합적으로 작용하여 운영되었다.

품관을 신분제와 관련해서 살펴보면, 먼저 문반은 문신의 자손이 음서나 과거를 통해 진출하는 벼슬길로서, 일부 무신의 자손이 진출하기도 했고, 서리가 근무 일수를 채우거나 서리와 향리 및 그들의 자손이 과거를 통해 진출하기도 했으며, 심지어 양민이 과거로 진출할 수도 있었다. 무반은 무신의 자손이 무적 능력을 바탕으로 진출하는 벼슬길로서 일부 문신의 자손이 진출하기도 했고, 향리에서 선발되거나 군인이 항오行伍에서 선발되어 진출하기도 했다. 남반은 신분에 흠이 있는 인물들이* 진출하는 벼슬길이었다.

이속의 경우를 보면, 인리는 서리와 향리 자손이 진출하여 세습하는 벼슬길로서 관료 자손이 음서로 진출하는 길이기도 했다. 장고는 잡로雜路로서 잡류 자손이 진출하는 벼슬길이었다.

이처럼 고려에서는 문신과 무신 자손이 문반과 무반으로 진출하는 핵심 구성원이고, 서리와 향리 자손은 대체로 인리나 향리를 세습했고 일부 품관으로 진출했다. 일부 향리와 군인이 과거나 무적 능력으로 문반과 무반에 진출하기도 했다. 그리고 신분에 흠이 있는 인물은 남반으로, 잡류 자손은 장고로 진출했다.

반면에 문벌 자손이 특별히 임명되는 벼슬길은 존재하지 않았으며, 관료 가문의 자손과 마찬가지로 대부분 문반으로, 일부 무반으로 진출했다. 고려 지배층이 임명되기를 선망한 이부와 병부, 대관과 간관, 한림원, 보문각, 지제고, 사관 등 청요직도 문벌 여부로 임명이 결정된 것이 아니라 부곡 출신, 공장, 승려, 국서國壻*의 자손이 아니면 임

남반에 진출한 부류
가계가 한미한 태조 후손도 있었으나, 대개 양반의 수양자로서 양천이 불분명한 사람, 잡류의 외손, 환관, 승려의 자손 등과 같은 인물들이었다.

국서
국왕과 궁첩 사이에서 태어난 딸과 결혼한 사위를 의미한다.

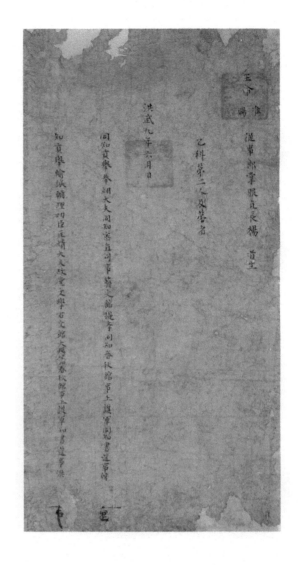

양수생 홍패 장복직장 양수생楊首生이 1376년(우왕 2) 예부시에 급제해 발급 받은 합격증(보물 725호)이다. 양수생은 국왕의 의복을 담당한 장복서의 정7품 직장直長으로 근무하면서 과거에 합격했고, 성적은 을과 제2인으로 차석이었다. 고려의 관료들은 과거로 진출하는 것을 매우 영예롭게 생각했기에 관료가 된 뒤에도 과거에 응시하는 경우가 있었다. 그를 선발한 인물은 지공거인 정당문학 홍중선洪仲宣과 동지공거인 동지밀직사사 한수韓脩였다.

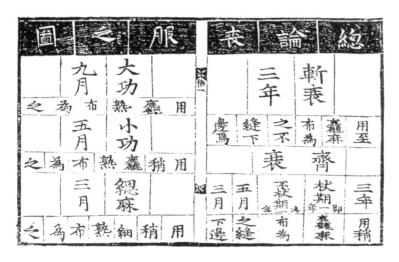

총론상복지도總論喪服之圖 《대명률大明律》의 첫머리에 실린 도표. 참최, 자최, 대공, 소공, 시마 등의 오복五服과 상복을 입는 기간 및 상복의 종류를 설명하고 있다. 《대명률》은 고려 말에 들어왔고, 조선 건국 후에 범죄 판결의 근거로 삼았다. 유교 이념의 영향을 받아 법보다 예를 중시하고 형벌에 관용주의를 택하고 있었기 때문에 조선의 실정에 맞지 않는 것이 일부 있어도 사용했고, 그래도 문제가 되는 것은 수정하며 사용했다.

명될 수 있었으므로 문벌 여부와 상관이 없었다.

고려에서는 천인이나 천하다고 인식되는 일에 종사하는 인물은 관직을 받지 못했다. 천인인 노비는 관직을 받지 못했고, 신분적으로 천인은 아니었으나 천하다고 인식되는 일을 하는 공장과 상인, 그리고 악인도 관직을 받지 못했다.

하지만 이들 중에 이미 관직을 받은 경우에는 받을 수 있는 관직의 상한을 제한했다. 노비는 관직을 받아도 7품에 한직했고, 악공樂工은 악공의 업을 계승하되 그렇지 않으면 잡로로 진출하고 품관에 오르면 7품에 한직했다. 신분에 흠이 있는 인물들이 진출하는 남반은 7품에 한직되었고, 잡류는 인리까지만 승진하되 품관에 오르면 7품에 한직했다. 이처럼 천인이거나 천하다고 인식되는 일에 종사하는 인물들은 품관이 되어도 참하인 7품에 제한해서 국정 논의에 참여하지 못하게 했는데, 이를 '상식 7품常式七品'이라 했다. 다만 과거에 급제하거나 공로를 세우면 한직의 상한이 높아지거나 한직에서 벗어나기도 했다.

개인의 행실이 사회 규범을 깨뜨린 부류도 관직을 받지 못했다. 공친功親ᐧ 사이에 혼인해서 태어난 자, 어머니가 다른 형제와 자매가 혼인해서 태어난 자, 자녀恣女ᐧ가 다른 남자와 음행한 후에 태어난 자, 그리고 승려에게서 태어난 자 등이 그런 부류였다. 하지만 이들도 이미 관직을 받았다면 공친 사이에 혼인해서 태어난 자나 승려에게서 태어난 자는 7품에 한직하고, 자녀가 음행을 하기 전에 낳은 자는 6품에 한직했다.

공친
대공친과 소공친이 있는데, 대공친은 대략 사촌 범위의 친족이고, 소공친은 육촌 범위의 친족이다.

자녀
결혼을 했으면서도 다른 남자와 음행을 한 여자를 말한다. 고려에서는 이들을 자녀안恣女案에 수록하고 침공針工으로 배속시켰다.

관료에게 집중된 특권

과거 응시를 돕는 교육제

문벌 귀족의 특권으로 널리 알려진 교육제, 과거제, 음서제 등은 사실은 관료를 위한 특권이었다. 고려에서는 신라의 골품 귀족과 같은 특권적 신분이 존재하지 않았기 때문에 지배층의 지위를 유지하고 계승하는 데 중앙의 품관 관료가 되는 것이 매우 중요했다. 그래서 고려 지배층의 특권은 지배층 내에서 관료가 배출되도록 만든 제도적 장치와 관료로서 봉사한 대가로 받는 경제적 혜택에 집중되어 있었다.

고려에서 과거 응시를 돕기 위한 교육이 이루어진 곳은 학교였다. 중앙에는 국립대학인 국자감과 사학인 12도徒가 있었고, 지방에는 향교鄕校가 있었다. 국자감과 사학에서는 중앙 관료의 자제들이, 향교에서는 지방 향리의 자제들이 공부했다.

태조 대에 개경에는 신라의 국학을 이은 학교가 있었을 것으로 추정하고 있다. 이후 향리 자제를 모집해 개경에서 학업을 하도록 했던 986년(성종 5) 무렵에 크게 개편되었고, 992년에 국자감 건물을 준공하면서 대학의 면모를 갖추었다. 당시에 향리 자제를 입학 대상으로 한 것은 그들의 과거 응시를 도와 향리 출신을 중앙 관료로 전환시키기 위해서였다. 하지만 성종 대에 향리의 직제를 정비한 이후 차츰 중앙 관료와 지방 향리의 신분 격차가 벌어지면서, 중앙 관료의 자제들이 지방 학생들과 함께 수학하기를 꺼리게 되었다. 이러한 상황에서 문종 대에 최충의 문헌공도를 비롯한 사학이 과거 응시를 돕기 위한 교육 기관으로 등장하자 국자감은 더욱 위축되었고, 숙종 대에는 국자감을 폐지해야 한다는 논의까지 나오게 되었다.

예종은 국자감의 위상을 재정립하기 위해 1109년 국자감 안에 칠재七齋*를 따로 두었다. 1110년에는 제술업製述業과 명경업明經業의 응시자가 국자감에서 300일을 수학해야 국자감시에 응시할 수 있도록 하는 제도를 만들어 국자감의 위상을 크게 높였다.

인종은 경사육학京師六學으로 불리는 국자학·태학·사문학의 유학부와 율학·서학·산학의 기술학부를 중심으로 국자감의 학식을 정비

칠재
여택재, 대빙재, 경덕재, 구인재, 복응재, 양정재 등의 6개 유학재와 강예재의 1개 무학재로 구성한 전문 강좌를 말한다.

개성 국자감　고려시대의 국립대학. 창건 연대는 분명하지 않
으나 992년(성종 11)에 국자감의 건물을 준공하면서 대학의 면
모를 갖추었다. 1275년에 원의 간섭으로 국학으로 개칭했고,
충선왕이 1298년에 성균감으로, 1308년에 성균관으로 고쳤다.
1356년 반원 정책에 따라 국자감으로 환원했다가 1362년에 성
균관으로 다시 고친 뒤에 조선으로 이어졌다.

했다. 입학 자격을 보면, 국자학의 입학은 3품 이상 문무관의 아들과 손자, 태학은 5품 이상 문무관의 아들과 손자, 사문학은 7품 이상 문무관의 아들로 제한되었고, 율학·서학·산학은 8품 이하의 아들과 서인 그리고 7품 이상의 아들로서 자원하는 사람에게 허락되었다.

여기에서 유학부는 문무반의 3품, 5품, 7품이라는 부조父祖의 품계를 기준으로 학생을 선발하고 있고, 기술학부도 7품, 8품의 부父의 품계가 기준이며 서인이 포함되어 있다. 서인이 교육 받기는 쉽지 않았을 것이라는 점을 생각한다면, 국자감의 교육은 기본적으로 중앙 관료의 자손을 대상으로 하는 것이었다. 당시는 문벌이 번성한 시기로 알려져 있다. 그러나 입학 자격은 부조의 품계였을 뿐 가문이 문벌인가 아닌가는 아무 상관이 없었다. 다시 말해 국자감 교육은 문벌이라고 해서 특별한 혜택이 있었던 것이 아니고, 품관 관료를 대상으로 그들의 자손에게 교육의 특혜를 주어 과거 응시를 돕는 것이었다.

대신 신분에 흠이 있거나 개인의 행실이 사회 규범을 깨뜨린 자는 입학에 제한을 받았다. 잡로·공장·상인·악명樂名 등 천한 일에 종사한다고 인식되는 자, 대소공친 사이에 결혼한 자, 가도家道가 바르지 못한 자, 악역惡逆을 범해 귀향된 자, 향·부곡인의 자손 및 자신이 사죄私罪를 범한 자는 유학부에 입학하지 못했다. 이후 국자감은 무신란으로 쇠퇴했다가 충렬왕 대(1274~1308)에 국학 진흥책으로 진작되고 공민왕 대에 성균관으로 바뀌면서 재편되었다.

사학은 최충의 문헌공도를 비롯해 12도가 있었는데, 중앙 관료의 자제들이 국자감 입학을 기피하는 가운데 과거 응시를 돕는 교육의 필요성이 커지면서 문종 대에 설립되었다. 최충이 사학을 설립하자 과거에 응시하려는 자제들이 들어가 배웠다. 매년 여름에는 귀법사의 승방을 빌려 가르치는 하과夏課를 열었고, 촛불을 켜고 정해진 시간 안에 시를 짓는 시험인 각촉부시刻燭賦詩를 치르기도 했다. 그러다가 예종이 국자감시에 응시하는 수험생은 반드시 국자감에서 수학하도록 하는 제도를 만들자 사학의 위상이 크게 낮아졌다.

지방 학교인 향교는 성종이 향리 자제를 불러 개경에서 교육시켰다가 일부를 돌려보낸 뒤인 987년(성종 6)에 경학박사, 의학박사를 12목에 보내면서 시작되었다. 이로써 지역의 교육도 중앙 정부가 주도하게 되었다. 이후 1127년(인종 5) 주현에 학교를 세우도록 명령한 조치로 향교가 확대 보급되었다. 인종이 8품 이하의 아들과 서인, 7품 이상의 아들로서 자원하는 사람에게 입학을 허락했다고 하나, 실제로는 향리 자제들이 들어가 과거 응시를 준비한 것으로 이해되고 있다.

이처럼 중앙 관료의 자손은 국자감, 사학을 통해 과거를 준비했고, 지방 향리의 자손은 향교를 통해 교육을 받았다. 교육의 중심 대상은 중앙 관료와 지방 향리의 자손이었다. 이들이 과거 응시를 통해 관료가 되도록 돕는 것이 학교 설립의 기본 목표였다.

관료의 충원 방식, 과거제

고려에서 관료를 충원하는 방식으로는 음서제와 과거제가 대표적이었다. 고려 지배층은 음서를 통해 관료로 진출하는 것보다 문필의 실력을 인정받는 과거를 더욱 높이 평가했다. 과거제는 958년(광종 9) 쌍기의 건의로 호족 출신 견제, 신진 관료 선발, 왕권 강화를 위해 시행되었다. 고려의 과거는 문신을 선발하는 문과였다. 무신을 선발하는

장양수 홍패 1205년(희종 1) 예부시에서 병과로 합격한 장양수張良守에게 내린 홍패紅牌(국보 181호)이다. 북송에서 과거 합격자에게 주었던 칙첩勅牒을 수용한 것으로, 고려는 교첩敎牒 양식으로 바꾸어 사용했으며 중서문하성이 발급했다. 국자감시 급제첩이라는 견해가 있으나, 장양수의 성적이 예부시 제술과의 채점 방식인 병과 급제이고, 문서에 기록된 공원貢院은 예부시를 주관한 관청이므로 예부시 홍패로 보아야 한다.

무과는 예종, 인종과 공양왕 때 일시적으로 시행되었을 뿐이다. 승려를 선발하는 승과는 교종선과 선종선이 있었다.

처음에는 예부시만 있었으나, 1024년(현종 15) 지방의 대도시인 계수관에서 시험을 본 후에(계수관시), 국자감에서 다시 시험을 보아 합격하면 예부시에 응시할 수 있게 했다. 그러다가 1031년(덕종 즉위) 국자감시를 정식으로 제도화했다.

시험 과목으로 제술업과 명경업은 양대업으로 중시되었는데 제술업의 위상이 훨씬 높았다. 제술업은 문장 능력을 시험하는 것으로 경의經義·논論·책策·시詩·부賦 등을 평가했다. 특히 예부시는 초장에 합격해야 중장에, 중장에 합격해야 종장에 나아가는 삼장연권법三場連卷法을 시행했다. 종장에서 성적에 따라 등수를 가렸는데, 갑과는 잠시 시행하다가 없어졌고 을과 3인, 병과 7인, 동진사 23인을 선발했다. 명경업은 경전 지식과 이해력을 시험하는 것으로 《주역周易》, 《상서尚書》, 《모시毛詩》, 《예기禮記》, 《춘추春秋》 등 오경을 평가했다. 잡업은 전문 기술을 시험하는 것으로 명법업, 명산업, 서업, 의업, 주금업, 복업, 지리업, 하론업, 삼례업, 삼전업, 정요업 등 열한 종류가 있었다. 고려시기에 제술업 합격자는 6330명이나 되었던 반면에 명경업은 458명에 불과했다는 것에서 알 수 있듯이 고려의 과거는 일반적으로 제술업을 의미했다.

시험관은 지공거, 동지공거로 불렀는데, 지공거는 재추에서, 동지공거는 3~4품에서 임명했다. 시험관은 좌주座主, 합격자는 문생門生이라 하고, 함께 합격한 사람은 동년同年이라 불렀다. 좌주·문생의 관계는 부자와 같아서 좌주가 문생을 후원하고 동년끼리 서로 도와 정치적 후원 관계가 되었다. 예종까지는 예부시 합격자를 대상으로 국왕 앞에서 다시 시험을 보는 복시覆試가 종종 있었다. 또 국왕이 직접 선발하는 친시親試도 간혹 시행되어 과거에 대한 국왕의 영향력이 작지 않았다. 공민왕 대에는 원의 제도를 도입해 향시鄕試·회시會試·전시殿試의 과거삼층법科擧三層法을 시행했다. 이때 복시와 비슷한 전시가 정규적으로 시행되어 국왕의 영향력이 커졌다.

응시 대상은 다양했는데, 품관 자손은 응시에 제한이 없었고, 7품 이하의 관료도 응시할 수 있었다. 서리는 응시가 가능했고, 잡류는 불가능했다. 잡류 자손은 과거 응시를 허락하지 않았으나 개별적으로 응시하는 경우에 묵인하다가 1125년(인종 3)에 과거 응시가 정식으로 허락되었다. 향리는 응시할 수 있었고, 향리 자손은 1048년(문종 2)에 부호장副戶長 이상의 손자와 부호정副戶正 이상의 아들이 제술업과 명경업에 응시할 수 있도록 허용했다. 서인庶人은 잡업의 응시만 허용되다가 1136년(인종 14) 국자감시 규정에서 백정白丁과 장정莊丁*에게 명경업과 잡업의 응시를 허용하고 있어, 명경업과 잡업에는 응시할 수 있었던 것으로 이해되고 있다.

이처럼 과거제가 관료와 관료 자손, 서리, 잡류 자손, 향리와 향리 자손이 응시하는 시험이었지만 문벌 출신에게 특별히 유리하게 운영되었는지는 의문이다. 문벌 출신에게 유리하게 운영되었다는 견해는 시험 전에 미리 시나 부를 적은 행권行卷을 공원貢院에 제출해서 실력을 평가받아 당락의 결정에 참고가 되게 하거나, 가계를 기록한 가장家狀을 바친 것이 시험 결과에 영향을 끼쳤다는 주장에 근거하고 있다. 하지만 행권은 수험생이면 누구든지 제출하는 공문서로서 문벌 출신들만 제출하는 것이 아니었다. 또한 가장은 응시 자격이 없는 신분의 인물이 과거에 응시하는 것을 방지하기 위한 것으로 이 역시 수험생이라면 모두 제출해야 했다. 그러므로 행권과 가장이 문벌 출신에게 유리한 제도였다고 보기는 어렵다.

게다가 고려는 선발의 공정성을 높이기 위해 답안지인 시권試卷에 기록한 성명과 사조四祖 등의 인적 사항이 보이지 않도록 가리는 호명법糊名法 또는 봉미법封彌法을 시행했고, 공민왕 대에는 수험생의 필체가 시험관에게 알려지는 것을 방지하기 위해 시권을 베껴 사본으로 채점하게 하는 역서법易書法을 시행했다. 이는 선발 과정에서 특정 신분의 인물에게 유리한 선발이 되지 않도록 하기 위한 조치였다. 그러므로 고려의 과거제 운영이 문벌에게 특별히 유리했다고 보기는 어렵다.

晉州姜氏寶民勝圖像

高麗光宗十四年於癸生京
酉壽年五十九乙巳文科乙
科崔冲搞下以討破契丹功
題壁上三歸草一如昼女真末
侯公以到元帥偕姜邯替討
之橫掃摧滅後現謝載招公
紫興祥大夫兵部尚書兼李
大傅上柱國天水縣開國男
食色三百戶謚諡波於公庵
大月傳曰公誕昌書生創海雨
其不衰然亮卲景屋立我
切紅纓鎧道藁在忠清道禮
山甘泉洞彩幀在晉州治西平
菱寺春秋葬地

강민첨 초상 1788년(정조 12)에 박춘빈이 모사한 〈강민첨 초상〉(보물 588호)에서 고려 지배층의 복식을 엿볼 수 있다. 강민첨(963~1021)은 목종 대에 과거에 급제한 문신이면서 대장군이 되어 1019년(현종 10) 강감찬과 함께 소배압의 10만 거란군을 격퇴한 문무를 겸전한 인물이다.

과거에 합격하면 과목에 따라 다양한 관직을 받았다. 제술업 급제자는 경관직으로 8~9품의 실직이나 권무직을 받았다. 특히 음서 출신은 받지 못하는 문한 학관직을 받았다. 외관직으로는 7~8품을 받았으나 중앙에 돌아와 대개 9품이나 권무직에 임명되었으므로 경관직에 임명되는 것보다 불리했다. 명경업 급제자는 동정직을 많이 받아 제술업 급제자에 비해 차별이 있었고, 문한 학관직도 받았으나 한림원과 사관史館에 임명된 사례는 보이지 않는다. 잡업 급제자는 관련 관청에 임명되어 업무를 보았으며 전공과 상관없이 승진하기도 했다.

품관 관료들의 특혜, 음서제

음서제는 왕족이나 공신의 자손, 5품 이상 관료의 자손에게 관료가 되도록 첫 관직을 주는 제도로서, 지배층의 자손을 관료로 임명하는 것이었다. 특히 주목해 왔던 것은 5품 이상 관료의 자손에게 관직을 주었던 일반 음서다. 이 제도로 혜택을 받는 대상은 관료의 아들, 친손과 외손, 동생, 조카(질姪·생甥), 그리고 사위와 수양자였다. 관료 1인이 한 번에 1인의 자손에게 음서를 제공했지만 시기를 달리하거나 음서를 제공할 관료가 많으면 여러 자손이 기회를 얻을 수 있었다.

현재 남아 있는 기록을 근거로 보면 이들 음서 진출자의 대부분이 다시 5품 이상으로 승진하고 그중 절반 이상이 재상에 오른 것으로 나타난다. 이는 음서를 통한 관직의 전수가 가능했음을 의미한다. 그리고 이를 바탕으로 고려가 문벌 귀족 사회였다고 주장하기도 한다. 그러나 고려는 문벌 출신만 5품 이상으로 승진할 수 있었던 것이 아니라 신분에 흠이 없다면 관료 가문 출신이나 향리 가문에서 진출한 신진 관료도 5품 이상으로 승진하는 데 아무 제약이 없었다. 음서제는 바로 그러한 다양한 출신의 5품 이상의 관료를 대상으로 그들의 자손에게 관직을 주는 제도였다. 따라서 음서제를 문벌만을 위한 제도라고 말하기는 어렵다. 물론 문벌은 가문 내에 5품 이상의 관료가 많았을 것이므로 그들의 자손이 혜택을 받을 가능성이 컸고, 이로 인해 음서제가 문벌 출신의 관료 진출에 상당히 기여할 수 있었다. 하지만 그렇다고 해도 그것은 문벌 출신인가의 여부와는 아무 상관없이 5품 이상의 관료에 대한 혜택이었으므로 이를 근거로 고려가 문벌 귀족 사회라고 하기는 어렵다. 그보다는 관료 제도상에서 5품 이상의 품관을 배출한 가문에서 계속해서 관료가 배출되도록 하려는 성격을 가진 제도였다.

음서는 국왕의 즉위나 왕태후·왕태자의 책봉 등과 같은 특별한 시기에 시행하기도 했으나 매년 항례적으로 시행했다. 음서로 관직을 받는 사람은 규정상 18세 이상이 되어야 했다. 하지만 실제로는 15세를 전후로 관직을 받았고, 심지어 10세 미만인 경우도 적지 않아 관료로 조기 진출시키는 의미가 있었다.

음서로 받는 관직은 음서를 제공하는 관료의 관품의 높낮이와 그와의 인간관계의 원근에 따라 8품, 9품, 서리의 동정직을 차등 있게 받았다. 음서를 제공하는 관료의 관품이 높을수록 인간관계의 거리가 가까울수록 그의 자손은 높은 관직을 받았다. 고려 후기로 갈수록 권무직, 실직을 받는 경우가 많았다. 지방 관직보다 중앙 관직이 압도적으로 많았으나, 음서 출신은 문필을 인정받지 못했기에 문한직은 받지 못했다. 문반직을 주었으므로 음서제가 무신들이 그들의 자손을 문반으로 개반改班시키는 수단이 되기도 했다.

관료의 경제 기반, 전시과와 녹봉

그동안 문벌 귀족의 경제 기반으로 주목받은 것은 공음전功蔭田이었다. 문종 대 규정에 따르면, 1품에서 5품까지 구분되어 1품은 문하시랑평장사 이상으로 전지 25결과 시지 15결을, 2품은 참정參政 이상으로 전지 22결과 시지 12결을 받았고, 이러한 방식으로 5품은 전지 15결과 시지 5결을 받았다. 지금까지는 품品을 관품으로 이해했다. 그에 따라 5품 이상의 모든 관료가 상속이 가능한 공음전을 받았다고 보고 이 토지를 문벌 귀족의 경제 기반이라고 생각해 왔다.

그러나 5품 이상에는 문벌 출신은 물론 관료 가문 출신이나 신진 관료도 있었으므로 5품 이상을 모두 문벌이라 생각해서는 안 된다. 이런 점에서 설령 5품 이상의 모든 관료에게 공음전을 주었다고 해도 그것을 문벌 귀족의 경제 기반이라고 해석하는 것은 잘못이다. 게다가 문하시랑평장사는 정2품이므로 1품의 품은 관품이 아니다. 2품에 종2품의 참정 곧 참지정사가 포함되고는 있으나 다른 종2품의 정당문학, 지문하성사와 판중추원사, 중추원사, 지중추원사, 동지중추원사는 포함되지 않아 2품의 품이 관품인지 의문이다.

이런 문제점 때문에 공음전은 공로를 세운 관료를 대상으로 다섯 단계로 구분하고 그들에게 지급했던 토지로 이해되고 있다. 이 경우에 품은 관품이 아니라 단계로 해석되는데 타당한 견해다. 게다가 공음전은 전시과 및 녹봉과 비교해도 지급 분량이 상당히 적어 문벌 귀족의 경제 기반으로 해석하기 어렵다.

我家田要取公牒即遣使喚通書屬托其州
貧僚不避干請差人徵取一田之徵乃至二
三民不堪苦赴訴無處兗愁衝天災沴聞作
禍源在此捕此使喚枷械申京記付吏民窮
極推罪

功蔭田柴景宗二年三月賜開國功臣及向
義歸順城主等勳田自五十結至二十結有
差顯宗十二年十月判功蔭田直子犯罪則
移給其孫文宗三年五月定兩班功蔭田
柴法一品門下侍郎平章事以上田二十五
結柴十五結二品參政以上田二十二結柴
十二結三品田二十結柴十結四品田十七
結柴八結五品田十五結柴五結樂工賤口
散官減五結樂工賤口放良負吏皆不得與
受功蔭田者之子孫謀危社稷謀叛大逆延
坐及雜犯公私罪除名外雖其子有罪其孫
無罪則給功蔭田柴三分之一二十七年
正月判無子人功蔭田傳給女婿親姪養子

高麗史卷七十八　十五

《고려사》〈식화지〉공음전시 항목　공음전功蔭田은 공로를 세운 관료를 다섯 단계로 나누어 지급했던 토지다. 문벌 귀족의 경제 기반이라는 견해가 있었으나, 비록 세습되기는 해도 지급 규모가 전시과 및 녹봉과 비교하면 그리 많지 않아 귀족의 경제 기반인 대규모 장원으로 보기는 어렵다.

田爲權貴所奪者悉還其主恭愍王二年
十一月分遣田民別監于楊廣全羅慶尚道
義成德泉有備倉田及諸賜給田標內濫執
公私田推刷悉還本主十一年密直提學
白文寶上箚子曰京師近地平廣膏腴可以
耕稼者爲牧場而奪其利宜移牧於山谷島
嶼以興地利且畿內八縣田土亦不須頒祿
科均給大夫士祭田以濟居京者之所急
十二年五月教曰田法弊火國置民貧仰都

高麗史卷七十八 十八

評議使司當於農隙遴選官吏改行經理以
便公私辛禑八年十二月設折給都監以
判開城府事爲別坐分給土田十四年
八月昌令六道觀察使各舉副使判官改量
土田
田柴科太祖二十三年初定役分田統合時
朝臣軍士勿論官階視人性行善惡功勞大
小給之有差景宗元年十一月始定職散
官各品田柴科勿論官品高低但以人品定

《고려사》〈식화지〉 전시과 항목 전시과田柴科란 고려에서 관료나 서리, 향리, 군인 등 직역의 담당자에게 국가에 봉사한 대가로 지급했던 토지로서, 태조의 역분전에서 비롯되어 경종의 시정전시과, 목종의 개정전시과, 문종의 경정전시과로 변천했다. 녹봉과 함께 고려 관료의 대표적인 경제 기반이었다.

공로를 세워야 받을 수 있었던 공음전과 달리 전시과田柴科와 녹봉祿俸은 관료로서 국가에 봉사한 사람들은 누구든지 받았다. 전시田柴는 전지田地와 시지柴地를 말하는데, 전지는 곡식을 경작하는 토지를, 시지는 땔감을 얻을 수 있는 산림을 뜻한다. 전지를 받는다고 해서 토지 자체를 받은 것은 아니고, 토지의 소유주가 국가에 내는 세금인 생산량의 10분의 1을 받을 수 있는 권리를 얻는 것이었다. 이를 수조권이라고 한다.

수조권은 국가로부터 보호를 받는 권리였기 때문에 수조권을 가진 관료는 전주田主, 토지의 소유주는 전객佃客이라 표현될 정도로 강한 권리였으며 이로 인해 소유권이 제약을 받았다. 관료들은 토지의 세금을 직접 수취했으며, 국가는 지방관을 통해 세금 수취를 지원해 주었다. 이러한 전시과는 녹봉과 함께 고려의 관료들이 생활을 영위하는 데 사용된 가장 중요한 경제 기반이었다.

고려의 토지는 양계, 경기, 5도에 모두 분포되어 있었다. 그러나 양계의 토지에서 나오는 세금은 이 지역의 군사적 성격으로 인해 모두 국가에 귀속되어 개인에게 주어지지 않았다. 또한 경기는 양반의 구분전을 비롯한 일부 토지를 제외하고는 세금이 모두 국가에 귀속되었다. 이 때문에 관료들이 지급받은 전시과는 대부분 5도에 위치했다.

전시과의 기원은 태조의 역분전에서 비롯되었고, 경종의 시정전시과, 목종의 개정전시과, 문종의 경정전시과로 바뀌면서 제도가 정비되었다. 경정전시과는 1과에서 18과까지 구분되었다. 1과는 중서령, 상서령, 문하시중으로 전지 100결結과 시지 50결을, 2과는 문하시랑, 중서시랑으로 전지 90결과 시지 45결을 받았고, 이러한 방식으로 18

과는 한인閑人, 잡류로서 전지만 17결을 받았다.

　지급 대상은 문반·무반·남반의 품관과, 서리·잡류의 이속, 그리고 향리, 군인, 한인 등으로, 관직이나 직역으로 국가에 봉사하는 사람들이 전시과를 받았다. 문무 관료들은 그들이 가진 관직을 근거로 토지를 받았다. 문벌 출신의 관료라고 해서 특별히 우대되는 것은 없었으며 관료 가문 출신이든 신진 관료이든 상관없이 오직 관료로서 가지고 있는 관직의 지위에 따라 차등 있게 받았다.

　전시과가 국가에 봉사한 대가로 지급 받는 토지이기는 했으나, 관료의 가계가 지배층의 신분을 유지하도록 토지를 세습할 수 있게 했다. 문무반은 부인과 자손이 모두 살아 있으면 부인이 사망할 때까지 전액을, 자손만 살아 있으면 일부를 전수한 것으로 추정되고 있다. 향리와 군인은 직역을 자손에게 세습하는 것을 전제로 그들이 받는 토지인 향리전 또는 군인전을 세습했는데, 이를 전정연립田丁連立이라 했다. 군인은 60세에, 향리는 향직이 대승 이상이면 죽은 뒤에, 좌승 이하 원윤 이상이면 70세에 전정을 자손에게 전수했다.

　시지는 개경 인근의 산림에 설치되었는데 운송의 편리를 위해 2일 거리를 넘지 않았다. 시지도 산지 자체가 아니라 땔감을 수취하는 권리를 지급한 것이며, 백성들과 함께 이용하는 무주공산에 설정되어 주변의 농민이 산을 이용하는 대신 그 대가로 땔감을 납부하는 방식으로 운영되었다. 시지도 문벌 출신의 여부와 상관없이 관료로서 가지고 있는 관직의 지위에 따라 차등 있게 받았다.

　녹봉은 현물을 지급 받는 것으로, 성종 대에 제정되어 문종 녹제, 인종 녹제가 기록에 남아 있다. 문종 녹제에 의하면, 지급 대상은 비

1결
고려시대 1결의 규모에 대해서는 다양한 견해가 있으나 대략 1200평 내외로 이해되고 있다.

전정
직역에 봉사한 대가로 토지를 받을 때 일정한 면적 단위로 받았기 때문에 나온 용어인데, 군인전의 경우 17결을 족정足丁이라 하고 그보다 적으면 반정半丁이라 했다.

주妃主, 종실, 문무반, 권무관, 동궁관, 서경관, 지방관, 서리, 공장, 주진장상장교州鎭將相將校 등이 있었다. 이들 중에 문무 관료들이 받은 문무반록은 1과에서 47과까지 구분되었고, 1과는 중서령, 상서령, 문하시중으로 400석을, 2과는 중서시랑, 문하시랑으로 366석 10두를 받았고, 이러한 방식으로 47과는 10석을 받았다. 이 역시 전시과와 마찬가지로 문벌 출신의 관료라고 해서 특별히 우대되는 것은 없었고, 관료 가문 출신이든 신진 관료이든 상관없이 오직 관료가 자신이 가지고 있는 관직의 지위에 따라 받았다.

녹봉은 국가에 봉사한 대가로 실무를 보는 실직에게 지급하고 실무가 없는 산직에게는 주지 않았다. 다만 실무가 없더라도 비주妃主, 종실宗室, 봉군封君 된 자, 은퇴한 관료인 치사관致仕官, 산직인 검교관檢校官 등에게는 녹봉을 지급했다. 그리고 문무반에게 지급한 것은 녹봉, 서리와 공장에게 지급한 것은 별사別賜라 해서 신분적으로 구별했다.

국왕과 재추, 6부, 대간 사이의 권력 구조

6부의 직접 상주와 재상의 판사 겸직

고려의 권력 구조에서는 최고 통치권자이자 국정의 최종 결정권자인 국왕, 국정의 중대 사안을 논의하는 재추, 국정을 시행하는 행정 기구인 6부, 국왕과 신료의 잘못된 정치 행위를 비판하고 견제하는 대간이 중요한 비중을 차지했다. 이들 사이의 관계를 살펴보면 고려 권력 구조의 성격을 이해할 수 있다.

국정의 최종 결정권자인 국왕의 위상과 역할은 6부 운영을 둘러싼 권력 구조 속에서 확인된다. 6부는 국가 행정의 중심 기구였으므로 이를 국왕과 재상 어느 쪽이 보다 직접적으로 관할했느냐 하는 것은 고려 권력 구조의 성격을 이해하는 데 매우 중요하다.

이와 관련해서 먼저 생각할 것은 고려에서는 6부가 재상을 거치지 않고 국왕에게 국정을 직접 상주했다는 사실이다. 이는 국왕이 6부 행정을 직접 관할했음을 의미한다. 그동안 재상이 6부 판사를 겸직하고 6부 행정을 장악했기 때문에 직접 상주를 통한 국왕의 6부 관할보다는 6부 판사제에 따른 재상의 6부 통할권이 더 본질적인 것이었다는 견해가 있었다. 하지만 6부 판사제 운영의 실상을 살펴보면 이렇게만 보기는 어렵다.

만약 6부 판사제가 재상이 6부 행정을 장악하는 제도였다면, 재상의 입장에서는 가능한 한 6부 판사 전체를 겸직하는 것이 유리하다. 그런데 실제 사례를 보면 재상이 6부 판사를 모두 겸직한 경우는 거의 없었다.

예를 들어, ① 1050년(문종 4) 정월 재상으로 최충, 김영기, 김원충, 이자연 등 네 명이 있었는데 그들 중에 6부 판사를 겸직한 인물은 판형부사 김원충과 판예부사 이자연 두 명이었고, ② 1123년(인종 1) 12월 재상으로는 이자겸, 임유문, 김준, 최홍재, 김약온, 김지화, 척준경 등 일곱 명이 있었는데 그들 중에 6부 판사를 겸직한 이는 판이부사 이자겸, 판병부사 김지화, 판형부사 임유문, 판예부사 김준 네 명

'흥왕사'명 청동은입사향완   고려의 불교문화를 보여 주는 향로(국보 214호)로 연꽃과 덩굴, 구름과 용, 봉황 등을 은으로 새겼다. "기축이월
일흥왕사己丑二月日興王寺"로 시작되는 명문과 양식으로 보아 12세기 후반에서 13세기 전반에 제작된 것으로 보고 있다. 흥왕사는 문종의 원
찰로 창건되었고, 대각국사 의천이 교장도감을 설치해《속장경》을 간행한 곳이자 공민왕을 죽이려던 흥왕사의 변이 발생한 곳이다.

이었다.

　이를 보면 재상이 6부 판사 전체를 겸직한 것이 아니었다. ①에서는 재상이 네 명에 불과한데도 두 명만 판사를 겸직했다. ②는 재상이 일곱 명이어서 6부 판사 전체를 겸직할 기회가 있었는데도 네 명만 판사를 겸직했을 뿐이다. 즉, 재상의 많고 적음과 상관없이 여섯 명의 판사 전체를 겸직하는 모습은 보이지 않는다. 6부 판사제는 고려 전기 내내 이러한 방식으로 운영되었다.

　사실 6부 판사제는 현종 대에 처음 성립한 것으로서 6부 제도가 만들어진 성종 대에는 없었던 제도였다. 6부는 재상이 겸직하는 판사가 있어야 운영되는 제도가 아니었던 것이다. 그러나 재상이 문신과 무신의 인사 선발에 참여할 필요가 인식되면서 이부와 병부에 판사가 임명되었고, 이러한 점은 호부, 형부, 예부, 공부 등도 마찬가지였다. 유의할 점은 6부 행정이 반드시 판사를 필요로 하지는 않았기 때문에 인사 행정과 관련된 이부와 병부를 제외한 다른 6부는 판사가 임명되지 않는 경우도 상당히 많았다는 것이다.

　이처럼 6부 판사제는 여섯 명의 판사를 모두 임명하는 제도가 아니었다. 그런 이유로 대개 6부는 판사가 있는 관청과 없는 관청이 함께 있었다. 6부가 국정을 상주하는 시점에 해당 관청에 판사가 없으면 국왕은 재상의 영향력 없이 상주를 받아 국정을 직접 관할했다. 이 경우에 국왕이 재상에게 자문하지 않는 한 재상이 간여할 방법은 없었다. 반면에 판사가 있으면 해당 관청에 판사로 임명된 재상 한 명이 상주 내용에 영향력을 끼쳤다. 다만 재상 전체의 견해가 반영된 것은 아니기 때문에 국왕은 필요하다고 판단하면 재상들에게 자문할 수 있었다.

이처럼 고려는 6부 판사제가 운영되기는 했으나, 이는 중서문하성과 6부라는 관청 대 관청의 관계가 아니라 재신 한 명이 6부 가운데한 개 관청의 판사로 임명되는 것이었다. 그러므로 고려는 국왕이 6부 행정을 직접 관할하고 이끌어 가는 가운데 일부 재상이 판사로 임명된 6부의 해당 관청에 영향을 미치는 방식으로 6부 판사제가 운영되었고, 판사가 임명되지 않는 경우도 많아 재상이 6부 전체를 통할했다고 보기는 어려웠다.

대간, 비판과 견제 제도의 발달

고려의 대간은 어사대의 대관臺官과 중서문하성의 간관諫官을 가리킨다. 고려에서는 대간 제도가 크게 발달했는데 이는 전 시기와 비교되는 현상이었다. 신라에는 신료를 감찰하는 사정부司正府는 있었으나 간쟁을 하는 기구는 따로 없었다. 신라에서 간관이 부재했던 원인은 왕권의 행사가 골품제의 제약을 벗어나지 못했던 국왕 권력의 한계에서 찾을 수 있다.

골품제가 폐기된 고려에서는 지방 세력이 중앙 관료가 되는 기회가열려 중앙 정치에 참여하는 지배층의 범주가 크게 확대되었고, 이들을 등용하는 인사권의 행사와 관련된 국왕의 권한도 확대되었다. 이렇게 해서 고려는 전 시기에 비해 국왕과 신료의 정치적 입지가 넓어졌다. 동시에 이들 각각의 잘못된 정치 행위를 비판하고 견제할 필요도 커졌다. 고려 초기에 내의성內議省 소속의 내의사인이 간관으로서처음으로 제도화하고 내봉성內奉省 소속의 대관이 신료에 대한 규찰을 담당하기는 했으나, 광종의 자의적인 권력 행사나 경종 대 권신權

臣의 권력 남용을 제대로 견제하지 못했다. 이러한 배경에서 고려는 국왕과 신료의 잘못된 정치 행위를 비판하고 견제하기 위해 성종 대에 중국 제도를 도입해 어사대의 대관과 중서문하성의 간관을 설치했다. 그 결과 대간 제도의 조직과 기능이 크게 확대되었다.

고려에서 간관은 국왕의 잘못된 정치를 비판하는 간쟁을 담당했고, 대관은 현실 정치의 잘잘못을 논하고 상도常道를 벗어난 풍속을 교정하며 신료의 비리를 규찰하고 잘못을 탄핵하는 기능을 했다. 이처럼 간관은 국왕을, 대관은 신료를 비판하고 견제하는 기능을 했지만, 서로 엄격히 구별되지는 않아 간관이 신료를, 대관이 국왕을 비판하기도 했다. 예종 대부터는 그동안 각각 수행하던 비판과 견제 기능을 대관과 간관이 합쳐 '대간'으로서 함께 수행하기도 하여 대간일체臺諫一體라는 인식이 생겨났고, 궁궐 문 앞에서 비판을 하는 복합언사伏閤言事가 비판의 새로운 관행으로 등장하기도 했다. 이로 인해 대간은 언관言官으로, 대간의 활동은 언사言事로 인식될 정도로 대간의 비판 활동이 활발해졌다. 뿐만 아니라 대관과 간관은 법제 제정의 가부可否에 대한 의견을 제시하거나 관직을 받은 관료들의 신분이나 행실을 조사하여 관직 임명의 타당성 여부를 검토하는 서경署經을 담당하기도 했다.

그동안 귀족제설의 관점에서 신료가 하나의 공동 운명체가 되어 국왕과 대립적인 입장에 있었고 대간의 비판 활동은 신료의 이해를 대변하는 것이라고 보아 대간이 국왕을 비판하고 견제했던 기능을 강조하는 경향이 있었다. 그러나 고려의 신료 전체가 공동 운명체로 존재한다는 것은 있을 수 없다. 신료라고 해서 국왕과 대립적인 입장에만 있었던 것은 아니었으므로, 대간의 국왕에 대한 비판과 견제만 강조되어서는 안 된다. 오히려 고려의 대간이 국왕과 신료 모두를 비판하고 견제하는 기능을 했다는 점은 매우 중요하다. 왜냐하면 고려에서 대간 제도가 발달한 것은 전 시기에 비해 정치적 입지가 넓어진 국왕과 신료 모두의 잘못된 정치 행위를 비판하고 견제하기 위해서였기 때문이다.

대간은 청요직淸要職이므로 신분에 흠 없는 인물이 임명되기는 했으나 문벌 출신만이 아니라 관료 가문 출신 또는 신진 관료 등 서로 다른 출신의 인물이 다양하게 임명되었다. 따라서 대간이 문벌의 이익만을 대변했다고 볼 수는 없다.

대간의 비판 기능은 《고려사》 〈백관지〉에 규정되어 있는 업무상의 권한이었다. 그러므로 대간의 비판 활동을 모두 정치적 행위로 단순화시켜 이해해서는 안 된다. 대간의 활동은 국왕과 신료의 합법적인 권한이나 정상적인 정치 활동을 제한하는 것이 아니라, 기능 자체가 그들의 잘못된 정치 행위에 대한 비판과 견제를 본질로 했기 때문이다.

대간 활동은 관료로서 업무를 수행한 것이므로 국왕의 결재를 받아 시행되었다. 국왕은 대간의 비판 내용을 수용하기도 하고 거부하기도 하고 대간과 서로 합의하기도 했다. 국왕이 대간의 비판을 수용하는 경우는 대간의 견해가 합리적이라고 판단했기 때문이었다. 게다가 고려 지배층은 신료의 간쟁을 받아들이는 것을 국왕의 미덕으로 보았으므로, 대간의 비판을 수용했다고 해서 고려의 왕권이 약했다고 생각해서는 안 된다. 대간의 비판을 거부하는 경우는 국왕의 판단이 적절하다고 생각되면 대간도 국왕의 입장을 받아들였으나, 그렇지 않으면 다시 자신들의 비판을 수용해 주기를 요구했다. 이에 대해 국왕은 대간을 설득하거나 위협, 좌천하는 방식으로 자신의 의지를 관철시켰

⟨지장시왕도⟩⟨부분⟩　　지장보살과 시왕十王을 묘사한 고려시대 불화(14세기)에서 고려 관리의 모습을 엿볼 수 있다. 고려 후기 지장 신앙이 널리 퍼져 있었음을 보여 주는 그림의 오른쪽 아래에 복두를 쓰고 공복을 입고 홀을 들고 있는 고려 관료의 모습이 보인다. 관료의 숫자는 ⟪고려사⟫ ⟨백관지⟩의 문종 관제를 보면 문반이 521명, 무반이 1757명으로 총 2278명인데, 인종 초반의 사정을 알 수 있는 ⟪고려도경⟫(1123, 인종 1)에는 개경과 지방에서 녹봉을 받는 관료가 합쳐 3천여 명이 있었고 토지만 받는 산관 동정散官同正이 14000여 명이 있었다고 하므로 관료의 숫자가 점차 늘어났음을 알 수 있다.

다. 또한 국왕은 대간의 비판을 일부 수용하면서 대간이 받아들일 만한 새로운 명령을 내려 합의를 끌어내기도 했다. 이처럼 대간의 비판에 대한 최종 결정권은 국왕에게 있었으므로 대간의 비판 활동을 근거로 왕권이 약했다고 해석할 수는 없다.

대간 기능의 이런 성격을 잘 보여 주는 것 중의 하나가 서경권이다. 인사 임명을 중심으로 살펴보면, 서경은 관직에 임명된 관료들의 신분이나 행위를 조사하여 흠이 있는 인물을 임명하지 못하도록 규제하는 성격이 있었다. 고려의 인사 행정에서 법제나 관행에서 벗어나 신분이나 행위에 흠이 있는 인물을 임명하는 경우에 대간은 서경을 거부함으로써 국왕의 잘못된 행위를 견제했다.

이처럼 대간의 서경 거부는 잘못된 인사 임명을 견제하는 것이었으므로 합법적인 인사 임명에 대해 자의적으로 행사할 수 있었던 것은 아니다. 다시 말해 대간의 서경은 인사 임명에 문제가 없는데 국왕과 대립하기 위한 정치적 수단으로 이용할 수 있는 것이 아니었다. 게다가 서경의 수용 여부에 대한 최종 결정권은 국왕에게 있었으므로 대간이 서경권을 행사했다고 해서 왕권이 약했다고 해석할 수는 없다.

이상을 통해 보면 고려의 권력 구조는 6부의 업무가 국왕에게 직접 상주되어 국왕이 국가 행정을 관할하는 상황에서 이부와 병부 등 재상이 일부 6부의 판사가 되어 6부 행정에 참여했으며, 재상과 추밀은 국가의 중대사에 대한 논의에 참여해 국왕의 결정권을 보좌했고, 대간은 이들 국왕과 재추를 비롯한 신료의 법제나 관행에서 벗어난 잘못된 정치 행위를 비판하고 견제하는 기능을 했다. 고려의 권력 구조는 국왕을 중심으로 하면서도 국왕과 신료 어느 한쪽이 권력을 독점

하거나 남용하지 못하도록 형성되었던 것이다. 이러한 제도 운영은
고려의 정치적 안정에 크게 기여했다.

국왕과 신료가
이끌어 가는 국정 운영

왕명의 반포와 시행

고려에서 국정은 국왕과 신료가 이끌어 갔고 신료를 대표하는 존재
는 재추였다. 그러므로 고려 국정 운영의 성격을 이해하려면 국정 운
영에서 국왕과 신료가 담당했던 역할과 위상을 모두 고려해야 한다.
다만 국왕 자체에 대한 연구가 거의 없었다는 점을 생각한다면 먼저
국정 운영에서 신료가 담당하지 못하는 국왕의 고유 권한이 어떤 것
인지 밝혀내야 한다.

국왕의 고유 권한은 관료를 선발하는 인사권, 군대를 출정시키는
군사권, 공로에 대한 포상과 범죄에 대한 형벌을 판단하는 상벌권 등
여러 가지가 있다. 국왕에게 고유 권한이 있다는 것은 인사, 군사, 상
벌의 문제에 대한 최종 판단과 결정을 내리는 권한이 국왕에게 있음
을 의미한다. 국왕의 최종 결정권은 무엇보다 왕명의 반포에서 잘 나
타나는데, 이는 국왕이 국정을 운영하는 강력한 수단이었다. 물론 국
왕이라고 해서 왕명을 마음대로 반포할 수 있었던 것은 아니었다. 기
본적으로 제도적 장치를 통해 왕명을 반포했고 왕명의 종류에 따라

제도적 장치도 달랐다.

고려는 왕명의 종류가 다양했는데 이에는 책서冊書를 비롯해 제서制書, 교서敎書, 조서詔書, 선지宣旨와, 교지敎旨, 왕지王旨 등이 있었다. 이들 중에 의례용 왕명인 책서는 책봉하거나 존호나 시호를 올리는 데 사용된 문서였고, 정무 수행에 사용된 제서 이하의 왕명은 국왕이 국정을 반포하거나 신료의 상주에 대해 답할 때 사용되었다.

제서는 왕명 출납을 맡은 중추원의 승선을 통해 중서문하성에 전달되어 심의를 거친 뒤 중앙과 지방의 관청에 보내져 시행되었다. 중서문하성이 제서를 심의하여 문제가 있으면 국왕에게 반송할 수 있는 권한을 봉박권封駁權이라고 했다. 이는 국정의 전반에 대해 논의했던 재상의 의정권議政權이나 제서의 반포와 상관없이 국왕의 잘못된 정치 행위에 대해 비판했던 간관의 간쟁권諫諍權과 달리, 중서문하성의 문하시중, 문하시랑평장사, 급사중이 가진 제서에 대한 심의권이었다. 고려는 당의 중서성과 문하성을 수용하고 이를 합쳐 중서문하성으로 운영했으므로 당 문하성의 봉박권은 중서문하성의 대표 기능이 되었다.

봉박권은 제서로 반포될 수 있는 국왕의 자의적인 결정을 신료가 견제하는 성격을 가지고 있었다. 다만 제서의 내용에 대한 최종 판단과 결정은 국왕의 권한이었다. 1055년(문종 9) 10월에 제서를 내려 절을 창건하라고 명하자 문하성은 절을 짓는 것은 태평을 이루는 방도가 아니라고 하며 반대했다. 하지만 국왕은 받아들이지 않았다. 반포된 제서에 대해 문하성 곧 중서문하성이 봉박했으나 국왕은 반발을 수용하지 않았던 것이다. 이는 제서의 내용에 대해 중서문하성의 봉

혜심 고신 고종이 1216년 진각국사眞覺國師 혜심慧諶을 대선사大禪師에 임명하면서 내린 인사 임명장(국보 43호). 지제고 이득근李得根이 왕명을 찬술하고 문하시랑동중서문하평장사 최홍윤崔洪胤이 검토한 문서를 국왕이 살펴보고 내렸고, 급사중 현군체玄君悌의 심의를 거쳐 아뢰어 국왕의 정식 제가를 받은 뒤 예부를 통해 발급한 제서制書 양식의 고신告身이다. 고려에서 가장 권위 있는 왕명인 제서의 양식을 알 수 있는 현전하는 유일한 문서다.

박이 이루어진다고 해도 최종 판단과 결정은 국왕의 권한이었음을 의미한다. 이처럼 제서는 국왕을 중심에 두고 국왕과 신료가 함께 합의하여 국정을 이끌어 가도록 만든 왕명이었다.

교서, 조서, 선지는 중서문하성의 심의를 거치지 않고 중추원의 승선을 통해 직접 중앙과 지방의 관청에 보내져 시행되었다. 1014년(현종 5) 3월에 교서를 내려 조상을 추존하기 위해 제사를 지내려고 하니 담당 관청에서 논의해 보라고 하자, 예관禮官이 선왕先王과 선후先后의 시호를 올리자고 요청했다. 교서로 반포된 명령에 대해서는 중서문하성이 심의하는 내용이 없고 중앙의 담당 관청인 예관 곧 예부가 직접 명령을 받아 시행안을 올린 것이다. 이러한 운영 방식은 조서, 선지도 마찬가지였다. 교서, 조서, 선지가 중서문하성의 심의를 거치지 않았다는 점에서는 국왕의 의지를 신속하게 시행하는 수단이 되었으나 제서와 비교한다면 권위가 낮은 왕명이었다.

중추원의 승선을 통해 직접 반포되는 왕명 중에는 교지, 왕지 등도 있었다. 이들 왕명은 중추원의 승선을 통해 직접 반포되었다는 점에서 교서, 조서, 선지와 비슷하지만, 비교적 가벼운 명령을 내리는 데 사용되었다. 이 역시 중앙과 지방의 관청에 보내져 시행되었다. 그리고 왕명이 지방 관청에서 보내져 시행되는 경우는 상서도성을 통해 문서를 전달했다. 이들 외에 환관을 통해 반포하는 수서手書라는 왕명도 있었는데 주로 사적인 용도로 사용했다.

왕명의 반포는 국왕이 국정을 이끌어 가는 강력한 수단으로 신료가 가지지 못하는 고유 권한이었다. 그러나 국왕이 국정을 정상적으로 이끌어 가려고 한다면 신료의 입장을 무시하고 자의적으로 반포하기는

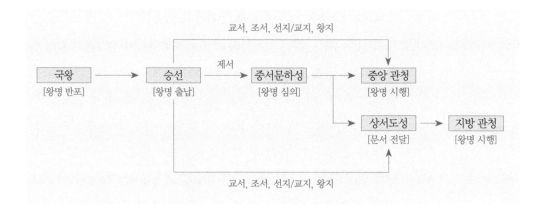

어려웠다. 중서문하성의 심의를 거친 제서는 물론, 중추원의 승선을 통해 직접 반포된 교서·조서·선지와, 교지·왕지 등의 왕명은 이들 모두 반포된 이후라도 문제가 있으면 대간의 비판을 받았기 때문이다.

국정의 상주 결정 시행 과정

고려의 국정 운영은 왕명의 반포 외에도 신료의 상주, 국왕의 결정, 신료의 시행이라는 과정을 통해 이루어졌다. 이는 국정에 대한 국왕의 최종 결정권을 중심으로 신료의 상주와 시행이 결합된 형태로 이해된다. 이와 관련해서 중요한 것은 신료의 상주를 국왕이 직접 관할했는가 아니면 재상을 거쳐 관할했는가 하는 점이다. 국왕이 직접 관할했다면 국왕이, 재상을 거쳐 관할했다면 재상이 국정에 대한 영향력이 더 컸다고 이해할 수 있기 때문이다.

신료의 상주는 중앙과 지방 관청에서 이루어졌다. 먼저 중앙 관청의 상주 과정을 살펴보면, 상급 관청인 3성의 경우에 중서문하성은 재신이 소속되어 지위가 가장 높은 관청이었고, 상서도성은 6부 위에 있어 달리 경유할 관청이 없었기 때문에 이들은 국왕에게 직접 상주했다. 중급 관청인 6부의 경우는 중서문하성의 재신(재상)이나 상서도성을 거치지 않고 국왕에게 직접 상주했고, 6부 아래의 중급 관청인 성省 및 시寺·감監도 국왕에게 직접 상주했다. 하급 관청인 서署·국局 등도 마찬가지였다. 6부와 성 및 시·감 사이에 예속 관계가 없었고 성 및 시·감과 서·국 사이에도 예속 관계가 없어 각각 독립적으로 운영되었기 때문에, 국왕에 대한 상주도 독립적으로 이루어졌다. 심지어 임시 관청인 도감도 국왕에게 직접 상주했다.

이처럼 중앙 관청은 관청의 지위와 종류에 상관없이 국왕에게 직접 상주했다. 고려는 국왕이 중앙 관청의 업무를 직접 관할했고, 이로서 국정 운영의 중심에 있었다. 재상이 개인적인 겸직으로 해당 6부의 업무를 맡아 상주 내용에 영향을 미칠 수는 있어도, 중앙 관청이 상주할 때마다 재상 전체가 내용을 검토하는 제도적 절차는 없었다.

지방 관청의 상주 과정을 살펴보면, 양계兩界와 5도道가 달랐다. 양계는 군사 지역인 동계와 북계를 말한다. 양계의 장관인 병마사兵馬使는 국왕에게 직접 상주했고, 양계의 고을인 주진州鎭은 직접 상주하지 못하고 병마사를 통해 상주했다. 다만 순수 양계 지역이 아니라 5도 지역에 가까이 위치한 준남도准南道 지역의 주현은 직접 상주할 수 있었다. 이들의 상주는 문서 전달 기능을 했던 상서도성을 경유했으며 중앙의 행정 기구인 6부를 거치지 않고 국왕에게 직접 전달되었다.

5도는 민사 지역인 경상도, 전라도, 양광도, 서해도, 교주도를 말한다. 장관인 안찰사按察使는 병마사처럼 국왕에게 직접 상주했고, 주현州縣도 양계의 주진과 달리 직접 상주했는데 안찰사가 중간 기구로서의 기능이 강하지 못했기 때문이다. 이들의 상주 역시 상서도성을 경유했으며 6부를 거치지 않고 국왕에게 직접 전달되었다.

이처럼 지방 관청의 상주는 양계와 5도 모두 6부를 거치지 않고 국왕에게 직접 전달되었는데, 이는 국왕이 지방의 업무를 직접 관할했음을 의미한다. 고려의 국왕은 중앙과 지방의 행정을 직접 관할했고 재상이나 6부를 거쳐 국정을 파악한 것이 아니었다. 다시 말해 고려의 국정은 재상이 아니라 국왕이 직접 관할했던 것이다.

신료의 상주는 국왕의 결정을 거쳐 시행되었으므로 국정 운영의 체계에서 국왕의 결정은 가장 중요한 과정이었다. 이러한 국왕의 결정은 제서 및 교서, 조서, 선지나 교지, 왕지 등 정식 왕명으로 반포되기도 했고, 상주문上奏文 자체에 간단히 결재하는 형태로 이루어지기도 했는데, 이들 모두 국왕의 고유 권한으로 신료가 대신할 수 없었다.

상주문에 대한 국왕의 결재는 상주 내용을 담당 관청에 보내 시행안을 마련하도록 명령하는 중간 결재와 시행안에 대해 결정하는 최종 결재가 구분되어 있었다. 중간 결재는 최종 결정을 내리기 전에 시행안의 마련을 담당 관청에 위임하는 것으로, 이 과정에서 신료는 시행안의 제시를 통해 국왕의 결정 내용에 영향을 미칠 수 있었다. 국왕의 최종 결정권을 존중하는 동시에 국정 운영에서 신료의 입장이 반영되도록 하는 제도적 장치였던 것이다.

결정된 국정은 중앙과 지방의 관청에 보내져 시행되었다. 시행 관청이 중앙 관청인 경우는 왕명이나 최종 결재를 받은 문서가 중간에

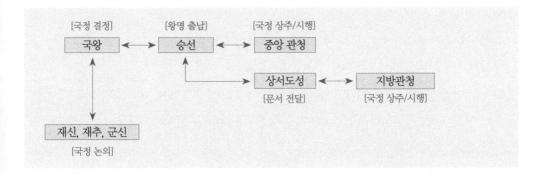

재상을 거치지 않고 중서문하성과 상서도성은 물론 중급 관청인 6부와 성 및 시·감이나 하급 관청인 서·국, 그리고 임시 관청인 도감에 직접 전달되었다. 지방 관청의 경우도 왕명이나 최종 결재를 받은 문서가 재상이나 6부를 거치지 않고 지방 관청에 직접 전달되었다. 그래서 양계는 병마사에, 5도는 안찰사, 주현에 전달되었다. 그리고 지방 관청의 경우는 문서 전달 기능을 했던 상서도성을 거쳐 보냈다.

이처럼 고려의 국정 운영은 상주·결정·시행 과정을 국왕이 직접 관할했고 귀족제설의 주장과 달리 재상은 6부 판사를 겸하여 행정에 참여한 것과 같은 경우가 아니면 간여할 가능성이 적었다. 국왕이 국정을 이끌어 갔던 것이다.

다양한 회의와 합의 정치

고려는 중앙정치에 참여하는 지배층의 범주가 넓어져 이해관계가 다양해지고 그만큼 국왕의 역할이 중요해졌다. 이에 국정의 최종 결정권자로서 국왕이 이끌어가는 합의 정치의 중요성이 크게 부각되었다. 그래서 국왕도 대개는 자의적으로 결정하는 것이 아니라 신료와 합의合議를 통해 국정을 이끌어 갔다.

국왕은 혼자 결정하기 어려운 사안에 대해 신료들에게 자문을 구했고 이로써 신료들은 국정 논의에 참여했다. 자문 대상은 재신이 가장 중요하고, 이들 재신과 추밀을 합친 재추, 그리고 재추의 범주를 벗어난 다양한 군신群臣 등이었다. 국정 회의의 유형도 이에 따라 재상 회의, 재추 회의, 확대 회의로 구분된다.

원래 중서문하성의 재신은 국정의 전반을 논의하는 기능이 있었으나, 다른 자문 대상인 재추, 군신은 국왕의 자문 없이 국정 논의에 참여할 수 없었다. 재신은 자문이 있을 때는 물론 자문이 없어도 국정을 논의하고 국왕에게 건의할 수 있었다. 재신이 국정을 논의하는 장소는 정사당政事堂으로, 중서문하성에 부속되어 있었다.

재신과 추밀이 합쳐진 '재추'가 자문 대상이 된 것은 예종 대였다. 이 시기 전에는 재신이 단독으로 자문 대상이 되거나, 재신과 추밀이 각각 보신輔臣이나 군신群臣의 일원이 되어 자문을 받았다. 그러다가 여진의 성장으로 생겨난 변방의 군사 문제에 능동적으로 대응하기 위해 현종 대에 중추원을 추밀원으로 개편하면서 '재추'로서 자문 대상이 되었다.

그동안 국왕의 자문이 없어도 재추가 모여 국가 중대사를 논의하고 승선을 통해 아뢰어 국왕의 결재를 받아 시행한 것으로 보고, 이를 근거로 재추가 국정을 이끌어 갔다고 생각해 왔다. 그러나 이는 무신 정권기에 국정 운영의 주도권이 무신에게 옮겨지고 무신들도 재신과 추밀에 임명되면서 생긴 변화다. 특히 최씨 정권기에 국왕의 자문 없이 최씨의 사제私第에서 재추 회의가 열리는 상황이 많아졌는데, 이러한 유형의 재추 회의가 이후 계속 되었던 것이다. 반면에 고려 전기에는 국왕의 자문이 없이는 재추 회의가 열리지 않았다. 따라서 무신 정권기 이후의 사정을 근거로 고려 전기에도 재추가 국정을 이끌어 갔다고 말하는 것은 적절한 이해라고 볼 수 없다.

재추의 범주를 벗어난 회의로는 재신을 포함해 14~17명 정도로 구성되어 국가 중대사를 논의한 보신 회의가 현종~정종 대에, 식목도 감사式目都監使가 이끌면서 재추를 포함해 15명 정도로 구성되어 법제 제정 및 운영 등을 논의한 회의가 문종 대에 있었다. 국왕이 자문한 가장 넓은 범주의 신료는 국가 중대사를 논의한 군신群臣이다. 군신은 재신 또는 재추를 포함해서 참상 이상의 관료들이 국왕의 요청에 따라 다양한 범주로 구성되었고, 품관 전체가 참여한 것은 아니었다.

이들 회의는 국왕이 신료를 불러 국정을 함께 논의하거나 논의하도록 위임하는 방식으로 이루어졌다. 국왕이 참여하지 않는 경우에 재신이 회의를 이끌어 가기는 했지만 관직의 높낮이에 상관없이 각자 자유롭게 자신들의 의견을 제시했고, 의견의 제시에서 재신이나 재추가 특별히 더 우월한 위치에 있지 않았다. 서로 다른 견해가 제시되는 경우 재신이나 재추의 입장에 따라 논의를 정리했던 것이 아니라 있는 그대로 보고했고, 그러면 국왕이 판단하여 최종 결정을 내렸다. 게다가 재신이나 재추 중에는 문벌 출신은 물론 관료 가문 출신이나 신진 관료도 있어 논의 과정에서 재신이나 재추가 모두 문벌의 이익을 대변했다고 보기 어렵다. 심지어 문벌 출신이라 해서 그들끼리 항상 같은 입장이 되었던 것도 아니었다. 신료들은 개인의 정치 성향이나 정치 이념, 이해 관계, 출신 배경 등 다양한 요인을 바탕으로 회의에서 자신의 견해를 제시했다.

이처럼 고려는 다양한 국정 회의를 통해 국정을 논의했다. 국정의 논의 과정이 국왕에 의해 주도되었고, 신료는 국왕의 결정을 보좌하는 역할을 수행했다. 논의 과정에서는 관직의 높낮이에 상관없이 자유롭게 의견을 제시했고 재신이나 재추라고 해서 더 우월한 위치에 있지 않았다. 재신이나 재추가 문벌 출신으로만 구성되지도 않아 그들이 모두 문벌의 이익을 대변했다고 보기 어렵다. 국왕이 최종 결정권을 가지면서도 신료와 함께 국정을 논의하는 회의체가 발달했다는 것은 고려가 합의 정치를 중요하게 생각했음을 의미한다.

—박재우

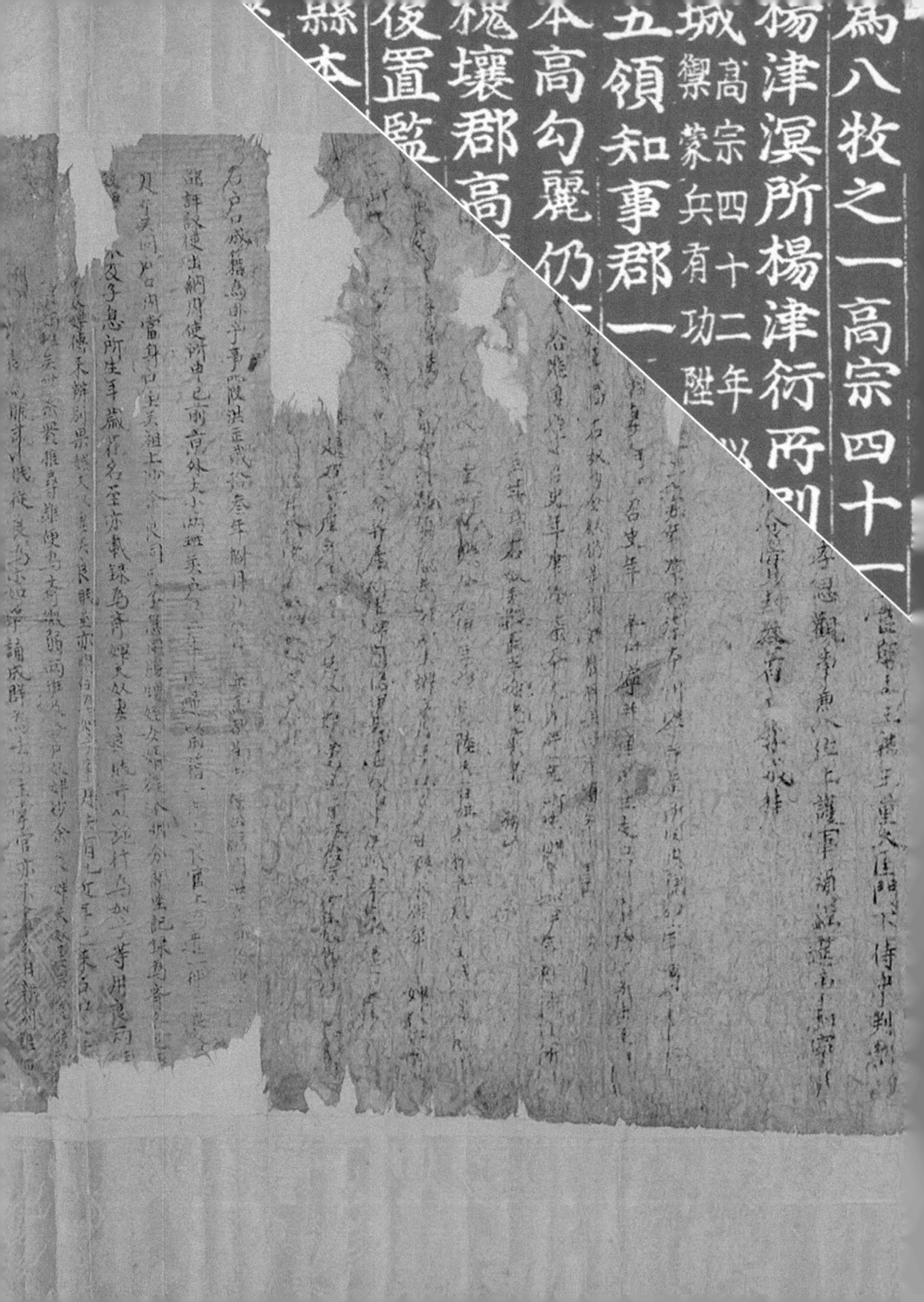

爲八牧之一高宗四十一
楊津溟所楊津衍所
城高宗四十二年禦蒙兵有功陞
五領知事郡一
本高句麗仍
槐壤郡高
後置監
縣本

고려의 지방 제도는 조선과 많이 달랐다. 조선은 외관外官이 다스리는 기초 단위(군현)와 관찰사가 관할하는 광역 단위(도)의 2층 구조로 되어 있었다. 반면 고려는 기초 단위, 중간 단위, 광역 단위의 3층 구조로 되어 있었다. 기초 단위인 군현은 외관을 파견하지 않은 경우가 많았고(속현), 외관 파견 여부와 관계없이 향리들의 조직인 읍사邑司가 행정을 맡았다. 외관은 자신이 파견된 군현과 그에 속한 다수의 속현을 관할하면서 중간 단위를 구성했다. 외관과 읍사는 문서를 통한 상하 행정 체계를 구성했으며, 이는 같은 군현 안에서도 마찬가지였다. 그 위에는 군사와 사법 등에서 광역 단위로 기능하는 계수관界首官과 감찰을 위해 파견된 안찰사按察使가 순행하는 5도가 있었다. 그리고 서북방과 동해안 북부 지역은 국방 기능이 강화된 양계兩界가 편성되었다. 고려 후기부터 속현에 외관이 파견되고 도의 기능이 강화되면서 조선의 지방 제도로 이행했다.

지방 제도의
다원적 편성

지방 통치가 제도적으로 구현되는 방식

지방 제도의
3층 구조

지방 제도는 중앙 권력이 지방 사회를 일정한 행정 단위로 나누어 운영하는 제도이다. 행정 단위의 공간적 편성은 기본적으로 지리적 조건에 따라 이루어지지만, 그 운영 과정에는 중앙과 지방의 권력 관계나 당시 사회의 생산력 수준 등도 반영된다. 그래서 지방 제도의 특징은 그 시대의 사회 구조와 성격을 가늠하는 관건으로 중시되며, 이는 고려의 경우에 특히 두드러졌다. 고려의 지방 제도는 외관外官이 파견되지 않은 군현郡縣이 많았다는 점에서 통상적인 지방 제도의 틀에서 벗어나 있었다. 이에 대해 많은 연구자가 후삼국 분열과 고려의 통일 과정, 그리고 이로 인한 국가 체제의 특징과 불가분의 관계에 있다고 보았다. 곧 지방 제도를 통해 고려 국가의 역사적 성격을 해명하고자 한 것이다.

신라의 국가 체제가 약화되면서 지방 각지에는 사실상 독자적 권력을 가진 성주城主 세력이 대두했다. 신라는 물론 고려와 후백제도 이들과 일정한 정치적 연대를 형성하면서 국가를 유지했다. 고려는 후삼국을 통일한 뒤에도 이들 세력을 곧바로 해체하지 않고 그대로 수용하는 방향에서 국가 체제를 수립했다. 고려 지방 제도의 특성은 바로 여기에서 비롯되었다. 그러나 초기 연구자들은 '외관 부재'라는 상황을 주로 '국가 권력의 취약성'과 결부해 이해했고, 이후의 연구자들은 '취약성'에 대한 비판에 주력했다. 그 결과 대다수 연구가 고려 초기 지방 제도의 성립 과정에 집중되었고, 정작 성립 이후 지방 제도의 구조와 운영에 대해서는 충분한 연구가 이루어지지 못했다. 이로 인해 지방 제도의 특징적 양상만을 지적하는 데 그치고 제도가 운영되는 구체적인 모습을 충실히 그려 내지 못하고 있다.

일반적으로 제도의 특징은 그것이 성립하는 과정이나 배경으로 인해 형성되는 경우가 많지만, 그것만으로 제도의 모든 내용을 해명할수는 없다. 그보다는 제도 자체의 구조와 운영을 통해 그 성격과 의미가 도출되어야 하며, 성립 과정은 이를 이해하기 위한 하나의 요소로 다루어야 한다. 고려의 지방 제도도 그것이 전형적으로 운영되던 시기를 대상으로 구조와 운영 체계에 대해 분석하고, 그 위에서 변화의 방향을 가늠하는 작업이 필요하다.

고려 지방 제도의 구조는 운영 체계의 관점에서 크게 세 가지 층위로 나누어 볼 수 있다.

우선 정부가 지방 사회를 파악하고 운영하는 기초 단위가 있다. 군현제를 도입한 전근대의 지방 제도에서 기초 단위는 '군현'으로 부르고 있다. 조선에서는 기초 단위의 운영을 외관이 담당했으나 고려에서는 외관 대신 향리鄕吏가 해당 기능을 수행했다.

기초 단위 위에는 다수의 군현으로 구성되는 중간 단위를 두었다. 당초 군현제에서 기초 단위는 현縣이었고, 그 위에 몇 개의 현으로 구성되는 군郡이 있어 중간 단위로 기능했다. 고려에서는 이러한 정형을 따르지 않았지만, 중간 단위의 편성 원리는 동일했다. 외관이 파견된 군현(이를 통상 '주현主縣'이라 한다)을 중심으로 삼고 여기에 외관이 파견되지 않은 다수의 군현(이를 '속현屬縣'이라 한다)을 소속시켜 중간 단위를 편성했다. 이런 편성 원리를 여기서는 '주현–속현 체계'라는 개념으로 부르기로 한다.

다음에 이보다 넓은 영역에 설정되는 광역 단위가 있다. 고려 지방 제도에서 광역 단위는 계수관界首官과 도道가 있었다. 계수관은 일정 권역을 '계界'로 설정하고, 계 안에서 가장 격이 높은 군현을 거점으로 삼아 해당 권역에 대해 일정한 기능을 수행하도록 한 것이다.

이에 대해 도는 중앙에서 별도로 파견한 사신의 순찰을 통해 설정 운영되는 단위였다. 고려의 도는 중남부 지역에 5도가 편성되었고, 변경 지역에는 군사적 기능이 강한 양계兩界를 두었다. 통상 이들을 합쳐 '5도 양계'라고 부르고 있다. 이것이 가장 넓은 운영 단위여서 고려의 지방 제도를 '5도 양계'로 부르며 신라의 '9주州', 조선의 '8도'와 대비하기도 한다.

대개 계수관보다 5도 양계가 더 넓었기 때문에 고려의 지방 제도를 4층 구조로 이해할 수도 있다. 하지만 도는 고려 후기에 가서야 제도적으로 정착했고, 계수관과 도가 행정 체계나 영역에서 상하 관계를 형성한 것도 아니었다. 따라서 이들을 광역 단위의 두 형태로 보고 같은 층위에서 다루는 것이 적절할 것이다.

고려 지방 제도의 3층 구조는 조선으로 넘어가면서 주현–속현 체계가 소멸하고 도의 기능이 강화되면서 도–군현의 2층 구조로 전환

長豊縣高勾麗時稱號未詳顯宗九年
來屬

陰竹縣本高勾麗奴音竹縣新羅景德
王改今名爲介山郡領縣顯宗九年來
屬後置監務

陰城縣本高勾麗仍忽縣新羅景德王
改今名爲黑壤郡領縣至高麗來屬後
置監務

清風縣本高勾麗沙熱伊縣新羅景德
王改今名爲奈隄郡領縣顯宗九年來
屬後置監務忠肅王四年因縣僧清恭
爲王師陞知郡事有月嶽

高麗史卷五十六 十一
新羅獺 月兄山 有風穴

原州本高勾麗平原郡新羅文武王置北
原小京太祖二十三年改今名顯宗九年
爲知州事高宗四十六年以州逆命降爲
一新縣元宗元年復知州事十年以林惟
茂外鄉陞靖原都護府忠烈王十七年以

고려 지방 제도의 3층 구조 고려의 지방 제도는 기초 단위, 중간 단위, 광역 단위의 3층 구조로 되어 있었다. 고려에서는 외관이 파견되지 않은 군현(속현)이 많았지만, 외관의 유무에 상관없이 모두 기초 단위가 되었다. 기초 단위의 운영은 재지 세력인 향리가 담당했다. 향리의 조직인 읍사는 중앙 정부로부터 재원과 인신을 지급 받는 공식 관청이었고, 향리의 책임자인 호장은 관직 체계에 편입되어 정부의 통제를 받았다. 외관은 특정 군현에 파견되었지만(주현) 그에 속한 속현까지 관할했다. 외관과 읍사는 문서를 통한 상하 행정 체계를 구성했고, 이는 외관이 파견된 군현 안에서도 동일하게 적용되었다. 이렇게 주현-속현 체계, 내지 외관-읍사의 운영 체계를 통해 중간 단위가 편성되었다. 한편 외관 중에서 대읍인 경(유수관)과 도호, 목은 계수관으로서 다수의 외관을 포함하는 광역 단위를 구성했다. 계수관은 광역의 군사 운영과 사법

忠州牧本高勾麗國原城　新羅取之眞興王置小京景德王改爲中原京太祖二十三年又改爲忠州成宗二年初置十二牧州其一也十四年置十二州節度使號昌化軍稱中原道顯宗三年廢爲安撫使九年定爲牧爲八牧之一高宗四十一年陞爲國原京有楊津溟所楊津衍兩別號大原又號藥城……屬郡一縣五領知事郡一槐州本高勾麗仍斤內郡新羅景德王改爲槐壤郡高麗初更今名顯宗九年來屬後置監務別號始安長延縣本高勾麗上芼縣顯宗九年來屬今名來屬有溫泉衛社功臣金自廷內鄉陞爲益和縣今恭愍王五年以王師普愚母鄉陞爲楊根郡有龍門山有龍津渡以恭愍王五年居爲

高麗史卷五十六　二十

체계의 상급심을 담당했고, 지방민을 대표하는 각종 의례를 수행했다. 5도는 고려 중기부터 외관을 감독하고 민생을 살피기 위해 안찰사가 순찰하는 구역으로 형성되어 점차 기능이 강화되었다. 《고려사》 지리지에는 이러한 지방 제도의 3층 구조가 반영되어 있다. 곧 도와 계수관은 글자를 띄우지 않고 바로 시작하고, 주현은 한 글자를 띄우고 시작하며 속현은 두 글자를 띄우고 시작한다. 다만 교주도는 관내에 계수관이 없었기 때문에 주현은 바로 시작하고 속현은 한 글자를 띄우고 시작한다. 위의 그림에서 계수관인 충주목忠州牧은 바로 시작하고, 주현인 원주原州는 한 글자를 띄우고 있으며, 괴주槐州(현재의 충청북도 괴산군) 등 속현은 두 글자를 띄우고 있다.

되었다. 그 사이에 계수관이 있기는 했으나 고려에 비해 기능이 제한적이었고 도와 군현 사이의 중간 단위로 기능한 것도 아니었다. 이 점에서 3층 구조의 지방 제도는 고려 사회의 역사성을 보여 주는 지표로 이해할 수 있다. 이에 각 층별로 고려 지방 제도의 구조와 운영을 정리하기로 한다.

다양하게 편성된 기초 단위

행정의 기초 단위, 군현

고려가 지방 통치를 위한 영역 단위를 처음 구획한 것은 940년(태조 23)의 일이었다. 당시 군현의 획정은 신라 때의 군현을 기준으로 삼고 있었다. 개중에는 전란을 겪으면서 폐지되거나 신설된 군현도 여럿 있었으나 그 비율은 10분의 1 남짓이었고, 대부분은 고려로 이어졌다. 물론 저마다 영역에는 변동이 있었을 테지만, 기초 단위의 설정 양태는 신라 때와 큰 차이가 없었다.

태조 때의 군현 획정은 군현마다 토지와 인구 등을 조사해 이루어진 것이 아니라 군현으로서 형식을 부여하는 데 그쳤다. 광종 때 이르러 각 군현의 경제적 상황을 조사하는 작업이 이루어졌다. 광종은 즉위 후 각 군현의 세공歲貢◦ 액수를 책정하도록 했으며, 이를 위해 양전量田(토지 측량)을 실시했다.

세공
해마다 지방에서 나라에 바치던 공물貢物.

956년(광종 7) 약목군若木郡(현재의 경북 칠곡군 약목면)과 견주見州(현재의 경기도 남양주시 주내면)에서 양전이 이루어진 사실이 확인된다. 이를 통해 당시 전국적인 양전이 실시되었음을 짐작할 수 있다. 그 결과 각 군현은 비로소 통치 단위로서 내용을 갖추게 되는데, 당시 기록에서는 이를 두고 '고을을 설치했다'는 의미로 "치읍置邑"이라 표현했다.

이와 달리 인구 파악과 호적戶籍 작성은 기록상 뚜렷하게 확인되지 않는다. 다만 947년(정종 2) 거란의 침입에 대비해 광군光軍 30만을 설치한 것을 감안하면, 당시 대체적인 인구 파악은 이루어졌을 것으로 보인다. 그리고 983년(성종 2) 처음으로 지역에 상주하는 외관이 파견되면서 본격적인 호구 조사를 통한 호적 작성이 이루어졌을 것이다.

그런데 고려에서는 외관을 파견하지 않은 기초 단위, 곧 속현이 많았다. 이 점은 고려 지방 제도의 가장 큰 특징으로 꼽힌다. 속현은 본래 상급 단위인 군을 기준으로 그에 속한 현을 가리키는 말이었다. 고려에서 외관이 설치되지 않은 군현은 외관이 설치된 군현의 관할을 받았기에 '속현'이라 불렀다. 군현의 명칭이 군일 경우에는 '속군屬郡'으로 부르기도 했으며, 고려 후기 기록에는 '지현支縣'이라는 표현도 보인다. 이에 대해 외관이 설치된 군현을 연구자들은 통상 '주현'으로 부르고 있는데, 이 말은 사료에 해당 의미로 나오는 말은 아니며 연구의 편의를 위해 채용한 개념일 뿐이다.

고려의 군현은 외관의 유무와 상관없이 각기 세금의 정액이 책정되고 납부의 책임을 지는 수취 단위가 되었다. 연구자에 따라 속현은 독자적인 수취 단위가 되지 못해 주현에 통합 운영되었다고 보기도 한다. 그러나 이는 속현이 소멸해 가던 고려 말 조선 초의 사정을 반영

정도사지 5층석탑과 정도사 5층석탑 조성형지기 정도사지 5층석탑(보물 357호)은 본래 경상북도 칠곡군 정도사 터에 있던 것으로 1905년 경부 철도를 놓는 과정에서 해체되었으며, 1924년에 경복궁으로 이전했다가 1996년 국립대구박물관으로 다시 옮겼다. 탑을 해체할 때 사리함에서 탑의 건립경위를 담은 문서인 〈정도사오층석탑조성형지기淨兜寺五層石塔造成形止記〉가 발견되었다. 형지기란어떤 사업이 시행되는 전말이나 물품 또는 시설의 상황을 정리한 기록물을 말한다. 이 문서는 54행行 2000여 자字에 이르는 방대한 양으로서 1019년(현종 10)부터 1031년(현종 22)까지 당시 약목군若木郡의 향리와 백성들이 지역 내의 정도사에 5층석탑을 건립하는 과정과 시주자 명단을 정리하고있다. 약목군은 상주계 경산부京山府(현재의 경북 성주군)의 속현으로서 이곳의 읍사가 탑의 건립을 위한 부지 선정을 허가하는 내용도 보인다. 이를 통해 속현의 읍사가 수행한 행정 기능을 확인할수 있다. 또한 내용 중에는 고려 광종 때 시행된 양전量田에 관한 문서도 인용되고 있고, 부지를 위한 토지 측량과 탑의 건립을 위한 공역 과정 등도 나타나 있어 고려시대 경제사 연구에 귀중한 자료가 되고 있다.

한 기록을 근거로 한 것이다. 고려 시기 전반에 걸쳐 속현은 수취 단위로 운영되었는데, 이는 다음 몇 가지 사실을 통해 확인할 수 있다.

양안
양전을 통해 작성되는 토지 장부.

우선 각 군현별로 토지와 호구를 파악해 양안量案*과 호적을 작성하고, 이를 보관 운용하면서 수취를 위한 자료로 활용했다. 현종 때 탑의 건립 경위를 정리한 문서인 〈정도사 5층석탑 조성형지기淨兜寺五層石塔造成形止記〉를 보면 경산부京山府(현재의 경북 성주군)의 속현이던 약목군이 양안을 작성·보관했음을 확인할 수 있다.

다음에 수취액을 확보하고 이를 중앙에 수납하는 과정도 각 군현의 책임이었다. 공민왕 때 남원부사로 있던 이보림李寶林은 '제용재濟用財'라는 기금을 설치·운영했다. 그는 이 기금을 관할 속현이 세금의 정액을 채울 수 있도록 대여해 주는 데도 활용했다. 그리고 재난이나 흉년 등을 당하여 생활이 어려워진 백성을 도울 때도 속현은 개별적인 단위가 되었다.

다양한 특수 운영 단위

고려는 군현을 통해 세금을 거두어들이면서도 특수한 운영 단위들을 따로 설정했다. 이들은 대개 특정 부문의 수취를 안정적으로 확보하거나 지방 제도 운영에 필요한 특정 기능을 지속적으로 수행하는 데 주목적이 있었다. 연구자에 따라서는 이 단위들을 '부곡제部曲制'라고 통칭해 군현과 구분하기도 하지만, 실제 운영에서는 내부적으로 많은 차이가 있었다. 이 운영 단위는 크게 향鄕·부곡과 소所·장莊·처處 그리고 진津·역驛 이렇게 세 부류로 분류된다.

우선 향과 부곡은 읍사邑司와 장리長吏가 있었고, 정부로부터 운영

'정우 13년貞祐十三年'명 동종 1225년(고종 12) 제작되어 대량평大良坪 관음사觀音寺에 시주된 이 동종은 전前 장長 송자宋子 등이 발원한 것이다. 대량평은 현재의 전북 고창군에 있던 부곡部曲으로, 이곳의 향리는 호장戸長 대신 장長으로 칭했다. 지금은 일본 교토 시京都市 고려미술관에 소장되어 있다.

경비를 위한 재원으로 공해전公廨田을 받았다는 점에서는 일반 군현과 다르지 않다. 다만 장리의 책임자를 '호장戶長' 대신 '장長'으로 불러 구별했고, 공해전의 양도 군현에 비해 훨씬 적었다. 이것은 향·부곡이 군현과 차별적으로 운영되었음을 의미한다.

향과 부곡은 모두 농업 생산을 중심으로 한 단위로 보고 있으나 둘의 차이는 아직 명확히 밝혀지지 않았다. 또한 주민의 신분에 대해서도 논란이 있다. 조선의 《태조실록太祖實錄》에서는 "역자驛子와 진척津尺,* 부곡의 사람은 모두 태조 때 천명天命을 거역한 자들로서 모두 천한 일에 종사했다"라고 했다. 이에 따르면 부곡 등의 주민은 천인 신분에 해당한다고 볼 수 있다.

역자와 진척
'역자'는 역참驛站에 예속되어 그에 관련된 각종 일을 하던 사람, '진척'은 나루에 배속되어 나룻배를 부리던 사람을 말한다.

전정
수취 등을 위해 토지를 일정 단위로 편성한 것.

그런데 조선 중종 때 편찬된 《신증동국여지승람新增東國輿地勝覽》에는 "신라가 주군州郡을 설치할 때 그 전정田丁* 과 호구가 현縣으로 삼기에 부족한 것은 향을 두거나 부곡을 두어 소재한 고을에 속하게 했다"라고 되어 있다. 이에 따르면 향과 부곡은 규모에 따라 편성된 것일 뿐이므로 주민의 신분도 양인으로 볼 수 있다.

종래에는 향·부곡의 주민을 천인으로 보는 것이 정설이었으나, 근래에는 양인으로 보는 것이 일반적이다. 하지만 모두 논란의 여지가 있다. 향·부곡은 고려 말 조선 초에 걸쳐 일부가 군현으로 승격했고, 나머지 대부분은 군현에 흡수·통합되면서 소멸했다.

다음으로 소·장·처는 특정 부문의 수취를 위해 군현 안의 촌락에 설정된 단위였다. 이들은 읍사와 장리가 없었다는 점에서 향·부곡과 차이가 있었다. 고려 후기에 이지은소梨旨銀所(현재의 경북 영천시 신녕면 왕산리)는 현縣으로 승격하면서 비로소 읍사와 장리를 두었다. 이를

고려시대의 '단산오옥'명 먹 고려에서는 묵소墨所에서 먹을 전담하여 생산했다. 무신 집권기에 맹성孟城(현재의 평북 맹산군)의 수령으로 나간 이인로李仁老가 백성을 동원하여 먹의 원료인 송연松烟(소나무를 태워 얻은 그을음)을 채취하고 장인을 모아 먹을 생산했다는 기록이 보인다. '단산오옥丹山烏玉'은 단산현(현재의 충북 단양군)에서 생산된 고급 먹을 말하는 것으로, 청주시 명암동 고려 무덤에서 출토되었다. 13세기 무렵에 제작된 것으로 보이며, 현재 유일하게 남아 있는 고려 때의 먹이다. 먹의 아랫부분이 갈려 있고, 집게로 집은 흔적이 있어 실제 사용하던 것임을 알 수 있다. 조선 중종 때 편찬된 《신증동국여지승람》에도 단양의 토산품 중에 먹이 유명한데 그중 '가장 좋은 먹이 단산오옥'이라는 기록이 있다.

통해 소에는 읍사와 장리가 없었음을 알 수 있다.

　소는 조세, 공물, 요역이라는 기본 세금 항목 중에서 공물 부문이 별도로 징수되는 지역 단위였다. 특정 물품의 생산에 적합한 여건을 가진 지역을 소로 설정해 해당 물품을 생산하게 하고, 이를 지정된 관청 등에 납부하도록 한 것이다. 그 품목에는 광산물과 수산물, 농산물 및 수공업 제품 등 여러 가지가 있었다. 소는 생산 물품에 따라 구별했는데, 현재 금소金所, 은소銀所, 동소銅所, 철소鐵所, 사소絲所(실), 주소紬所(비단), 지소紙所(종이), 와소瓦所(기와), 탄소炭所(숯), 염소鹽所(소금), 묵소墨所(먹), 곽소藿所(미역), 자기소瓷器所(도자기), 어량소魚梁所(생선), 강소薑所(생강), 다소茶所(차) 등의 명칭을 찾아볼 수 있다.

　소 중에서 광산물이나 전문적 수공업 제품은 대개 기술자들이 1년 내내 전담 생산해야 했다. 이러한 물품의 생산은 해당 작업을 신역身役*으로 부담하는 부류가 담당했다. 이들에게는 구분전口分田*을 주고 잡역을 면제해 생산에 전념하도록 했다.

　장과 처는 기본 세금 항목 중에서 공물과 요역은 관청에 납부하고 조세만 궁원宮院*이나 사원 등에 납부하는 단위였다. 일종의 직영 농장과 같은 것이라 할 수 있다. 고려 후기부터 점차 모든 세금의 수취가 군현을 통해 이루어지게 되면서 소·장·처는 군현의 다른 촌락과 다름없게 되어 사라졌다.

　한편 고려는 교통 요지에 각기 일정한 영역을 특수 운영 단위로 설정해 교통·운송과 관련된 일을 수행하도록 했는데, 그 대표적인 것이 진津과 역驛이다. 진은 교통로가 강을 건너는 지점에 설치되었고, 역은 육상 교통로에 설치되었다. 진과 역은 같은 체계로 운영되어 흔히

신역
대가 없이 부담하는 노역.

구분전
기본적인 생활을 유지할 수 있도록 지급하는 토지.

궁원
왕실 구성원을 위해 설치한 관청 또는 시설.

천안 봉선홍경사 갈기비碣記碑 1021년(현종 12) 봉선홍경사奉先弘慶寺를 창건하면서 그 경위를 적은 비석이다. 최충崔沖이 지은 비문에, 이곳은 숲이 우거져 도적이 많아 행인들이 지나기를 꺼려하므로 절을 창건하여 안전하게 지나갈 수 있도록 했다는 내용이 보인다. 고려 말에 이곳은 홍경원弘慶院이라는 이름으로 나오고 있어 '원院'의 기능을 했음을 알 수 있다. 인근에 성환역이 있다. 전근대에는 육상 교통로의 주요 지점에 역驛을 설치하여 말을 이용하거나 숙박을 제공했는데, 원 역시 여행자의 숙소로 마련된 시설이었다. 고려에서는 사찰이 관리 운영하는 경우가 많았다.

'진역'으로 통칭되었다. 역에는 통행인의 숙박을 제공하는 원院이 함께 운영되기도 했다.

이외에도 교통·운송과 관련된 다양한 운영 단위가 확인된다. 도渡는 진과 마찬가지로 강을 건너기 위한 시설이나, 진보다 규모가 작았다. 관館은 육상 교통로의 주요 지점에 설치되었는데 숙박 시설을 갖춘 단위였다. 관關은 국경 지대에서 외부로 통하는 관문에 설치되었고, 포浦는 바다로 나가는 포구에 설치되었다. 이들은 규모도 크지 않고 생산 기반도 약했으나 정부는 교통로의 중요성을 감안해 각각에 공해전을 지급하고 별도로 관리했다. 조선에서도 진과 역 등은 계속 유지되었으나 군현의 관리를 받았다.

자율적인 기초 단위 운영

기초 단위의 운영자, 향리

고려의 각 군현에는 향리鄕吏가 있었다. 향리란 지방 통치에서 실무 행정을 담당한 현지인을 말한다. 중앙에서 파견해 통치를 담당케 한 외관과 함께 전근대 지방 통치의 한 축을 맡았다. 향리는 해당 지역의 지배 세력이면서 동시에 공무公務를 수행하는 존재였다.

이들은 신라 말부터 각지에서 독자적인 세력을 가지고 지방을 지배하던 성주城主 세력의 후예였다. 고려가 건국된 뒤에도 각기 관청 조

청주 용두사지 철당간과 철당간 명문 당간幢竿은 절의 입구에 세워 당幢(깃발)을 달아 행사 등을 알리는 시설을 말한다. 당간은 철이나 나무로 세웠는데 지금은 대부분 없어 졌다. 다만 당간을 고정하기 위해 양 옆에 세운 돌 기둥인 당간지주幢竿支柱는 여러 곳에 남아 있다. 청주 용두사지龍頭寺址와 공주 갑사에는 드물게 철제 당간이 남아 있다. 용두사지 철당간鐵幢竿은 962년(광종 13) 제작된 것으로, 원래는 30단의 원통이 연결된 것이었으나 현재는 20단만 남아 있다. 당간의 아랫부분에는 당간을 세우게 되는 경위 와 사업에 참여한 재지관반在地官班의 명단이 적혀 있다. 이 당간은 당대등堂大等 김예 종金芮宗이 처음 발원했고, 당대등 김희일金希一이 사업을 이어받아 청주의 여러 재지관 반과 함께 완성했다. 명단에는 대등과 시랑侍郞, 병부경兵部卿, 창부경倉部卿, 학원경學 院卿, 학원낭중學院郞中 등의 직임이 보인다. 대등은 983년(성종 2) 향리제 개편에서 호장 이 되었고, 당대등은 호장의 대표로서 읍사의 인신을 관리한 상호장上戶長이 되었다. 병부경은 병정兵正, 창부경은 창정倉正으로 각각 개정되었다. 학원경과 학원낭중은 폐 지된 것으로 보인다.

직을 만들고 업무를 분담해 해당 지역을 운영했는데, 연구자에 따라
이들을 '재지관반在地官班'으로 부르기도 한다. 재지관반은 지역마다
명칭과 구성이 다양했는데, 지배층은 대개 간干˙이나 대등大等˙처럼
신라 중앙 관직 제도에서 칭호를 가져다 쓰고 있었다. 청주에 있는 용
두사지 철당간龍頭寺址鐵幢竿은 962년(광종 13)에 세운 것으로, 그 표면
에는 대등을 비롯한 청주 지역의 재지관반이 기재되어 있다. 고려 정
부는 983년(성종 2)에 재지관반의 명칭을 전면적으로 개정했다. 이는
지역마다 명칭과 구성에 차이가 있던 것을 하나의 체계로 정리하는
것이었다. 이 개편을 통해 고려의 향리제가 성립했다.

　고려 때 향리의 공식 칭호는 '장리長吏'였다. 장리는 본래 '행정 관청
의 책임자'를 말하는데, 지방은 각 군현의 외관이 이에 해당했다. 고려
의 향리가 '장리'로 지칭된 것은 이들이 군현 운영의 공식적 책임자였
음을 의미한다. 장리는 좁은 의미로 향리의 대표인 호장을 가리켰다.

　정부는 장리에 대해 중앙 관리에 준해서 대우하고 통제했다. 예를
들어 장리는 질병으로 휴가를 얻을 때 그 기간이 100일로 제한되었으
며, 이를 넘길 경우에는 파직하고 복무 대가로 준 토지를 거두어들였
다. 이것은 중앙 관리나 지방에 파견한 외관에게도 공통적으로 적용
되는 규정이었다.

　'향리'라는 명칭은 대부분 고려 후기에 보인다. 향리는 '지방의 각
고을에 둔 서리胥吏'라는 의미를 띠고 있었다. 따라서 어떤 직능이나
지위를 반영하는 것이 아니라 특정한 역役을 수행하는 존재라는 의미
가 강했다. 이 역을 가리켜 '향역鄕役'이라고 했다. 고려 후기로 가면서
군현의 행정 책임이 외관에게 넘어가고 사회적 지위도 하락함에 따라

이들은 장리라는 명칭을 잃고 향리로 굳어지게 되었다.

한편 향리 조직은 대표자인 호장을 정점으로 편성되었다. 호장의 아래에는 그를 보좌하는 부호장副戶長이 있었고, 일반 행정 업무를 담당하는 호정戶正, 군사 업무를 담당하는 병정兵正, 재정 업무를 담당하는 창정倉正이 실무를 수행했다. 이들에게도 보좌역으로 각기 부호정·부병정·부창정이 배속되었고, 각각의 말단에는 여러 종류의 사史가 있었다.

규모가 크고 업무가 많은 군현에는 이외에도 여러 직책이 편성되어 있었다. 읍사의 운영 경비를 관리하는 공수정公須正과 향리의 급여를 담당하는 식록정食祿正, 형옥刑獄을 담당하는 사옥정司獄正, 의약을 담당하는 약점정藥店正 등을 찾아볼 수 있다.

향리는 그 직급에 따라 공복公服의 색깔이 구분되었다. 공복이란 근무할 때 입는 옷으로 등급을 나누어 색을 다르게 해 그 고하高下를 구분했다. 1018년(현종 9)에 제정된 장리 공복 규정에 따르면, 호장은 자삼紫衫, 부호장 이하 병정·창정 이상은 비삼緋衫, 호정 이하 사옥부정司獄副正 이상은 녹삼綠衫으로 나뉘어 있었다.

향리는 엄격한 규정에 따라 단계를 밟아 승진했다. 1051년(문종 5)에 마련된 향리의 승진 규정에 따르면, 향리직은 가장 말단인 후단사後壇史에서 시작했다. 이어 병사兵史·창사倉史, 사史, 부병정·부창정, 부호정, 호정, 병정·창정, 부호장, 호장의 순서로 승진했다. 호장에 이를 때까지 아홉 단계의 과정을 밟아야 했던 것이다. 다만 가문이 좋은 경우에는 병사·창사에서 시작해 더 빨리 호장이 될 수 있었다.

기초 단위의 관청과 책임자, 읍사와 호장

각 군현에는 행정 업무를 담당하는 관청이 설치되었다. 이 관청은 군현의 명칭에 따라 주사州司, 부사府司, 군사郡司, 현사縣司 등으로 불렀는데, 이를 통틀어 보통 '읍사'라고 한다. 읍사는 행정 관청이자 향리들의 조직이기도 했다. 읍사는 정부로부터 운영 경비를 조달하는 재원으로 공해전을 받았다. 여기에는 일반 경비를 위한 공수전公須田과 문서에 필요한 종이를 대기 위한 지전紙田, 그리고 호장의 대표인 상호장上戶長의 수당을 위한 장전長田이 있었으며, 군현의 규모에 따라 차등이 있었다.

읍사는 문서 처리를 위한 인신印信*을 보유했다. 인신의 존재는 공해전 지급과 함께 읍사가 정부에서 공인한 행정 관청이었음을 입증한다. 다음 기록은 1406년(조선 태종 6) 읍사 인신의 폐지를 건의한 내용의 일부로서 이전 시기 읍사 인신이 어떤 용도로 사용되었는지를 구체적으로 보여 준다.

각 도道의 크고 작은 고을에는 모두 주사州司의 인신이 있으며, 호장이 이를 관장합니다. 촌락에 이문移文(문서 전달)하는 것뿐만 아니라 여러 가지 폐단을 일으킵니다. 호구戶口(호적 문서)를 전준傳准(등본 발급)하는 것이나 노비의 문권文券을 인급印給(확인의 의미로 도장을 찍어 발급하는 것)하는 등의 일은 옳고 그른 것을 묻지 않고 사사로운 이익에 따라 남발합니다. 바라건대 주사의 인신은 모두 거두십시오.*

이 기록을 통해 읍사의 인신이 촌락에 대한 명령 전달, 노비 문서의

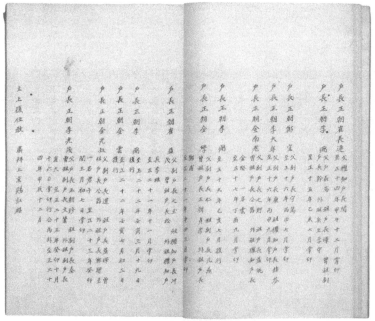

경주호장선생안 　1281년(충렬왕 7)부터 조선 말까지 경주의 향리들이 그들의 대표인 상호장上戶長(수호장首戶長이라고도 함)을 역임한 사람들의 명단을 정리한 장부다. 처음 제작된 것은 1354년(공민왕 3)의 일이며, 당시 명칭은 '경주사수호장행안慶州司首戶長行案'이다. 상호장에 임용된 일시와 교체된 일시, 그리고 사조四祖의 명단을 정리했다. 처음 만든 것이 점차 낡고 흐려지자 1523년(조선 중종 18) 새로 옮겨 기록하고, 1741년(영조 17) 누락 부분을 보충한 것을 1859년(철종 10)에 다시 옮겨 썼다. 이 장부는 향리들의 지위가 하락되던 13세기 후반 이후에도 상호장이 특정 가문에서 거의 독점되고 통혼권 역시 매우 제한적이었음을 보여 주고 있어서, 이들을 배출하던 고려 전기 이래 호장 계층이 지방 사회에서 누린 높은 지위를 짐작할 수 있다.

호장 김지원 녀 묘지명 개성에서 출토된 유물로 낙랑樂浪(경주)의 호장戶長 김지원金智源
의 딸의 묘지명墓誌銘이다. 고려에서 여자의 신분을 밝힐 때는 남편의 이름을 적는 것이
일반적이었는데, 아버지의 이름만 적은 것은 미혼이었기 때문으로 보인다. 묘는 개성 지
역에 있어 이들이 경주에서 개경으로 이주한 것을 짐작할 수 있다. 고려에서 호장 가문은
과거 등으로 중앙 정계에 진출하여 문벌로 성장하는 경우도 많았는데, 김부식은 아버지
가 경주의 호장이었다. 김지원의 경우도 아들이 관직에 나아갔고 그 누이도 함께 상경한
것으로 추정되지만 분명하지는 않다.

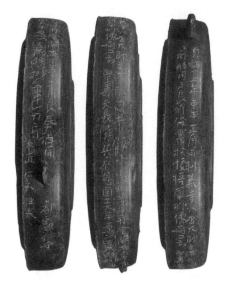

'정우 12년貞祐十二年'명 반자 1224년(고종 11)에 정正 손시용孫時用, 호장戶
長 손준서孫俊書, 검교장군檢校將軍 손유孫儒가 제작하여 이의사利義寺라는
절에 시주한 반자飯子(쇠북)다. 가장자리에 임금의 만수무강과 전쟁 종식 등
을 기원하는 발원문이 새겨져 있다.

청자 상감 '신축辛丑'명 국화모란문 벼루 벼루의 뒷면에 "신축년 5월 10일 대구大丘(大丘)
의 전전 호정戶正 서감부徐敢夫를 위해 만들었다辛丑五月十日造 爲大口前戶正徐敢夫]"는 명문
이 있다. 대구는 종래 청자 생산 시설인 강진의 대구소大口所로 보는 경우가 많았으나 소에
는 읍사와 장리長吏(향리)가 없었다. 따라서 대구는 대구현으로 보는 것이 타당하다. '서徐'
는 대구의 대표적인 토성土姓(고려에서 조선 초기까지 해당 지역에 토착해 있던 성씨)이다. 이것은
지방 향리들이 청자를 주문 제작하여 사용한 것을 보여 준다. 신축년辛丑年은 1121년,
1181년, 1241년에 해당되는데, 유약의 상태와 상감문양 등으로 볼 때 1181년으로 보는 경
우가 많다. 제작 시기와 주문자에 관한 정보가 새겨져 있는 특별한 예다(보물 1382호).

증빙, 호적의 등본 발급 등에 사용되었음을 알 수 있다. 이것은 고려 때부터 이어지던 기능이었다. 조선 정부는 이 건의에 대해 인신은 그대로 두되 외관에 대한 보고에만 사용할 수 있도록 제한했다.

향리의 최고 직책인 호장은 여러 면에서 다른 향리들과 구분되었다. 우선 호장은 외관의 추천을 거쳐 중앙의 상서성尚書省에서 직첩職牒(임명장)을 받았다. 또한 복무 대가로 직전職田을 받았으며, 70세가 넘으면 은퇴해 직전의 반을 받았다. 이러한 모습은 일반 관리의 인사 운영과 같은 것으로서 고려의 호장이 관료 체계의 말단에 편입되어 있었음을 보여 준다. 그런 만큼 호장이 되기 위해서는 까다로운 절차를 밟아야 했는데, 상서성의 관리에게 뇌물을 써서 허위로 호장 직첩을 발급받았다가 적발된 경우도 있었다.

호장은 군현의 규모에 따라 4~8명의 정원이 책정되었다. 이것은 신라 말 이래로 여러 세력이 연합해 지방 사회를 운영해 온 데서 비롯되었다. 향리의 승진에는 가문 등급이 반영되었는데, 특히 여러 대에 걸쳐 고위 향리를 지냈는지가 중요했다. 이로 인해 특정 가문에서 호장직을 세습하는 경향이 있었다. 더구나 호장 가문은 비슷한 격의 가문과 혼인함으로써 사실상 몇몇 가문이 호장직을 독점했다.

경주의 역대 호장(정확히는 상호장)을 역임한 사람들의 명단과 사조四祖•를 적은 《경주호장선생안慶州戶長先生案》을 보면, 특정 가문에서 호장직을 독점하는 경향을 발견할 수 있다. 또한 이들 가문 사이에 여러 대에 걸쳐 혼인이 이루어진 사실도 확인된다.

호장 가문의 모습은 중앙의 문벌과 비슷하다. 이들 역시 지배층의 문화를 누리며 과거 등을 통해 관리로 진출하기도 했다. 이들 중에는

사조
아버지, 할아버지, 증조할아버지, 외할아버지.

중앙의 문벌로 자리를 잡는 부류도 있었는데, 대표적인 사례로 경주 호장 가문 출신의 김부식金富軾을 들 수 있다.

기초 단위를 관리하는 별도 장치, 기인과 사심관

고려에서는 향리 외에 현지 출신자를 활용한 또 다른 형태의 운영 장치도 있었는데, 기인其人과 사심관事審官이 여기에 속한다. 일반적으로 고대 국가는 성장 과정에서 새로 점령한 지역의 지배층 자제를 인질로 잡아 통제 효과를 거두고자 했다. 지방 통치에서 재지 세력의 자제를 중앙에서 복무하게 한 것도 같은 원리로서 신라의 상수리上守吏 제도가 그 예다. 고려도 통일 전쟁기에 귀순한 성주의 자제를 중앙에 머물게 하고 예우했다. 이것은 귀순에 대한 포상을 의미하지만, 해당 성주가 다시 이탈하지 못하게 묶어 두는 방안이기도 했다. 성주의 후예들이 향리로 자리 잡으면서 자제를 중앙에 머무르게 하는 것도 제도화되었는데, 이것이 곧 기인이다.

기인은 중앙 관청에 일정 기간 복무하고, 그 기간이 끝나면 중앙에서 관직을 얻을 수 있었다. 아울러 복무 기간 동안 정부가 출신지의 사정에 대해 자문을 구하면 이에 응대했다. 과거 응시자의 신원을 확인하는 일이나 사심관 선임에 대해 자문하는 것이 대표적 예다. 기초 단위에 외관을 파견하지 않아 현지 정보를 직접 얻기 어려웠던 정부는 기인을 통해 이 문제를 해소했다. 그러나 고려 중기부터 외관 파견이 증가하고 이들이 점차 지방 행정을 주도하게 되면서 기인의 필요성은 크게 줄어들었다. 또한 향리의 지위 하락과 맞물려 기인에 대한 처우도 열악해졌다. 그 결과 기인은 정부 관청의 재정 확보를 위한 개간 사업에 동원되거나 관청의 잡무를 수행하게 되었다. 기인의 역은 조선 전기까지 유지되다가 폐지되었다.

사심관이란 중앙의 관리에게 출신 지역의 일을 자문하고 일정 책임을 지도록 한 것을 말한다. 사심관은 기인과 함께 정보 획득과 통제를 도모한 효과적인 장치였다. 사심관은 935년(태조 18) 신라 경순왕敬順王이 고려에 귀순했을 때 신라 왕경王京을 경주로 개편하고 그를 경주의 사심事審으로 삼은 데서 비롯되었다. 뒤이어 각지의 공신들이 출신지의 사심에 임용됨으로써 사심관도 제도적으로 정착했다. 사심관은 군현의 규모에 따라 2~4명을 선임했다.

사심관의 대표적 역할은 향리 중 부호장 이하의 임용에 참여하는 것이었다. 호장은 외관을 통해 중앙 정부에서 직접 관리한 반면, 부호장 이하는 외관과 함께 사심관이 관리하도록 한 것이다. 또한 사심관은 호장과 상피相避* 규정이 적용되었다.

사심관은 군현 주민의 구심점이 되고 지방 사회 내의 신분과 지위를 구분하며, 주민의 세금 부담을 고르게 하고 풍속을 바로잡는 등의 일을 했다. 그러나 해당 지역의 통치에 직접 개입한 것은 아니며, 단지 지역의 통합과 안정에 연대 책임을 지는 수준이었다. 무신 집권기에 경대승慶大升이 고향인 청주에서 발생한 분쟁을 수습하지 못한 책임을 지고 파면된 것이 대표적인 예다. 그러나 사심관은 그 권위에 따른 폐단도 많았기에 고려 후기에는 여러 차례 폐지가 논의되었고, 고려 말에 완전 폐지되었다. 다만 지방 통치에서 출신지의 일을 자문하는 기능은 여전히 필요했는데, 조선에서는 경재소京在所를 두어 이를 해결했다.

상피
일정 범위 내의 친족 간에는 같은 관사官司나 통속統屬 관계에 해당하는 관사에 나아가지 못하게 하거나 청송관聽訟官(송사 처리 관원), 시관試官 등이 될 수 없게 하는 제도. 어느 지역에 특별한 연고가 있는 관리는 그 지역에 파견되지 못하게 하는 것도 포함된다.

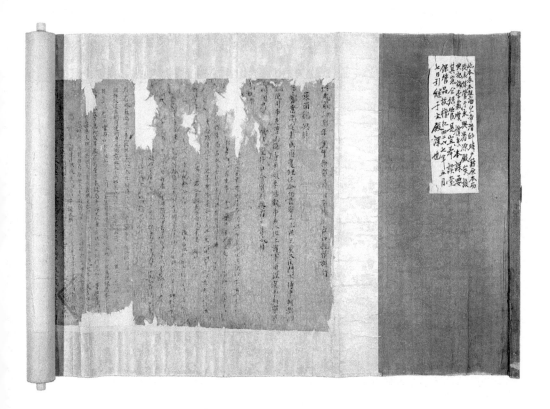

고려 말 화령부 호적 1391~1392년 사이에 작성된 화령부和寧府(현재의 함남 영흥) 호적戶籍의 일부로 추정되는 자료다. 모두 여덟 폭으로 이루어져 있으며, 첫째 폭은 이성계가 소유하고 있는 노비의 명단이 기록되어 있다. 이성계의 직함 중 첫머리에 '사심事審'이 기재되어 있다. 둘째 폭은 호적 작성에 관한 세부 규정이 정리되어 있고, 셋째 폭에서 여덟째 폭까지는 40호의 호적이 수록되어 있다. 이 문서는 이성계의 고향인 영흥에 있는 진전眞殿(초상화를 봉안하고 제사를 지내는 사당)인 준원전濬源殿에 보관되어 내려오다가 1731년(영조 7) 서울에서 사람을 보내 새로 표구했다. 1934년 봉모당奉謨堂(현재의 한국학중앙연구원 장서각藏書閣의 전신)으로 옮겨졌으며, 지금은 국보로 지정되어 국립중앙박물관에 보관되어 있다. 현전하는 가장 오래된 호적이자 유일한 고려시대 호적이어서 연구 자료로서 가치가 높다.

외관이 운영을 담당하는 중간 단위

주현−속현 체계의 특징

고려의 지방 제도에서는 외관이 파견된 '주현'으로 하여금 외관이 파견되지 않은 다수의 '속현'을 관할하게 하는 형태로 중간 단위를 구성했다. 이러한 운영 체계를 '주현−속현 체계'로 부를 수 있다. 다만 북계北界와 동계東界 북부 지역에는 이 방식이 적용되지 않았다. 이 운영 체계가 수립된 것은 1018년(현종 9)인데, 이 해를 기준으로 각 주현이 관할하는 속현의 수를 정리하면 〈표 1〉과 같다.

〈표 1〉을 보면 주현−속현 체계에서 몇 가지 특징을 찾을 수 있다. 우선 주현으로 설정된 군현은 대개 신라 때부터 중심지였거나 통일 전쟁기에 새로 중심지로 부각된 지역이다. 신라의 9주 5소경 중 무주武州(현재의 광주광역시)만 속현으로 편성되었을 뿐, 나머지는 다수의 속현을 관할하는 주현이 되었다. 또한 나주羅州, 천안부天安府, 운주運州(현재의 충남 홍성시) 등은 통일 전쟁기에 중요 거점으로 부각된 지역들이다.

다음으로 주현−속현 체계에서 중간 단위를 구성하는 군현의 수가 평균 8개 정도로 많다는 점이다. 속현이 적은 동해안과 남해 도서 지역을 제외하면 평균 군현 수는 10개를 넘게 된다. 이는 3~4개의 군현이 하나의 중간 단위를 구성하던 신라에 비해 두 배 이상 커진 것이다. 그리고 이 수치는 지역에 따라 큰 편차를 보인다. 상주와 나주의 관할 속현이 20개를 전후한 반면, 속현이 없거나 2~3개에 불과한 지

<표 1> 1018년 기준 주현별 관할 속현 수(북계와 등주 이북의 동계 제외)

주현	관호	속현 수	주현	관호	속현 수
개성현開城縣	현령관	3	남원부南原府	지부사	9
장단현長湍縣	현령관	7	고부군古阜郡	지군사	7
양주楊州	지주사	9	임피현臨陂縣	현령관	4
수주樹州	지주사	7	진례현進禮縣	현령관	5
수주水州	지주사	9	나주목羅州牧	목관	18
강화현江華縣	현령관	3	영광군靈光郡	지군사	10
광주목廣州牧	목관	7	영암군靈巖郡	지군사	8
충주목忠州牧	목관	6	보성군寶城郡	지군사	9
원주原州	지주사	7	승평군昇平郡	지군사	4
청주목淸州牧	목관	9	진도현珍島縣	현령관	2
공주公州	지주사	12	교주交州	방어사	6
운주運州	지주사	16	춘주春州	지주사	11
천안부天安府	지부사	9	동주東州	지주사	8
가림현嘉林縣	현령관	5	해주海州	대도호부	2
경주慶州	유수관	14	풍주豐州	방어사	6
울주蔚州	방어사	3	옹진현瓮津縣	현령관	2
예주禮州	방어사	6	황주목黃州牧	목관	3
금주金州	방어사	5	평주平州	지주사	3
양주梁州	방어사	1	곡주谷州	방어사	3
밀성군密城郡	지군사	6	등주登州	도호부	7
진주목晉州牧	목관	9	명주溟州	목관	3
협주陜州	지주사	12	금양현金壤縣	현령관	4
남해현南海縣	현령관	2	고성현高城縣	현령관	2
거제현巨濟縣	현령관	4	간성현杆城縣	현령관	1
상주목尙州牧	목관	24	익령현翼嶺縣	현령관	1
경산부京山府	지부사	15	삼척현三陟縣	현령관	0
안동부安東府	지부사	14	울진현蔚珍縣	현령관	0
전주全州	대도호부	16			

* 전주는 뒤에 목관으로 바뀌고, 명주는 방어사로 개편되었다.

역도 여럿 보인다.

고려의 주현–속현 체계는 각 군현의 운영을 재지 세력에게 맡긴 상태에서 외관을 통해 중심 군현을 장악하되 그 관할 범위를 가급적 크게 잡았던 것이다. 이것은 신라 말 이래로 지방 사회에 형성되어 있던 지역 간의 지배 질서를 재편하기 위한 방안이었다. 그리고 해안 지역 등 방어 기능이 추가되는 곳은 상대적으로 외관을 밀집시켜 설치했다.

주현–속현 체계의 성립 과정

고려 지방 제도의 기본 특징인 주현–속현 체계가 어디에서 비롯되었는지에 대해서는 현재 크게 세 가지 견해가 있다.

첫 번째는 신라 말에 형성된 지방 세력 사이의 지배–복속 관계가 주현과 속현의 편제로 나타났다고 보는 견해다. 주현은 큰 세력의 지배 지역이며, 속현은 그의 지배를 받는 군소 세력의 지배 지역이라는 것이다. 이 견해에서 중간 단위는 주현에 근거한 세력의 지배 범위와 일치하게 된다. 이는 고려의 국가 체제가 지방 세력에 의해 규정되었다는 시각에 서 있는 것으로, 이른바 '호족 연합 정권설豪族聯合政權說'● 과도 맥이 닿아 있다. 1970년대까지 지배적인 견해였으며, 국가 체제의 특성을 사회사적으로 조망하려 했다는 점에서 의미를 가진다.

두 번째는 고려 정부가 영향력이 미치는 지역부터 점진적으로 주현–속현 체계를 수립해 나갔다고 보는 견해다. 이 견해에 따를 경우 중간 단위는 정부의 의지에 따라 재편된 결과물로 이해된다는 점에서 첫 번째 견해와 대비된다. '호족 연합 정권설'에 대한 비판적 인식과 연결되며, 1980년대부터 강력히 제기되었다. 이 견해는 국가 주도의 체제 수립을 제시해 국가 운영의 실태를 구체적으로 파악하는 데 기여했다.

세 번째는 기존의 견해가 주 자료인 《고려사》 〈지리지〉를 잘못 이해

호족 연합 정권설
고려가 중앙 권력의 주도로 수립된 나라가 아니라 전국 각지의 호족들과의 연합을 통해 만들어진 나라라고 해석하는 시각이다. 신라의 국가 체제가 해체되면서 지방 각지에서는 '호족'이라 부르는 독자적인 세력이 대두했는데, 고려 정부는 이들의 귀순을 유도하여 정치적으로 연대함으로써 후삼국을 통일할 수 있었다. 그 결과 통일 후에도 중앙 권력은 호족 세력의 연합 형태로 운영되었고, 지방의 근거지에 대해서도 정부가 직접 지배력을 미치지 못했다는 것이다. 이것은 태조 왕건이 유력 호족의 딸과 혼인한 것과 국초부터 지방에 외관을 파견하지 못한 것이 중요한 근거가 되었다. 그러나 태조가 유력 호족의 딸과 결혼한 것이 실제 중앙 권력의 분산으로 이어진 것은 아니며, 외관이 파견되지 않았다고 해서 국가의 통제력이 미흡했다고 볼 수는 없다. 또한 호족은 기록에 성주 또는 장군을 칭한 사람들을 통칭하는 말인데, 근거지의 혈연 집단을 세력 기반으로 하고 있다는 인식을 깔고 있어 적합한 용어가 아니라는 비판도 있다.

한 데서 비롯되었다고 비판하고, 1018년 지방 제도 개편에 따라 주현-속현 체계가 일괄적으로 수립되었다고 보는 견해다. 이 견해는 고려 정부가 주도적으로 지방 사회를 재편했다고 이해하는 점에서는 두 번째 견해와 상통한다. 다만 두 번째 견해가 고려 초기부터 주현-속현 체계의 수립을 지향했다고 본 것과 달리 이 견해는 1018년에 비로소 성립했다고 이해하는 점에서 근본적인 차이가 있다. 이와 함께 고려 초기부터 여러 차례에 걸쳐 중간 단위의 재편을 위한 시도가 있었다고 설명한다.

여기에서는 세 번째 견해에 입각해 지방 제도 개편의 추이를 설명하고, 주현-속현 체계 성립의 의미를 이해하기로 한다.

고려는 940년(태조 23) 군현의 명칭을 개정하고 영역을 획정했다. 이때 편성된 군현은 일부 신설되거나 소멸된 지역을 제외하면, 대부분 신라의 군현을 그대로 계승한 것이었다. 중간 단위 역시 대체로 신라의 것을 이어 갔다. 신라에서는 군郡이 3개 내외의 영현領縣을 관할해 중간 단위를 구성했는데, 고려 초기에도 같은 원리에 따라 중간 단위를 편성한 것이다. 이를 '군-영현 체계'로 부를 수 있다.

고려 초기의 경청선원 자적선사 능운탑비境淸禪院慈寂禪師凌雲塔碑 뒷면에는 비의 건립에 참여한 보주輔州(현재의 경북 예천군)와 적아현赤牙縣(현재의 예천군 하리면)의 재지관반이 나란히 기재되어 있다. 신라 때 적아현은 예천군의 관할을 받았는데, 그 관계가 고려 초기에도 그대로 적용되었다. 이러한 편성에는 지방 세력 사이의 지배 질서가 반영되어 있었다. 이에 고려 정부는 국가 체제를 정비하면서 어떤 식으로든 이 질서를 재편해 통제력을 강화할 필요가 있었다.

경청선원 자적선사 능운탑비　현재 경북 예천군 상리면 명봉사鳴鳳寺에 있는 이 탑비塔碑는 신라 말 고려 초에 활동한 자적선사慈寂禪師 홍준洪俊(882~939)을 기리기 위해 941년(태조 24) 세워졌다. 비의 뒷면에는 939년 도평성都評省(고려 초기 문서 행정을 담당한 중앙 관청)에서 홍준의 제자들에게 사원 건립과 관련된 왕명을 전하는 문서가 새겨져 있다. 문서에는 신라 말 고려 초에 사용된 이두吏讀(한자의 음과 뜻을 빌려 우리말을 적은 표기법)가 많이 등장하여 국어사 연구에 귀중한 자료가 되고 있다. 또한 비문이 끝 부분에는 사원과 탑비의 건립에 참여한 사람들의 명단이 새겨져 있는데, 여기에는 태조 왕건을 가리키는 '국주國主 신성대왕神聖大王'도 보인다. 그리고 사업의 실무를 담당한 보주輔州(현재의 경북 예천군)와 적아현赤牙縣(현재의 경북 예천군 하리면)의 재지관반도 보인다. 적아현은 신라에서 예천군의 관할을 받던 현이어서 신라의 군-영현 체계가 고려 초기까지 유지되고 있음을 보여 준다.

이 작업이 본격화된 것은 995년(성종 14)의 일로서 중국 군현제의 형식을 도입해 기존의 지방 제도를 전면 개편하려고 했다. 곧 기초 단위를 현縣으로 일원화하고, 몇 개의 현을 묶어 중간 단위로서 주州를 편성했다. 이러한 형식에 비추어 이 운영 체계를 '주-현 체계'로 부를 수 있다.

주-현 체계에서 기초 단위인 현은 기존의 군현을 그대로 계승했다. 중간 단위를 구성하는 군현의 수도 엇비슷했으나 구성 내용은 기존의 군-영현 체계와 크게 달라졌다. 그리고 주에는 절도사節度使, 단련사團練使를 비롯해 군사적 성격이 강한 외관을 설치했다. 이러한 편성은 기존의 지배 질서를 국가 주도로 재편하고 장악하려는 데서 나왔다. 그러나 곧이어 1005년(목종 8)에 단련사 등이 폐지되고, 1012년(현종 3)에는 절도사마저 폐지됨으로써 개편은 실패로 돌아갔다. 그 원인은 획일적인 편제로 지방 사회의 운영에 차질을 초래한 데 있었다.

1018년의 개편에서는 앞서의 실패를 거울삼아 새로운 편성 방식을 채용했다. 기초 단위의 운영을 재지 세력에게 맡기면서 중간 단위를 지역에 따라 다양하게 편성했는데, 중간 단위의 규모를 가급적 크게 잡아 지방 사회 내부의 지배 질서를 약화시켰다. 그리고 중심 군현에는 장관 아래에 여러 명의 속관屬官을 두어 중간 단위 전체를 총괄할 수 있도록 했다. 이 방식은 효과를 거두어 고려 지방 제도의 근간으로 확립되었다.

중간 단위를 운영하는
외관의 기능

읍사와 구분된 외관청

고려의 지방 제도에서 기초 단위의 운영은 주현·속현을 막론하고 읍사가 담당했다. 이에 외관은 특정 군현에 파견되는 형식을 취하기는 했으나 실제 업무는 중간 단위의 운영에 초점이 있었다. 주현에는 외관의 업무를 위해 읍사와 별도로 외관의 행정 관청이 설치되었다. 이를 '외관청外官廳' 또는 '공아公衙'라고 했다. 외관청에는 기관記官을 비롯한 이속吏屬이 배속되어 있었는데, 이들을 '아전衙前'이라 통칭했다.

외관청과 그 관할을 받는 읍사 사이에는 문서를 통한 상하 행정 체계가 수립되어 있었다. 이것은 외관이 소재한 주현도 다르지 않았다. 곧 같은 군현 안에 외관청과 읍사가 함께 설치되었고, 이들 사이에 문서가 오간 것이다. 1198년(신종 1)에 작성된 문서인 〈장성감무관첩長城監務官貼〉은 관내 사원의 주지住持 임명과 관련된 행정 처리를 위해 장성의 감무관이 장성군사長城郡司에 명령을 시달한 내용을 담고 있다. 문서 내용 중에도 감무관과 읍사 사이에 여러 차례 문서가 오간 사실이 나와 있다.

이렇게 외관이 관할하는 지역을 통틀어 '임내任內'라고 했다. 임내는 주로 외관이 파견되지 않은 속현이나 부곡 등을 통칭하는 용어로 사용되고 있으나 본래 의미는 외관의 관할 구역을 가리킨다. 따라서 외관이 파견된 주현도 해당 외관의 임내가 된다. 하지만 조선 초기에 외관이 군현을 직접 통치하게 되면서 임내는 남아 있는 속현을 가리키는 말로 굳어졌다. 〈정도사 5층석탑 조성형지기〉의 서두에는 "지경산부사임知京山府事任 약목군내若木郡內"라고 기재되어 있는데, 이는 임내의 어원을 잘 보여 준다. 〈장성감무관첩〉에도 감무가 장성의 호장을 가리켜 "임내동군호장任內同郡戶長"으로 칭하고 있다. 결국 주현-속현 체계는 외형상 외관이 설치된 주현과 그렇지 않은 속현으로 구분되지만, 실제 행정 체계는 외관청과 읍사 사이에 이루어지는 복합적인 구조로 되어 있었던 것이다.

주현에는 읍사와 외관청 이렇게 2개의 행정 관청이 있었으므로 주현의 칭호도 두 가지였다. 하나는 영역 단위로서 가지는 고유 명칭이다. 이것은 군현의 격에 따라 주호州號, 또는 군호郡號 등으로 불렀는데, 이를 '읍호'라고 통칭한다. 읍호를 폐지하면 기초 단위로서 의미를 잃게 된다. 곧 읍사가 폐지되고 해당 영역은 다른 군현에 흡수 통합되는 것이다.

〈표 2〉 외관外官과 관호官號

외관	유수留守	목사牧使	도호부사都護府使	지주군사知州郡事	현령縣令	감무監務
관호	경京 유수관留守官	목관牧官	도호都護	지사군知事郡 지관知官	현령관縣令官	감무관監務官

다른 하나는 외관의 설치에 따라 부여되는 칭호다. 이를 '관호官號'라고 하는데, 외관의 등급에 따라 그 격이 나뉘었다. 이를 정리하면 위의 〈표 2〉와 같다. 관호의 폐지는 외관의 폐지를 의미하므로 해당 영역 단위와 읍사는 그대로 유지된다. 다만 행정 체계상 그 위치가 속

'대정 20년大定二十年'명 청동 경자   1994년 진주시 명석면 남성리에서 출토된 청동 경자靑銅磬子로서 제작 시기는 1180년(명종 10)이다. 경자는 불교 의식에 사용되는 기구로 반자와 비슷하다. 경자의 테두리에는 경자를 제작한 목적과 사업에 참여한 사람들의 명단이 새겨져 있다. 이 중에는 진주의 조문기관詔文記官 정기주鄭奇柱와 하원도河元度, 기관記官 강민일姜敏佾 등이 보인다. 기관은 본래 외관 청外官廳에 소속되어 실무를 맡아 보던 아전衙前의 일종이다. 고려 후기부터 군현의 행정이 외관 중심으로 바뀌고 기존의 향리들이 아전에 충원되면서 양자의 구분이 없어졌다. 명단에 보이는 정鄭과 하河, 강姜은 진주의 대표적인 토착 성씨다. 조선에서는 기관이 분화되면서 육방六房 체제를 갖추게 되는데, 그중 이방吏房은 조문기관의 후신이다.

안성 봉안사 종   1216년(고종 3) 호장戶長 이광□李光□이 제작하여 안성의 봉안사鳳安寺에 시주한 종으로 현재 국립중앙박물관에 소장되어 있다. 사업에 참여한 인물로 안성이 외관인 감무監務와 그 휘하에 있던 기관記官도 등장한다.

監務官貼

長城郡司　當司准僧錄司史椿穎丁巳十一月日貼同郡

監務兼勸農使將仕郎尚衣直長宋某丙辰十月日名狀申省　當司准

僧錄司僧史仁叙九月日貼憑是審是彌　啓受使內乎所有事是乙等

聖住寺住持性照禪師中延所志內乙仍于

判付是乎狀內爲乎矣僧矣段別敎無亦焚修祝

聖觀音幀像願成爲乎彌安令是於洛漸敎等乙仍于下安令是白遣

聖旨敎次是在亦至今戊申乙月分祝

聖法席今萬日焚修爲乙起行爲良於敎矣向前狀內全當爲造排爲白

在等以法孫傳繼向事乙所司弋只界官良中出納下問令是乎矣事狀白

的是在如中更良奏聞除良法孫案牘施行爲良於僧錄司良中下

聖旨敎敎爲白丙辰三月二十日左承宣右散騎常侍上將軍知吏部事僉

事府事文迪奏判依奏付僧錄司右如敎事爲乎事是在等以造非緣由乙

良仔紬亦只改排報狀爲置是乎等用良申省爲臥乎事是去等同香火大

任內同郡戶長徐純仁等丙辰十月報狀內爲乎矣法堂三間東俠藏堂

二間犯隅學寮三間副舍一間客樓西俠室二間下隅食堂三間食廚一

間法堂南斜廊五間上房二間侍奉房一間其餘堂舍等八十五

聖乙並只改排報狀爲置是乎等用良申省爲臥乎事是去等同香火大

事斯備矣投告內甲乙段別敎無亦香火祝

聖爲臥乎亦向前寺段殘爲甚接人不得是如爲去乙禪師中延奏請

造排敎弟中僧矣身乙寺以主差備敎等用良成造始終次知排置爲遣

火香爲臥乎亦禪師所志以　判下敎由以法孫安牘施行間事乙長

城官以申省矣身乙時亦中火香爲臥乎緣由並以

施行敎味白臥乎事是在等以貼內思乙用良村伏公案良中法孫傳

繼施行敎味白臥乎事是有等以貼內思乙用良村伏公案良中法孫傳

戊午三月二十三日

장성감무관첩　1198년(신종 1)에 장성의 감무관監務官이 장성군사長城郡司에 보낸 문서로, 고려 시기 외관청外官廳과 읍사邑司 사이에 이루어진 문서 행정의 모습을 보여 준다. 이 문서는 중앙의 승록사僧錄司(사원과 승려에 관한 행정 업무를 담당한 관청)의 지시에 따라 장성의 감무관이 관내 백암사의 법손法孫(주지) 계승에 관련된 조치를 장성군사에 시달한 것이다. 해당 조치에 이르기까지 관부 간에 이루어진 문서 수발 내용도 인용되어 있어 당시 문서 행정 체계를 이해하는 데 중요한 자료가 된다. 《조선사찰사료朝鮮寺刹史料》에 활자로 수록되어 전한다.

현으로 바뀌어 다른 외관의 관할을 받게 된다.

감독관으로서 외관의 기능

《고려사》〈백관지〉에는 외관의 종류와 품계, 그리고 그 변화가 정리되어 있다. 관제가 정비된 문종 대(1046~1083)를 기준으로 그 내용을 정리하면 아래 〈표 3〉과 같다.

<표 3> 외관의 구성 내역

	유수부留守府	대도호부大都護府 목牧	중도호부中都護府	방어진防禦鎭 지주군知州郡	제현諸縣	제진諸鎭
3품 이상	유수留守	사使				
4품 이상	부유수副留守	부사副使	사			
5품 이상			부사	사		
6품 이상	판관判官	판관	판관겸장서기判官兼掌書記	부사		
7품 이상	사록참군사司錄參軍事 장서기掌書記	사록겸장서기司錄兼掌書記		판관	령令	장將
8품 이상	법조法曹	법조	법조	법조	위尉	부장副將
9품 이상	의사醫師 문사文師	의사 문사				

고려 외관의 직제는 조선과 비교해 볼 때 크게 두 가지 특징이 있다. 우선 조선의 외관은 전임專任이었는데, 고려의 외관은 경관京官(중앙 관직)을 겸임한 상태로 부임했다는 것이다. 이런 경우, 관직의 중심은 외관보다는 경관에 놓이게 된다. 그래서 외관 임용은 정해진 품계 없이 '몇 품 이상'으로 하한을 정해 놓을 뿐이었다. 외관의 경관 겸직

은 1356년(공민왕 5)에 폐지되어 이후 외관은 전임으로 부임했다.

고려의 외관은 복수의 원료員僚로 구성되었다. 조선에서 외관은 대부분 한 명만 파견되었으며, 몇몇 큰 군현에만 판관判官이 추가로 파견되는 정도였다. 그러나 고려는 가장 작은 규모인 현과 진鎭에도 두 명의 원료를 두었다. 이것은 다수의 속현을 관할하기 위한 것이었다. 외관의 격이 높을수록 관할 속현의 수도 많아지며, 외관 원료의 수도 늘어나는 경향을 보인다.

외관 원료 중에서 장관에 해당하는 사使와 부사副使는 초기에는 둘 다 파견되었으나 점차 둘 중 하나만 파견되었다. 명칭의 차이는 그가 겸직하고 있는 경관 품계에 따라 결정되었는데 점차 부사로 고정되었다. 판관은 장관의 업무를 분담하는 직책이었다. 장관 혼자서 다수의 속현을 관할할 수 없었으므로 판관을 두어 나누어 맡도록 한 것이다. 현과 진에서는 위尉와 부장副將이 이 역할을 대신했다.

사록司祿과 장서기掌書記는 국왕 및 정부에 보내는 각종 문서를 작성하는 것이 주 업무였으며, 때로는 판관의 업무를 대행하기도 했다. 법조法曹는 사법 업무를 담당했고, 의사醫師와 문사文師는 지방의 의료와 학문 교육을 위해 파견된 직책이었다.

기초 단위의 행정은 각 군현의 읍사가 담당했으며, 외관은 읍사의 기능을 전제로 그에 대한 상급 체계로서 기능했다. 가장 기본적인 기능은 읍사와 명령-보고의 상하 행정 체계를 구성하는 것이었다. 통상 문서를 통해 이루어지지만, 향리가 주기적으로 외관에게 와서 지시를 받기도 했다. 이것은 모든 관청에서 발견되는 공통적인 방식인데, 5일마다, 즉 월 6회 모인다는 뜻에서 흔히 '육아일六衙日'이라고 했다.

한편 외관은 관할 군현의 호장 임명을 위해 후보자를 정부에 추천하는 권한을 가지고 있었다. 부호장 이하는 승진 규정을 고려해 외관의 재량으로 임명했는데, 때로는 사심관의 자문을 거치기도 했다. 외관은 관내의 수취와 재정을 관리 감독했다. 수취 과정에 직접 개입하지는 않았지만, 정해진 수량을 확보하는 데 연대 책임을 졌다. 따라서 관할 지역의 수취가 정액을 채우지 못할 경우 파직되기도 했다. 아울러 읍사가 행하는 재정 운영을 감독하는 것도 외관의 중요한 업무였다. 이를 보통 '감창監倉'이라고 했다.

감창
창고 감독, 곧 회계 운영에 대한 감사.

외관은 조세 수취에 대해서는 감독 수준의 기능을 수행했지만, 군사 및 역역力役에 대해서는 직접 운영을 맡았다. 지방군을 편성하는 기본 단위인 군사도軍事道는 대개 중간 단위를 토대로 설정되었다. 이 군사를 관리하고 지휘하는 책임자가 바로 외관이었다. 이것은 역역 징발의 경우에도 마찬가지였다. 다만 대규모 징발이나 군사 작전은 외관보다 상급 체계인 계수관을 단위로 이루어졌다.

고려는 농업 사회였던 만큼 권농勸農은 외관의 중요한 기능이었다. 특히 봄에는 관내를 순찰하며 민생을 살피고 파종이 원활히 이루어지도록 독려했는데, 이를 가리켜 '춘행春行' 또는 '행춘行春'이라고 했다. 그리고 가을에는 조세를 거두기 위해 관내를 직접 다니면서 풍흉豊凶의 정도를 살폈는데, 이것을 '답험踏驗'이라고 했다. 외관은 관내 주민의 교화教化에도 책임이 있었다. 관내에 윤리를 어긴 범죄가 생기면 그 책임을 지고 외관이 파면되기도 했다. 또한 외관은 관내에 금령禁令을 시행하고 백성의 소송訴訟을 처결하는 업무를 수행했다. 소송 처결은 외관이 수행하는 업무 중에서 특히 부담이 큰 것이었다.

광역의
운영 단위

계수관의 기원과 구성

계수관界首官이란 '계界'로 설정된 영역 단위에서 가장 우위에 있는 군현 내지 외관을 가리킨다. '계'는 '경계' 또는 그 경계에 의해 형성되는 영역을 의미한다. 따라서 계는 여러 층위로 사용될 수 있지만, 계수관에 사용되는 '계'는 통상 중간 단위보다 넓은 광역권을 나타낸다. 곧 계수관은 광역 단위로서 계를 운영하는 거점 군현으로 규정할 수 있다. 〈정도사 5층석탑 조성형지기〉의 서두를 보면, '상주계尙州界' 뒤에 외관인 지경산부사와 그 임내인 약목군이 차례로 나오고 있다. 여기서 광역 단위로서 '계'의 의미와 계수관으로서 상주의 위치를 확인할 수 있다.

계수관의 원형은 신라의 9주州에서 찾을 수 있다. 신라는 중간 단위인 군－영현 체계보다 광역의 단위인 주를 두었는데, 각 주의 중심 군현도 같은 명칭을 사용했다. 예를 들어 상주는 전국을 9개로 나눈 광역 단위인 동시에 그 단위의 중심 군현이기도 했던 것이다. 광역 단위로서 주는 '계'에 해당하며, 그 중심 군현은 곧 계수관으로 연결된다.

9주는 신라의 붕괴와 함께 행정 기능을 상실했지만, 고려 초기까지도 광역권을 표시하는 영역 관념으로 계속 사용되었다. 이는 기초 단위와 중간 단위의 편성이 신라의 것을 채용하고 있었던 사정과 짝한다. 이어 983년(성종 2)에는 지방 주요 지점에 12목牧을 설치했는데,

이는 신라의 9주를 확대한 것이었다. 9주는 본래 중국 고대에 천하를 구획한 개념이었는데, 12주는 이로부터 확대된 천하를 상징했다. 그리고 1018년(현종 9)에 주현-속현 체계를 전면 시행하면서 상급 체계로서 계수관도 확립되었다. 계수관은 선행한 12목과 변방에 설치된 도호부都護府 등을 재정리한 것이었다. 실제 구성에서도 9주-12목-계수관으로 연결되는 지역이 다수 있었는데, 상주와 진주, 전주, 광주廣州 등이 그 예다.

계수관은 외관 설치 군현 중에서 격이 높은 경京·목牧·도호都護에 설정되었다. 이 중 도호는 대도호부大都護府와 도호부都護府를 통칭한 것이다. 《고려사》〈지리지〉는 각급 군현을 3단계로 나누어 정리하고 있는데, 계수관은 첫 칸에서 바로 시작한다. 일반 주현은 한 칸을 띄우고 시작하며, 속현은 두 칸을 띄우고 시작해 그 위치를 구분했다. 교주도는 관내에 계수관이 없어서 주현이 바로 기재되고 속현은 한 칸 띄우고 시작하고 있다. 이때 계수관 자리에 정리된 군현들의 격이 바로 경·목·도호이다. 이 중 경은 유수관留守官이라는 관호를 같이 보유했다.

1018년 기준으로 계수관은 서경과 4도호·8목으로 구성되었다. 995년(성종 14)에 동경이 설치되면서 서경과 함께 양경兩京을 구성했으나 1012년(현종 3) 동경이 폐지되었다. 1030년(현종 21) 동경이 복구되고 1104년(숙종 9) 남경南京(양주楊州)이 추가로 설치되면서 양경은 삼경三京으로 바뀌었다.

4도호는 안북安北, 안서安西, 안남安南, 안변安邊을 말하는 것으로, 각각 영주寧州(현재의 평남 안주군), 해주海州, 전주全州, 등주登州(현재의 강원도 안변군)에 설치되었다. 도호는 시기에 따라 설치 지역이 여러 번 바뀌었고, 그 수도 3도호, 5도호 등으로 가변적이었다.

8목은 《고려사》 〈지리지〉에서 광주, 충주, 청주, 진주, 나주, 상주, 황주 이렇게 일곱 곳만 확인된다. 나머지 하나는 동계의 명주溟州로 추정된다. 시점은 분명치 않지만 뒤에 명주는 방어사防禦使가 되었고, 전주가 도호에서 목으로 바뀌면서 3도호 8목으로 재편되었다.

계수관의 기능

계수관은 그 자체가 하나의 주현이었으므로 그에 상응하는 중간 단위의 기능을 수행했다. 동시에 '계'를 대상으로 일반 외관의 기능과 구분되는 고유한 임무도 수행했다. 이 기능은 두 가지로 나뉜다. 하나는 중앙 정부와 관내 외관들을 연결하는 것, 다시 말해 주현-속현 체계의 상급 체계로서 수행하는 기능이다. 다른 하나는 영역 내의 모든 군현을 대표하는 존재로서 수행하는 기능이다.

외관의 상급 체계로서 계수관의 대표적인 기능은 광역의 군사 운영을 담당하는 것이었다. 고려의 지방군은 대개 중간 단위에 맞춘 군사도에 따라 편성되었으나 그 규모는 크지 않았다. 전쟁이나 반란 진압과 같은 대규모 군사 작전에서는 군사도보다 넓은 범위에서 군대를 편성 운영해야 했다. 이 경우 계수관을 단위로 군대를 확대 운영했는데, 이 군대를 '계군界軍'이라고 했다.

1217년(고종 4) 전주에서 발생한 반란에 관한 기록을 보면 나주목이 관할하는 계를 단위로 편성된 군대인 '나계군羅界軍'의 사례가 확인된다. 또한 전주의 사록으로 재임하던 이규보는 군선軍船을 건조하기 위

청주 사뇌사 청동 기름말[油斗] 고려시대 청주목淸州牧의 사뇌사思惱寺에서 기름의 양을 측정하는 데 사용하던 말[斗]로서, 1993년 충북 청주시 흥덕구 사직동 무심천가의 도로 공사 과정에서 출토된 유물 중 하나다. 몸통 옆면에는 청주목에서 이 기름말을 공인한 사실과 부사副使, 판관判官, 사록司錄 등 당시 청주목 관리들의 관직이 수결手決(서명)과 함께 새겨져 있다. 이것은 고려의 계수관이 도량형을 관리하고 있었음을 보여 주는 실물 자료다. 안쪽 면에 새긴 선까지의 용량이 2500cc이고 전체 용량은 5000cc다.

해 46개 군현의 군사를 차출해 지휘한 적이 있는데, 이 46개 군현은 바로 계수관 전주목 관할의 군현 수와 일치한다.

외관의 주요 기능에 속하는 소송 처결에서 계수관은 상급심의 역할을 수행했다. 계수관은 일반 외관이 처결한 소송에 대해 관원을 파견해 재심再審했다. 이규보는 전주 관할의 여러 주현에서 원옥寃獄*을 살펴기도 했다. 계수관은 질병으로 휴가를 신청한 외관에 대해 그 사실 여부를 검토하는 등 외관의 근무에 대한 감찰 기능도 겸하고 있었다.

계수관은 수취와 관련된 기능도 수행했다. 수취 과정에 직접 개입하거나 책임진 것은 아니지만, 감독 내지 정보 관리의 차원에서 관여했다. 대표적인 것이 바로 도량형기度量衡器 검사였다. 도량형기의 점검은 원활한 수취를 위한 전제로서, 조선에서도 계수관의 고유 업무

원옥
죄수가 억울함을 호소한 소송.

로 유지되었다. 관용官用은 물론 사용私用의 도량형기도 감독 대상이 었는데, 1993년 청주에서 출토된 사뇌사思惱寺 청동 유물 중 기름말 [斗]에는 검사필증에 해당하는 명문과 함께 청주목의 부사와 사록의 수결手決(서명)이 새겨져 있다.

해당 영역을 대표하는 계수관의 기능으로 가장 보편적인 것은 정월 초하루, 동지 등의 명절이나 국왕의 탄신일, 팔관회 등에 表표를 올려 축하하는 것이었다. 각 지방의 특산물을 진상하는 것이나 왕이 죽으면 애도 행사를 가지는 것도 계수관이 담당했다. 이것은 계수관이 그 지역의 관리나 백성들을 대표해 수행하는 기능이었다. 또한 향공선상鄕貢選上이라 해 지방의 인적 자원을 발굴하는 것도 계수관의 몫이었다.

때로는 계수관이 국왕을 대행해 각종 행사를 치르기도 했다. 반승飯僧이나 노인연老人宴이 그 사례로 확인된다. 또한 계수관은 관내를 지나는 외국 사신을 접대했다. 인종 때 송의 사신으로 온 서긍徐兢은 고려의 해안을 타고 개경으로 올라오면서 전주, 청주, 광주 관원의 영접을 차례로 받았다. 이들은 바로 사신 일행이 지나는 곳의 관할 계수관이었다.

남도의 민사적 감찰 구역, 5도

지방 제도에서 도道는 통상 중앙에서 파견된 사신이 순찰하며 업무를 수행하는 구역을 나타낸다. 이 도는 사신 파견에 맞추어 설정되었다가 업무가 끝나면 없어지는 것으로, 그때그때 다양한 형식으로 설정해 운영했다. 그러나 사신의 업무가 정례적이고 관할 구역도 일정할 경우, 해당 도 역시 점차 고정되어 나갔다. 이렇게 굳어진 도는 단

향공선상
지방에서 과거 응시자를 예비 선발해 중앙에 올려보내는 것.

반승
승려들에게 식사를 제공하는 불교 행사.

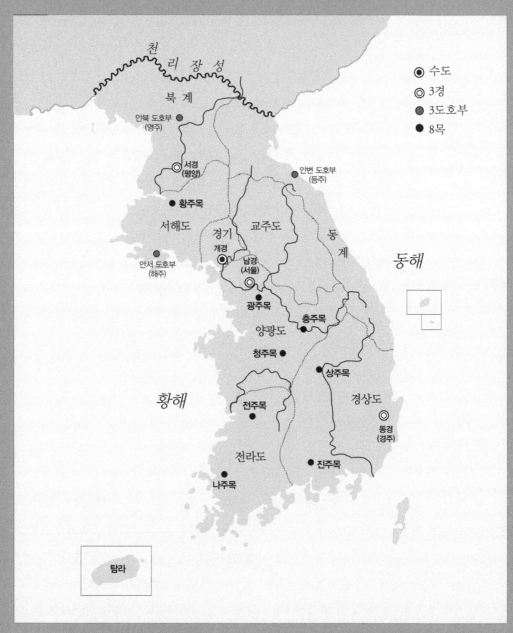

천리장성

북계

안북 도호부
(영주)

서경
(평양)

황주목

서해도

경기

교주도

안변 도호부
(등주)

개경

남경
(서울)

동
계

동해

안서 도호부
(해주)

광주목

충주목

양광도

청주목

상주목

황해

전주목

경상도

동경
(경주)

전라도

진주목

나주목

● 수도
◎ 3경
● 3도호부
● 8목

탐라

고려의 지방 행정 조직   5도 양계와 3경 3도호 8목순한 순찰 구역에서 벗어나 정부와 지방 행정 단위를 연결하는 중간 기구로서 기능하게 되었다. 조선의 8도가 바로 그 예인데, 고려의 5도 는 8도의 전신前身에 해당한다.

고려의 도제는 995년 시행된 10도에서 출발한다. 이 10도는 관내도 關內道, 중원도中原道, 하남도河南道, 강남도江南道, 해양도海陽道, 영동도 嶺東道, 영남도嶺南道, 산남도山南道, 패서도浿西道, 삭방도朔方道다. 10도 는 당唐의 제도를 도입한 것이나 명칭은 고려의 여건에 맞게 조정했 다. 10도의 편성은 일부 영역이 조정되고 신개척지가 추가되기는 했 으나 대체로 신라의 9주를 토대로 구획한 것이었다. 영역이 넓은 관 내도는 동도東道와 서도西道로 나누어 운영했다. 10도는 주로 감찰과 영역 파악의 수준에서 활용되었다.

1018년 지방 제도 개편으로 계수관이 확립되면서 10도의 기능은 약화되어 점차 폐지되어 나갔다. 이를 대신해 형성된 것이 5도로서 안 찰사按察使 파견이 보편화되면서 5도의 명칭과 영역도 점차 고정되어 나갔다. 5도의 명칭은 《고려사》 〈지리지〉의 편성을 기준으로 보면, 양 광도楊廣道, 경상도慶尙道, 전라도全羅道, 서해도西海道, 교주도交州道다.

5도의 성립 과정은 도마다 그 시기와 방식에 차이가 있었다. 북부 지역은 계수관과 상관없이 도의 영역이 설정되었다. 서해도는 종전의 관내서도를 계승한 것으로 가장 먼저 도명이 출현했다. 그 시기는 대 략 문종 대 후반기로 파악된다. 교주도는 동계의 서부 내륙 지역이 분 리된 것으로 그 시기는 의종 때를 하한으로 한다. 명칭은 춘주도春州道 에서 출발해 동주도東州道를 거쳐 교주도로 되었다.

중남부 지역은 대개 몇 개의 계수관을 묶어 사신 파견을 위한 도를 설정했다. 예를 들어 '경상진주도慶尙晉州道'는 계수관인 경주와 상주, 진주를 연결해 부른 것이다. 이로부터 점차 도의 영역이 고정되어 양광도, 경상도, 전라도로 정착했다. 전라도는 관내의 계수관이 전주와 나주뿐이어서 비교적 이른 시기에 도명과 영역이 확립되었다.

하지만 양광도와 경상도는 한동안 각각 양광주도와 충청주도, 경상주도와 진합주도晉陜州道 등 2도로 나뉘어 운영되기도 했다. 또한 경상도는 계수관의 변동으로 도의 명칭에 잦은 변화가 있었다. 대체로 원 간섭기로 접어들면서 5도는 영역과 명칭에서 큰 변동 없이 굳어지게 되었다.

도에는 업무에 따라 다양한 명칭을 가진 사신들이 파견되었다. 이 중 가장 일반적이고 정례적인 사신이 안찰사다. 안찰사는 백성의 어려움을 살피고 외관의 근무를 평가하는 것이 주된 업무였다. 따라서 그의 활동은 지방 통치 전반에 미쳤다.

고려 후기 외관이 설치된 군현이 늘어나면서 안찰사의 기능도 확대 강화되었다. 업무를 안정적으로 수행할 수 있도록 영營이 설치되었다. 명칭도 제찰사提察使, 안렴사按廉使로 바뀌어 나갔다. 하지만 안찰사는 품계가 높지 않아 고위급 외관들을 통제하는 데 어려움이 있었다. 이에 고려 말에는 이름을 도관찰출척사都觀察黜陟使로 고치고 대신大臣을 임명하여 권위도 높였다. 조선의 관찰사는 이를 계승한 것으로 명실상부한 광역 단위의 장관으로 자리를 잡게 되었다.

고려에서는 안찰사 외에도 다양한 사신을 파견했다. 이 중 원 간섭기 이전의 사신으로는 안찰사와 유사한 기능을 수행하지만 파견 시기가 일정하지 않았던 찰방사察訪使와 유민을 모아 안정시키는 것이 주된 기능인 안무사按撫使, 군사의 동원과 운영을 담당한 지휘사指揮使, 지방의 권농 업무를 수행한 권농사勸農使 등을 찾아볼 수 있다.

국방을 위한 광역 단위, 양계

양계는 북계와 동계를 통칭하는 말로 5도와 병칭해 흔히 '5도 양계'라고 했다. 고려의 5도 양계는 조선의 8도처럼 지방 제도의 대명사처럼 쓰이고 있다. 다만 5도가 고려 중기 이후에 성립하는 것과 달리 양계는 고려 초기부터 이미 형성되며, 고려 후기에는 남도와 같은 체계로 변모하게 된다.

북계는 북로北路, 서북면西北面, 서북로西北路라고도 했는데, 고려 초기의 북방 개척과 함께 성립되었다. 고려는 건국 후 평양을 복구한 데 이어 각지에 성을 쌓고 군사를 주둔시켜 영토를 확보해 나갔다. 이 작업은 성종 대(981~997) 강동 6주의 개척까지 이어졌는데, 이 과정에서 확보된 영역이 바로 북계로 편성되었다.

동계는 동로東路, 동북면東北面, 동북로東北路라고도 했는데, 원산만에서 울진蔚珍에 이르는 동해안 일대가 여기에 속했다. 고려 초기의 북방 개척은 대부분 서북 방면에서 이루어진 탓에 동계에서 신개척지의 비중은 높지 않았다. 북부에 10여 개의 군현을 신설하는 데 그쳤을 뿐, 나머지 군현은 대부분 신라 이래로 유지되던 것이었다.

동계의 영역 중에서 서부 내륙 지역은 뒤에 교주도로 분리되었다. 그리고 화주和州(현재의 함남 영흥군) 이북 지역은 1258년(고종 45) 조휘趙暉의 반란으로 원元의 영토로 들어가 쌍성총관부雙城摠官府의 관할이 되었다가 공민왕 때 수복되었다. 고려가 남도와 구분되는 양계를 편성한 것은 외적 방어의 필요성이 컸기 때문이다. 따라서 군현의 편성도 남도와는 달랐다. 양계에는 주와 진鎭이 편성되었는데, 주에는 방어사를 두었고, 진에는 사使, 또는 장將을 두었다.

양계의 주진은 각기 하나의 군사도를 구성했고, 외관은 해당 지역의 행정뿐만 아니라 군사 지휘 업무까지 수행했다. 양계 주진의 관할 범위는 넓지 않았고, 그 사이에 수戍라는 소규모 방어 시설을 설치해 방어 효과를 높였다. 다만 북계의 평양 인근에는 몇 개의 현이 있었고, 동계의 등주 이남 지역은 남도와 같은 주현–속현 체계가 적용되고 있었다.

양계의 주진은 군사와 민사 기능을 겸하고 있어서 운영 체계 또한 복합적이었다. 우선 군사 부문을 총괄 지휘하는 관직으로 병마사兵馬使를 두었다. 양계 병마사는 남도의 계수관처럼 영역을 대표하는 기능을 수행했으며, 중기 이후에는 5도 안찰사와 병칭되어 양계의 운영 책임자로 인식되기도 했다. 병마사 아래에는 다시 구역을 나누어 군사 업무를 수행하는 분도장군分道將軍이 있었다.

이와 함께 각 주진의 재정 운영을 감독하고 관리의 근무를 감찰하기 위한 사신으로 감창사監倉使를 파견했다. 기능적으로 남도의 안찰사에 해당하는 것이 바로 감창사였다. 감창사가 파견된 도는 양계를 다시 몇 개 구역으로 나눈 것이었다. 북계의 운중도雲中道와 흥화도興化道, 동계의 삭방도朔方道와 연해도沿海道, 명주도溟州道, 이렇게 5개의 도가 여기에 해당한다.

개경을 지원하기 위한 특별한 단위, 경기

경기는 생산 기반이 없는 왕경王京에 물적 자원을 제공하도록 편성된 지역으로 대개 도성을 둘러싸고 있다. 고려에서는 995년(성종 14) 개성부開城府를 두고 6개의 적현赤縣과 7개의 기현畿縣을 관할하도록 한 것이 그 출발이다. 1018년(현종 9)에는 개성부를 없애고 대신 개성현령開城縣令과 장단현령長湍縣令을 두어 각각 3개와 7개의 속현을 관할하도록 하고 상서도성尙書都省에 직속시켰는데, 이때부터 이 지역을 경기京畿라고 불렀다. 1062년(문종 16)에는 개성현령을 지개성부사로 개편하고 소속 군현도 하나 늘렸다.

그 뒤 1308년(충렬왕 34)에 부윤府尹을 두어 도성 안을 담당하도록 하고, 따로 개성현령을 두어 도성 밖을 담당하도록 했다. 1390년(공양왕 2)에는 경기를 좌·우도로 나누고 다른 도와 마찬가지로 도관찰출척사를 파견했는데, 조선에서 2도를 다시 합쳤다.

개경 외에 서경에도 경기가 편성되어 있었다. 1062년 서경에 경기 4도를 두었으나 인종 때 묘청妙淸의 난을 진압한 후 폐지되었다. 이후 이 지역에는 6개의 현이 설치되었다.

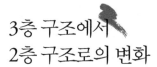

3층 구조에서
2층 구조로의 변화

고려의 지방 제도는 예종 대(1105~1122) 초 서해도 지역에서 발생한 유민을 안집安集하기 위해 감무監務를 파견하면서 점차 변화를 겪게 되었다. 감무 파견으로 유민 안집에 성과를 거두자 정부는 파견 지역을 전국으로 확대했다. 이어 명종 대(1170~1197)에도 대대적으로 감무를 파견했다. 감무는 기존의 주현—속현 체계를 유지하면서 현안을 해결하려는 방안이었다. 이 점에서 운영 체계의 독립을 의미하는 현령 등의 파견과 성격이 달랐다. 그러나 그 수가 증가하면서 점차 정식 외관으로 자리를 잡게 되었다.

무신 집권기와 원 간섭기를 거치면서 군현의 등급을 특별히 올려주는 사례가 많아졌다. 무신 권력자의 고향이나 무신 정권의 타도에 공을 세운 인물의 고향, 원과의 관계에 공헌한 인물의 고향, 국왕의 태胎를 묻은 군현, 외적 퇴치에 공을 세운 군현 등에 대해 포상의 의미로 관호 등급을 올려 주었다. 속현은 현령관으로, 현령관은 지주군사로, 지주군사는 도호부로 올라갔다. 그 결과 고려 후기 지방 사회는 한편에서는 기존의 주현—속현 체계가 유지되고, 다른 한편에서는 여기서 분리된 개별 군현들이 혼재한 상황이 되었다. 이로 인해 지방 통치에 난맥이 초래되자 정부는 이를 전기의 체제로 환원시켜 해소하고자 했다. 이런 시도는 몇 차례 있었으나 모두 실패했다.

그러자 고려 정부는 기존의 주현—속현 체계를 해체하고 각급 군현에 모두 외관을 파견해 직접 관리하는 체계로 전환했다. 이 작업은 공양왕 때 '신정감무新定監務'를 대규모로 파견하면서 본격화되었다. 당시 개편에는 외관 설치와 함께 인접 속현을 통합해 일정한 규모를 확보하는 작업이 병행되었다. 이 개편 작업은 조선 세종 연간까지 계속되었다. 그 결과 속현 및 특수 운영 단위들은 대부분 소속 군현의 직할 촌락으로 흡수되면서 소멸했다.

이러한 변화에 수반해 외관이 설치된 군현의 읍사는 폐지되고 그 기능도 외관청으로 이관되었다. 향리는 독자적인 행정 권한을 잃고 외관의 업무를 보좌하는 아전으로 그 위상이 바뀌었다. 일부 통합이 어려운 지역에는 속현의 읍사가 유지되었으나 행정 기능은 크게 제한되었다. 이에 반해 외관은 지방 사회 운영의 책임자로서 강력한 권한을 행사하게 되었다.

또한 다수의 군현을 관리하기 위한 상급 단위로서 도의 기능이 강화되었다. 5도는 고려 말 대신을 임용한 도관찰출척사가 파견되면서 군현을 총괄하는 상급 단위로서 그 위상이 확립되었다. 이와 함께 양계와 경기가 도로 일원화됨으로써 조선의 8도가 성립하게 되었다.

-윤경진

일반적으로 우리의 전근대 국제 관계사를 논할 때에는 중국 중심으로 생각하기 쉽지만 한국 중세 국제 관계의 중심은 북방 민족과의 관계였다. 고려 전기에는 거란족이 동아시아 역사의 중요한 참여자였고, 12세기 이후에는 여진족이 그 뒤를 이었다. 그들은 고려 및 중국 등과 함께 다원적인 국제 질서를 형성해 서로 영향을 주고받았다. 문화·경제적 교류도 있었지만, 기본적으로는 전쟁과 외교 등의 정치적 관계를 중심으로 국제 관계가 형성되어 결국 각국은 서로 평화로운 화친 관계를 이루었다. 그러나 13세기에 들어와 몽골족이 군사력으로 유라시아 대륙을 제패하면서 몽골 제국 중심의 패권 질서가 형성되었다. 고려 왕실은 몽골 왕실과 혼인 관계를 통해 밀착하여 국내 정치를 주도하면서 일정한 자율성을 얻었지만, 반대급부로 일본 원정 협조 등 몽골의 간섭으로 어려움을 겪었다. 공민왕 때에 반원 개혁을 실시했지만, 고려는 몽골 패권 질서의 해체에 따른 국제적 무질서와 폭력에 노출되면서 또 다른 종류의 어려움을 겪었고 조선 사회는 그런 어려움을 극복하는 과정 속에서 등장했다.

동아시아 세계의
다원적 국제 환경

국제 관계의 특징과 고려의 대응

국제 관계의
구조와 성격

동아시아 국제 질서와 고려의 국제 관계

전근대 동아시아 국제 관계를 말할 때에는 중국 중심으로 생각하면서 사대 관계를 이야기하고 조공 책봉 관계를 거론하는 것이 일반적이다. 이는 뿌리 깊은 통념이지만 다르게 생각할 여지가 많다. 실제로 우리 역사나 중국사 모두 북방 종족과의 관계 속에서 중요한 역사의 흐름이 결정되었다. 특히 신라 말 고려 초는 동아시아 국제 관계의 역사상 중요한 분기점이었다. 신라 말 고려 초는 중국 지역에서 당이 송으로 변화하던 시기였다. 이 시기가 동아시아 국제 관계의 역사상 중요한 분기점인 이유는, 북방 종족이 중국 변경 지역에서 농경 정착민을 강력한 힘으로 통제하면서 연속적으로 등장하기 시작한 때이기 때문이다. 처음에는 거란족이 북방에서 힘을 결집해 한족 국가들을 위협했고, 그 뒤를 이어 여진족이 결집해 중국의 강북 지역을 점령했으며, 뒤이어 등장한 몽골족은 중국 전역을 점령했다.

게다가 고려시대는 동아시아에 대소 영향권을 가진 국가들이 병존하던 때였다. 시차가 있지만 고려의 서북쪽에는 거란족의 요遼, 서쪽

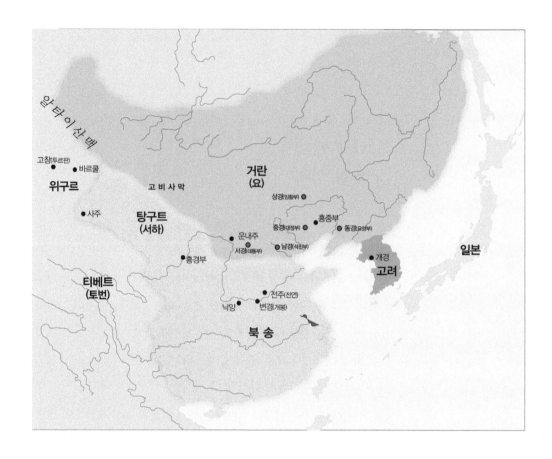

알타이산맥

고창(투르판) ● 바르쿨
위구르

고 비 사 막

사주 ●

**탕구트
(서하)**

흥경부 ●

**티베트
(토번)**

**거란
(요)**

상경(임황부) ●

운내주 ●   중경(대정부) ●   흥중부 ●
서경(대동부)   남경(석진부) ●   동경(요양부) ●

전주(전연) ●
낙양 ●   변경(개봉) ●

북 송

고려   ● 개경

일본

10~11세기 동아시아   10세기 이후 동아시아의 고려, 일본, 요, 서하, 송 등 각국에서는 자국의 임금을 천자, 천황, 황제 등으로 자칭하면서 자국의 영향권으로서 천하를 설정하고 있었다. 그런 천하는 실제적인 영역을 포함하기도 했고 때로는 관념적으로만 설정되기도 했다. 한국 학계에서는 고려의 천하관 연구를 통해 동아시아의 다원적인 국제 환경이 거론되면서 동아시아 국제 질서를 다원적인 국제 질서로 이해하는 관점이 점차 학계에서 폭을 넓혀 왔다. 여기서 다원적이란 것은 천하의 중심이 하나가 아니라 여럿이라는 의미를 포함한다.

에는 송, 남동쪽에는 일본, 송의 서북쪽에는 서하西夏, 송의 남쪽에는 월남越南이 각각 대소 영향권을 이루고 있었다. 여기에서 영향권은 영향력이 미치는 범위를 가리킨다.

고려도 동아시아의 여러 나라들과 마찬가지로 자기 영향권을 가지고 있었다. 고려인들은 그 영향권을 고려의 '천하天下'로 여기고 있었고 천하를 지배하는 군주로서 고려 군주를 '천자天子'로 여기고 있었다. 고려의 천하는 국제 관계 속에서 고려의 독자성이 강하게 발현된 것이라는 점에서 의미가 있다. 그러나 당시 독자성은 고려만의 전유물이 아니었다. 송, 요, 서하, 일본, 월남 모두 자국의 군주를 천자나 그에 준한 존재로 칭하고 있었다. 따라서 이 시기 국제 관계는 각국의 독자성을 기초로 형성되었다.

이와 같이 동아시아 여러 나라는 독자성을 바탕으로 천자의 권위라는 자신들의 중심을 가지고 있었고, 그 중심을 둘러싼 영향권 역시 보유하고 있었다. 요컨대 당시 동아시아의 국제 질서는 동아시아 여러 나라의 독자성을 바탕으로 이루어진 '다원적 국제 질서'●라고 할 수 있다. 그러나 다원적이라는 말이 대등한 국가들의 병렬적 질서를 의미하는 것은 아니었다. 그 질서의 핵심에는 독자성이라는 성격이 있지만, 국제 관계의 현실 속에서 발현되는 측면에서는 매우 복합적인 성격을 가지고 있었던 것이다.

동아시아의 여러 나라, 특히 고려-요-송, 송-요-서하는 서로를 강하게 의식하고 인정했다. 물론 고려와 서하는 지리적으로 떨어져 있어 상대방을 직접적으로 인식할 기회가 그리 많지 않았다. 그럼에도 고려-요-송, 요-송-서하의 양쪽 삼각 관계 사이에는 일정한 연계 관

동아시아의 다원적 국제 질서
고려의 천하관을 통해 동아시아의 다원적인 국제 환경을 거론한 연구(노명호, 《동명왕편과 이규보의 다원적 천하관》, 《진단학보》 83, 1997; 《고려시대의 다원적 천하관과 해동천자》, 《한국사연구》 105, 1999) 이후 동아시아 국제 질서를 '다원적인 국제 질서'로 명명한 개설적인 글(박종기, 《5백년 고려사》, 1999, 248쪽)이 출간되어 이 같은 관점이 점차 학계에서 확대되었다. 그 뒤에도 동아시아 국제 질서를 다원적인 국제 질서로 이해하는 연구들이 다수 등장하여 당시 국제 질서에 대한 큰 틀의 이해가 이루어지고 있다.

계가 있었다. 삼각 관계 중 어느 한 나라가 다른 나라들에게 자신의 중심성을 강요한다면 이는 전쟁으로 귀결될 가능성이 높았다.

당시 전쟁은 일국 대對 일국의 관계로 끝나는 것이 아니라 나머지 다른 나라들에, 특히 삼각 관계는 나머지 다른 한 나라에 직접적인 영향을 끼쳤다. 그에 따라 여러 나라 사이에 외교가 전개되고 긴장 관계가 나타났으며, 이는 전쟁과 타협으로 조정되는 경우가 많았다. 여러 나라 사이에 강한 연동성이 있었던 것이다. 이처럼 당시 동아시아 국가들은 세력 관계와 외교 관계의 양 측면에서 서로 긴밀하게 연동되어 있으면서도 자기중심을 가지고 있는 독자적인 존재였다. 다시 말해 당시 동아시아에는 자기중심을 가진 여러 나라가 공존하면서 서로 영향을 끼치고 물결치듯이 따라 움직이는 국제 질서가 형성되어 있었다.

당시 동아시아에서 국가 간의 질서가 다중심적인 성격을 가지고 있었다 해서 국가 간의 차등적인 위상이 배제되었던 것은 아니다. 요와 송은 실질적으로는 대등한 대적국對敵國의 위치였지만, 형식적으로는 상호 형제국의 위상을 가졌다. 맹약 체결 이후 송은 형의 위치에 있었고 요가 아우의 위치에 있었던 것이다. 그 대가로 송은 공물의 성격을 가지고 있는 막대한 세폐를 요에 바쳐야 했다. 군사력은 요가 더 우월해 송이 곤란한 처지에 있었기 때문이다. 따라서 형식적 위상은 실제 힘의 차이에 따른 관계와 괴리되어 있었다고 할 수 있다.

요컨대 당시 동아시아 국제 관계의 시대적인 특징은 다중심적인 성격과 형식상 국가 간의 차등적인 위상이 공존하고 맹약 등을 통해 비교적 안정적인 질서가 형성되었다는 것이다. 그런 점은 이전 시기와는 다른 시대적인 특징이었다. 5세기에도 남조와 북조, 유연, 돌궐, 고

고려와 거란의 관계

고려와 거란의 관계는 화친和
親 관계로 정의될 수 있는데,
화친 관계는 국가 간에 전쟁 없
는 평화로운 관계를 뜻한다.
일제 강점기의 역사 서술에서
는 외압이 일방적으로 강조되
면서 타율적인 역사상 속에서
고려와 거란의 관계가 서술되
었고, 그 뒤에는 식민주의 역
사관 비판의 차원에서 고려인
의 항쟁이 강조되었다. 최근에
는 조공 책봉 중심의 관계를 강
조(김순자, 〈고려와 동아시아〉, 《한
국역사입문》 2, 1995)하거나 고려
의 실리 위주 외교를 강조(박
종기, 〈실리와 공존, 줄타기 외교전
술〉, 《5백년 고려사》, 1999)하는 글
들이 나왔다. 하지만, 고려 독
자의 천하가 존재하는 상황에
서 조공 책봉은 양국 간의 관계
에서 비중이 낮을 수밖에 없었
고, 실리 위주의 외교는 구체
적인 외교 양상을 설명할 수는
있어도 관계 전체를 설명하기
에는 어려운 측면이 있다. 그
런 점에서 고려의 독자적인 천
하와 형식적인 조공 책봉의 존
재, 거란과의 전쟁에도 불구하
고 평화 관계가 이루어진 점을
아우를 수 있는 화친 관계에 주
목할 필요가 있다. 현재 한국
사 개설서와 교과서 등에는 대
체로 거란과의 전쟁 및 평화를
중심으로 서술되어 있다.

구려 등 동아시아 각국이 다중심적인 성격을 가지고 있었지만, 남조
와 북조가 차등적인 위상을 가지고 맹약을 체결해 안정적인 평화 질
서를 갖춘 것은 아니었다. 남조는 북중국 지역을 회복해야 하는 영토
로 간주했고 북조는 남중국 지역을 점령하기 위해 늘 부심했기 때문
이다. 고구려도 역시 북조에 대해 형식상 차등적인 위상을 감수했지
만, 규범화되어 안정적인 성격을 가진 것은 아니었다.

중국 변방 지역에서 일어난 거란 세력이 916년 건국한 요는 송과의
관계에서 형식적으로는 아우의 위치에 있었지만 실질적으로는 군사
력을 바탕으로 송을 압박했다. 이러한 요와 송의 관계에서 형식과 내
용 간의 괴리는 동아시아 국제 질서의 새로운 설정이라는 문제를 제
기했다. 요 세력과 어떤 관계를 형성해야 하는가는 당시 고려인들도
고민한 문제였다. 게다가 고려인은 기존 한족 국가와의 관계도 함께
고려해야 했다. 당시 동아시아 상황은 매우 복합적이었으며 그에 따
라 고려의 국제 관계도 매우 복합적이었다.

고려는 요에 대해 명목상 신하의 위치에 있었지만 실제로는 북방
지역에 대한 영향력을 두고 서로 다투는 사이였다. 그로 인해 고려는
요와 세 차례의 큰 전쟁을 겪으면서 최종 전쟁에서 승리를 거두어 북
방 지역에 대한 영향력을 확보하는 데 성공했다. 따라서 고려가 요에
대해 취한 신하로서의 위치는 명목상인 것에 불과하다고 할 수 있다.
실제로 고려는 전쟁 이후 요와의 관계●를 화친 관계로 규정했고, 그
것이 당시 실정에 부합했다. 여기서 화친 관계란 양국 간의 전쟁 이후
맺어진 평화적인 국제 관계를 의미하며 주로 정치적인 관계를 중심으
로 형성된 국제 평화 질서와 밀접한 관련을 갖는 개념이다.

고려 동경과 후저우湖州가 새겨진 동경 위는 '고려국조高麗國造'라는 명문이 새겨진 구리거울. '고려국조高麗國造'라는 문구를 통해 고려에서
생산된 동경임을 명시하고 있어 특징적이다. 고려 유물로는 아래 사진처럼 중국에서 만들어진 동경도 전해지는데 그 동경에 생산지인 후저
우湖州가 표기되어 있어 비교되고 있다. 이는 고려의 동경 제작자가 중국의 동경 제작을 의식했음을 보여주는 것으로서 동경을 통해서도 고
려의 국제적 성격이 잘 드러나 있다. 특히 고려시대에 동경은 미용 등 실용적인 목적을 위해 생산 또는 수입되었다. 그런 점에서 바다 건너
수입된 수입품이 실생활 속에서 사용될 정도로 송과 고려의 교역 구조가 밀접했음을 잘 보여 준다.

고려와 송의 관계는 대체로 통교通交 관계라 할 수 있는데 통교 관계는 국가 간에 경제, 문화 등의 교역·교류를 중심으로 이루어진 관계를 뜻한다. 고려와 송의 관계에 대해 조공 관계를 중심으로 살펴본 연구(전해종, 〈고려와 송과의 관계〉, 《동양학》 7, 1977)에서는 고려 초기 송과의 관계가 나당 말기 조공 관계의 연장이었지만 그 후에는 경제·문화적 관계가 중심이었다고 언급하고 있다. 고려와 송의 외교를 교빙交聘으로 표현한 연구(박용운, 〈고려·송 교빙의 목적과 사절에 대한 고찰〉, 《한국학보》 81·82, 1995·1996)에서는 북송 전기까지 고려가 거란의 위협에 대처하기 위해 송의 정치·군사적 지원을 얻는 것에 외교의 큰 비중을 두었던 것에 비해 북송 후기와 남송 때는 선진 문물의 수입에 주력했음을 확인해 주고 있다. 현재 한국사 개설서와 교과서 등에는 대체로 송과의 문화·경제 교류를 중심으로 서술되어 있다.

고려와 송 사이도 역시 국제 관계의 형식과 내용이 괴리되고 있었다. 고려는 송 초기에 형식상으로는 신하에 해당하는 위치에 있었지만, 실제로 송이 고려에 대해 갖는 영향력은 매우 제한적이었다. 고려가 외교 관계를 단절해도 송은 막을 힘이 없었으며 고려는 필요할 때 송과 외교 관계를 재개했다. 따라서 실제로 고려의 송에 대한 관계●는 통교通交 관계 이상이라고 보기 어렵다. 여기서 통교 관계는 무역, 통상, 문화 교류 등을 중심으로 한 관계로 정부 대 정부의 성격은 상대적으로 약했다. 설령 정부 대 정부의 외교 관계가 형성되어도 정치적인 측면의 비중은 점점 축소되어 갔다.

고려와 송은 바다를 사이에 두고 멀리 떨어져 있어 서로 분쟁에까지 이른 적은 거의 없었다. 그렇기 때문에 타협할 것도 그리 많지 않았고, 신라 이래의 관행에 의해 외교 관계가 시작된 측면이 크다. 고려가 필요에 따라 형식상 신하의 위치에서 사대 조공을 하여 송의 위신을 세워 주고 군사적 협력이나 경제·문화적 혜택을 얻는 관계가 이루어진 것이다. 서로 필요에 의해 맺어진 관계였기에 그 필요성이 떨어지면 끊어질 수도 있는 관계였고, 실제로도 그러했다.

고려와 요, 요와 송의 관계에서 형식과 내용이 괴리됨에도 국제 관계가 형성되고 지속된 배경은 근본적으로 동아시아 각국 민民의 성장에 따라 전쟁이 지속되기 어려운 점에 있었다. 고려와 송의 지배층은 이전에 비해 더욱 민의 생활 기반 안정에 민감했다. 생활 자체가 군사 활동으로 변경되기 쉬운 유목민과 달리 고려와 송의 민은 대개 농업에 종사했기 때문에 전쟁이 장기적으로 지속되면 생활 기반이 무너질 수 있었다. 그리고 농민의 몰락은 송과 고려에서 지배층의 정치 기반의 붕괴로 이어질 수 있었다. 요도 뒤로 갈수록 민의 생활 기반에 민감해지는 상황이 되었기 때문에 그 결과 고려와 화친 관계를 맺은 것이다.

또한 당시 동아시아 국제 질서가 특징적인 배경에는 각국의 상호 연동성도 존재했다. 주변국과의 장기적인 전쟁은 다른 주변국의 침입을 불러올 수 있었고, 설령 이를 외교나 동맹의 형태로 미리 예방한다고 해도 장기간의 전쟁은 국력의 피폐를 초래해 국가 존립에 위협을 줄 수 있었다. 따라서 전쟁을 주도한 국가들은 단기간의 결전을 주로 기획했고, 장기간 전쟁으로 나아가기 전에 적당한 선에서 화친을 결정했다.

동아시아 각국의 지배층은 전쟁 이후 위신, 체면이나 실리 둘 중의 하나를 얻어 타협하고 화친하는 방향으로 갔다. 송·요 관계에서 전쟁 이후 송이 형의 나라라는 위신을 얻었다면 요는 세폐와 무역 확대라는 실리를 얻었고, 고려와 요의 관계에서는 전쟁 이후 요가 위신을 얻었다면 고려는 북방 지역에 대한 영향력이라는 실리를 얻었다. 그로 인해 각국은 평화라는 가장 값진 자산을 공유할 수 있었다.

고려와 송, 요, 서하를 중심으로 그 외곽에 월남, 일본이 포진되어 있는 동아시아의 다중심적인 연동 질서는 12세기 초 여진 세력의 결집에 의해 변동되었다. 여진 세력은 주변에 있던 고려, 요, 송과 차례로 전쟁하고 요와 송 너머에 있던 서하까지 경략했다. 요가 멸망하고 송의 수도인 개봉이 점령당해 북송 정권이 붕괴하는 대격동이 벌어졌지만, 고려는 이전에 요와 맺었던 화친 관계에 준해 여진과 외교 관계를 맺었다. 이후 고려는 생존에 성공한 남송, 서하 등과 함께 세력 균 고려와 몽골의 관계에서 고려 국가의 자율성은 핵심적인 문제다. 몽골 제국하에서 고려가 국가를 유지했다는 연구(고병익, 〈여대麗代 정동행성의 연구(상·하)〉, 《역사학보》 14·19, 1961·1962)가 한국 사학계에서 널리 수용되면서 고려와 원의 관계에 대해 그 관계를 부마국 체제로 규정하고서 그 체제 안의 지배 세력인 권문세족은 원과 결탁했지만 그 결탁은 고려의 독립적 지위를 유지하는 범위 안의 것이었음을 밝힌 연구(민현구, 〈고려 후기의 권문세족〉, 《한국사》 8, 1974)가 있어 그 관계의 국내외적인 특징이 구체적으로 밝혀졌다. 이후 고려는 몽골의 간섭을 받는 상태였다는 의미에서 '원 간섭기' 등의 용어가 널리 사용되었다. 이어서 세조 구제世祖舊制에 주목한 연구(이익주, 〈고려·원 관계의 구조에 대한 연구〉, 《한국사론》 36, 1996)에서는 원 세조 때 고려와 몽골이 합의한 틀에 의해 고려가 국가를 유지하면서 몽골의 간섭을 받는 이중성이 핵심이었다고 보았다. 그러나 2000년 이후 국내 몽골사 연구가 활발해지면서 고려와 몽골의 특수한 관계에 주목하여 고려 국가의 자율성을 몽골의 관점에서 이해하는 연구가 점차 등장하고 있다. 현재 한국사 개설서와 교과서에서는 대체로 몽골과의 전쟁과 강화, 그리고 이후의 간섭과 반원 정책의 구도로 서술되어 있다.

형을 이루게 된다. 이로써 다중심적인 연동 질서는 다시 조정되었다.

13세기 초에는 몽골 세력이 결집해 1227년 서하와 1234년 여진의 금金을 멸망시키고 1279년에는 남송마저 멸망시킨 후 원을 건국함으로써 중국 전체를 점령했다. 물론 몽골은 고려, 일본, 월남에도 예외 없이 침입했다. 1231년부터 시작된 몽골의 고려 침입은, 나중에 원종元宗이 되는 태자 전倎이 1259년 몽골로 들어가 쿠빌라이와 만날 때까지 지속되었다. 만남 이후 고려는 몽골과의 외교 교섭*을 효율적으로 진행시켜 화친 관계를 맺는 데 성공했다. 그 결과 서하, 금, 남송 등은 모두 멸망했지만 고려는 몽골과 맺은 군주 간의 혼인, 조공 책봉 등을 통해 국가의 자율성을 유지할 수 있게 되었다. 이는 고려의 오랜 항쟁에 따른 결과이기도 했다.

쿠빌라이와의 교섭 이후 고려의 자율성은 유지되었지만, 1264년 몽골의 요구에 따라 국왕인 원종이 직접 몽골 조정에 들어가는 '친조親朝'를 수행함에 따라 고려와 몽골은 이전과는 다른 성격의 국제 관계를 형성하게 된다. 이는 고려 외교사상 유례가 없는 사건이었다. 이전의 조공 관계에서 고려 국왕의 신하로서 위상은 명목상 형식에 불과했지만 친조 이후에는 신하로서 성격이 강화되었던 것이다.

이전 천자국의 위상에 따른 고려의 여러 제도가 제후국의 위상에 따른 제도들로 격하된 것은 그에 따른 귀결이었다. 게다가 고려 국왕이 몽골의 공주와 혼인하면서부터 고려 국왕은 부마(사위)로서의 위상을 아울러 가지게 되었다. 이런 점들은 고려 국왕이 몽골과 밀착하게 만들었고, 그 결과 고려 정치 구조도 변화했다. 무신 정권의 붕괴와 왕정복고는 이 시기의 대표적인 변화였다.

고려 국왕과 몽골 왕실의 밀착은 고려 국왕의 권력 안정화를 가져다주었지만 그 반대급부 또한 매우 컸다. 고려의 충선왕은 원 조정에서 정쟁에 휘말려 지금의 티베트 지역으로 유배를 떠나기도 했고, 충혜왕은 원 조정에서 보낸 사신에게 끌려가기도 했다. 국왕에 대한 대접이 그러했으니 일반 백성의 고초는 말할 것도 없었다.

고려로서는 원의 간섭을 벗어날 수 있는 길을 모색해야 했다. 1356년(공민왕 5) 공민왕은 부원 세력 제거, 정동행성이문소 폐지, 쌍성총관부 수복 등을 실행하면서 그 첫걸음을 내딛었다. 물론 이는 고려 자체의 힘만은 아니었고 몽골의 비합리적인 지배와 수탈에 대항해 일어난 중국 백성의 노력이 함께 있었기 때문에 가능했다. 그러나 1368년 원이 붕괴한 이후 고려는 원을 대신한 명明과 새로운 관계를 모색하면서 진통을 겪게 된다.

사대와 조공 책봉의 성격

당시 동아시아를 구성하고 있던 고려, 요, 송, 서하, 일본, 월남 등은 모두 독자적인 천하 관념을 가지고 있으면서 서로의 천하 관념을 묵인한 편이었다. 실제로 고려나 송은 스스로를 높이고 거란족을 야만시하면서도 요의 국왕을 황제로 공인했다. 거란족도 송과 고려 등이 자신을 야만시한다는 점을 알고 있으면서도 역시 이를 묵인했고 송의 황제를 형식상 공인했다. 당시 동아시아는 매우 복합적인 상호 인정의 세계였던 것이다.

달리 말해 당시 동아시아는 동상이몽의 세계였다. 특히 송과 요의 경우 자신의 천하를 꿈꾸면서 기회가 있을 때마다 상대에게 이를 실현하려고 했던, 그러나 결국 세력 관계상 타협할 수밖에 없었던, 그래서 국제 관계의 내용과 형식이 괴리되었던 세계였다. 그런데도 이전 5세기의 남북조 시기와 다른 점은, 맹약의 유지라는 상호 소통의 기반을 마련해 지속적인 평화 체제를 마련했다는 것이다. 그것이 이전 시기에 비해 발전한 점으로, 이러한 상호 인정의 관계는 전쟁의 참상을 겪고서 얻게 된 집단 경험의 산물이었다.

고려와 서하 등은 송이나 요와 같은 강대국으로부터 자신의 세계를 지키고 유지했으며, 이러한 세력 균형이 동아시아에 평화를 가져왔다. 이러한 동아시아 국제 관계의 역사 속에서 한국사의 의미가 잘 나타난다. 여러 세력 속에서 한반도를 중심으로 자신의 세계를 강력히 지킨 것이 동아시아의 평화를 위하는 길이었다는 점에서 그렇다.

당시 국제 질서의 실상과는 다르게 외교 형식으로서 조공이 이루어진 이유나 배경을 설명할 때, 명목상의 형식에 지나지 않았다는 논리에도 보충이 필요하다. 조공이란 신하로 간주되는 국가의 사신 또는 왕이 제왕의 조회에 참여하고 공물에 해당하는 예물을 바치는 행위를 가리킨다. 여기서 조공의 핵심은 관념적으로는 신하로 간주되는 행위라는 점인데, 이로 인해 정기적으로 조공하는 국가와 조공 받는 국가의 관계는 제후국(소국)과 천자국(대국)의 관계가 된다. 따라서 조공에는 천자국이 제후국에게 작위와 관직을 내리는 책봉 행위가 따라왔다.

정기적인 조공 책봉은 상호 인정의 방식이지만 대등한 관계가 아니라 차등적인 인정 방식이었다. 그런 차등을 인정하는 것을 소국의 대국에 대한 사대라 할 수 있는데, 차등을 명목상 인정하는 것 자체도 당시 국제 사회의 국가 위신과 관련해 의미를 지닌다. 국가 위신의 손해를 보면서도 명목상 차등을 인정한 데는 여러 이유가 있다.

사대라는 개념은 예禮의 관념과 밀접한 관계를 가지고 있다. 《춘추좌씨전》〈소공昭公 30년전年傳〉조의 "예라는 것은 작은 자가 큰 자를 섬기고 큰 자가 작은 자를 기르는 것을 말하는데, 사대는 그때의 천명을 함께함에 있고 자소는 그 작고 부족함을 동정하는 것이다[禮者 小事大大字小之謂 事大在共其時命 字小恤其小無]"라는 구절은 예 자체가 사대와 자소의 관계임을 잘 보여 준다. 예는 개인 대 개인의 관계에서 국가 대 국가의 관계로 확대되면서 사대는 외교 관계를 표현하는 개념으로 정착되었다.

《맹자》〈양혜왕〉편을 보면 제齊 선왕宣王이 맹자에게 국가 간의 외교 규범을 묻자, 맹자는 "큰 나라가 도리를 지켜 사소, 즉 작은 나라를 아끼고 섬긴다면 천하를 지킬 수 있고 작은 나라가 규범을 두려워해 큰 나라를 사대해 섬긴다면 나라를 지킬 수 있다[事小者 樂天者也. 以小事大者 畏天者也. 樂天者保天下 畏天者保其國]"고 답했다. 사대가 나라를 지킬 수 있는 방법이자 외교 규범으로 제시되고 있는 것이다. 물론 이때 사대는 전국시대 대소 국가들 사이의 외교 규범으로 제시된 것이었지만, 통일 국가인 진한秦漢 이후로는 중국과 주변 국가들 간의 외교 규범으로 의미가 확대되었다.

사대는 중국의 역사 경험에서 나온 외교 방책이자 규범으로서 그 사대 관념을 인접 국가에서 수용하는 것은 쉽지 않았다. 예를 통한 상호 조화의 세계 질서 관념은 중국의 문물을 수용한 결과였지만 그것만으로는 사대가 외교 정책으로까지 격상될 수 없었다. 중국에서 비롯된 사대라는 관념이 중국 주변국들에게 수용되기 위해서는 사대를 통해

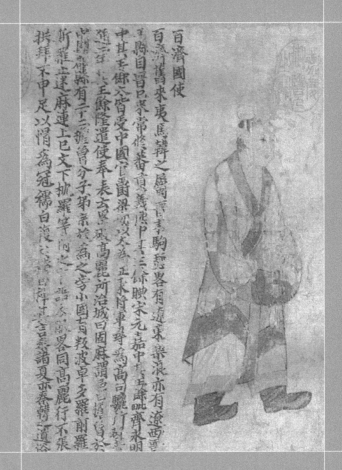

〈양직공도(梁職貢圖)〉 중에서 백제 사신의 모습 〈양직공도〉는 양 무제(재위 502~549)의 즉위 40년을 기념해 각국 사신이 조공하러 온 상황을 그리기 위해 형주자사였던 소역이 형주에 온 각국 사신의 용모와 풍속 등을 관찰하고, 수도인 건강에만 온 사신에 대해서는 별도로 사람을 보내 조사하여 제작한 것이다. 〈양직공도〉에 기록되었을 것으로 여겨지는 조공 국가 수는 25개 국 이상이었을 것으로 추정된다. 위 그림의 백제 사신은 그중 하나로서 백제 사신의 모습과 함께 백제에 대한 서술이 보이고 있다. 양은 남북조시기에 발전했던 남조 왕조였다. 백제는 중국 문물 수용과 무역, 고구려 견제 등 다각적인 목적을 위해 양과 긴밀한 외교 관계를 맺고 있었다. 양은 이를 조공으로 여기고서 위와 같은 그림을 그려 자긍했다.

얻는 주변국들의 문화·경제적 이익이 커야 했고, 대국에 대한 신뢰와 경의가 최소한 지배층 내에서 합의를 이루고 있어야 가능했다.

그런데 진한 이후의 중국 여러 나라를 상대해 온 고구려, 백제, 신라 삼국은 오랜 연원을 가진 국가로서 국가 초기 단계부터 강한 자국 중심성을 가지고 있었다. 자신의 국가를 세계의 중심으로 여기는 자국 중심성은 고조선 이래로 동북아시아 고대 국가에서 보편적으로 찾을 수 있는 특징이다. 단군 신화에서 볼 수 있듯이 고조선 왕실의 존엄성과 정통성은 왕이 천손天孫이라는 점에서 비롯되었고, 신라도《삼국유사三國遺事》의 박혁거세 설화에서 박혁거세가 알에서 태어난 뒤 "당시 사람들이 다투어 경하해 말하기를 지금 천자가 내려오셨으니 마땅히 덕이 있는 여군女君을 찾아 배필로 삼아야 한다"라는 내용이 나온 것으로 보아 시조를 천자로 여기고 그 후손 왕들은 천손으로 여겨졌음을 알 수 있다. 고구려도 〈광개토대왕릉비〉에서 고구려의 시조 추모왕이 천제天帝의 아들로 표현되었듯이 그 후손 왕들 역시 천손으로 여겨졌고, 백제에서도 동명이 시조로 숭배되고 동명에 대한 제사를 국가에서 지냈음을 보건대 천손 관념이 있었음을 추정할 수 있으며, 부여, 가야, 일본 등도 역시 그러하다.

삼국이 강한 자국 중심성을 견지하고 있는 상황에서 중국의 사대 관념이 수용될 수 있는 여지는 크지 않았다. 그러나 고구려, 백제의 협공 속에서 신라는 국가적 위기를 경험했고, 국가를 보전할 수 있는 현실적인 외교 방책으로 당과의 군사 동맹 및 사대를 수용했다. 그 결과 신라와 당의 연합 공격으로 백제와 고구려는 멸망했다. 이는 요하 이동의 한반도 주민에게 매우 충격적인 집단 경험이 되었을 것으로

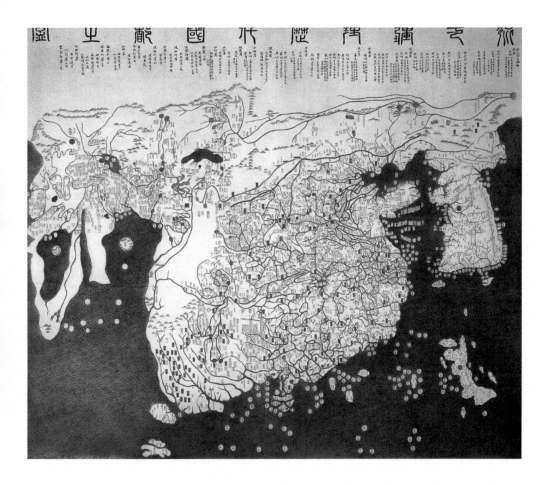

〈혼일강리역대국도지도混一疆理歷代國都之圖〉 조선 초기인 1402년(조선 태종 2)에 작성된 세계지도를 15세기 후반에서 16세기 초반 사이에 모사한 지도이다. 지도사학자인 게리 레이야드Gari Ledyard에 따르면 이 지도는 현존하는 동아시아 세계지도 중 가장 오래된 것으로 여겨진다. 이 지도는 중국으로부터 들여온 이택민의 〈성교광피도〉와 청준의 〈혼일강리도〉를 검토하고 조선과 일본의 지도를 합쳐 제작한 것이다. 〈성 교광피도〉는 현존하지 않아 구체적인 모습을 알 수 없지만, 몽골의 원 시기에 이슬람 지도학의 영향을 받아 제작된 지도로 추정된다. 이 지도 의 서쪽에는 유럽과 아프리카 등도 구체적으로 그려져 있어 현재 세계 지도사학계에서 주목받고 있다. 유럽에서 아프리카의 전체 모습이 이 해된 것은 15세기 말 희망봉 등 지리상의 발견 이후이기 때문이다.

이 지도는 조선왕조 초기의 국가적 사업으로 제작된 것으로서 조선왕조의 개창을 만천하에 과시하려는 의도가 담겨 있었고 아프리카와 유럽 대륙에 비견되는 크기로 조선을 표현함으로써 문화대국의 위상을 잘 드러내고 있다. 그와 같이 조선의 크기가 중국 못지않게 과장되어 있는 데서 지도가 그려진 당시 조선의 자국 중심성을 잘 볼 수 있다. 그것은 중국만큼 오래된 역사를 가졌다고 생각한 조선의 자주성을 보여 주는 것이기도 하다. 조선이란 나라 이름은 단군과 기자의 고조선을 모두 계승한다는 의미를 가지고 있었다. 단군의 고조선을 계승한다는 역사의 식을 통해 조선은 중국과는 다르다는 자주적인 면모를 가지고 있어 지도에서도 그런 점이 드러났던 것이다. 또한 기자의 고조선을 계승한다 는 역사의식을 통해 조선은 선진 문명을 일찍부터 공유했다고 생각했다.

여겨진다. 국제 관계에 대한 대응 여하에 따라 국가가 멸망할 수도 있다는 것을 목도했기 때문이다.

《구당서》에 따르면 고구려 멸망 당시 69만 7000호의 주민과, 백제 멸망 시 76만 호의 주민*이 이러한 집단 경험의 대상이 되었다. 국가가 해체되어 총 145만 7000호, 즉 1호당 4인으로 계산하면 약 580여만 명의 주민이 전란의 직접적인 영향에 놓이게 되었던 것이다. 요하 이동 지역에서 일찍이 없었던 전란의 영향은 참혹했다. 《삼국사기》에 따르면 백제 멸망 후 "즐비하던 가옥은 황폐했고 말라 굳어진 시체는 풀과 같았다". 게다가 멸망 직후 의자왕과 왕자, 고위 관리 등 88명과 함께 백제의 백성 1만 2807명이 당에 끌려갔고, 고구려 멸망 직후에는 보장왕 등 20여만 명이 당으로 끌려갔다.

출처: 〈백제본기〉 6, 《삼국사기》 권28; 〈열전 동이〉 백제, 《구당서》 권199

고구려, 백제의 멸망이란 충격적인 집단 경험은 국가를 보전하기 위한 방책으로서 사대 조공을 관행화시킬 수 있는 역사적 배경이 되었을 것이다. 즉, 삼국 통일 이후 한반도 사람들은 국가 간의 차등을 명목상 인정하게 되었다. 관행화된 사대 조공은 이후 당과 신라가 활발히 교류할 수 있는 통로가 되었고, 신라가 사대를 포괄하는 예적 질서를 이해할 수 있는 밑바탕이 되었다. 이때 유교 문물에 대한 이해 정도의 심화는 지배자 집단에 한정된 것이고, 사대를 포괄하는 예적 질서는 지배자 집단의 국제적·보편적 문화 의식을 바탕으로 한 것이었다.

예적 질서란 상하대소의 예를 통한 조화와 질서를 의미하며 이를 위해서는 사대事大와 자소字小가 반드시 짝을 이루어야 했다. 사대와 자소가 서로 호응해야 사대는 외교 규범으로서 나름대로 의미를 가질 수 있었고, 이를 통해 당시로서는 이상적인 평화와 질서가 수립될 수 있었다. 이러한 평화 질서는 유교 지식인의 이상이었다. 그러나 개인 대 개인의 예적 관계는 형성될 수 있어도 집단 대 집단 또는 국가 대 국가의 예적 관계는 형성되기 어렵다. 집단 또는 국가는 자기 조직의 보호를 위한 이익을 최우선시하기 때문이다.

국가 이익과 힘 중심의 국제 관계 현실 속에서 사대를 규범화한 정치 세력이 자기 세계의 독자성을 망각한다면 그 순간 정치적 예속이나 종속으로 빠질 가능성은 매우 컸다. 사대에서 사대주의로 전락하는 것이다. 신라의 삼국 통일 이후 사대주의로 빠질 가능성도 없지 않았지만, 사대 조공은 나라를 지킬 수 있는 외교 방책으로서의 의미가 더 컸다.

한편 사대 조공은 근대 주권 국가 간의 평등이라는 관점에서 보았을 때 굴욕적인 것으로 오인되기 쉽지만, 역사 발전의 한 단계로 바라볼 필요가 있다. 근대 사회의 성립 이후 국제 관계는 주권 국가 사이의 관계로 규정된다. 이때 주권은 대외적으로 독립적이고 대내적으로 궁극적인 국가 권력을 의미하며, 주권 국가는 서로 형식적으로 평등하다. 이러한 상호 평등의 국제 규범은 사대라는 관념을 받아들일 수 없게 한다.

근대 주권 국가 간의 평등이 인간 간의 근원적 평등이라는 근대적 관점에서 출현한 것이라고 한다면, 전근대 동아시아에서 국가 간의 위상 차이를 인정하는 사대 조공은 신분 사회에서 인간 간의 신분 차이를 인정하는 관점에 연유하는 것으로 이해할 수 있다. 당시 개별 인간 간의 불평등을 인정하는 상황 속에서 인간 집단인 국가 간의 근원적 평등을 말할 수는 없는 것이다. 지금의 관점에서 보면 사대 관념은 국가 간의 차등 질서를 인정했다는 한계가 있지만, 그것은 시대적 한계라고도 할 수 있다. 국가 간의 차등 질서는 전근대 세계사 속에서 보편적으로 존재했다.

사대를 통한 예적 질서는 시대적 한계나 문제만을 갖는 것은 아니었다. 그것은 국가 간의 외교 통로를 안정적으로 구축해 평화를 유지시킬 수 있는 명분을 제시해 주었다. 쌍방의 예적 질서에 대한 공감이 명확해질 경우 장기간의 평화가 가능한 조건이 형성된다. 반대로 그 명분이 사라졌을 때는 전쟁의 명분이 발생하게 된다. 예를 들어 신하가 군주를 축출하는 등 질서가 무너지는 상황이 그러하다. 그러나 명분이 발생했다고 해서 필연적으로 전쟁으로 이어지는 것은 아니었다. 전쟁은 그것을 수행할 수 있는 의지와 역량, 목표의 존재 등이 함께 충족되어야 가능하기 때문이다.

사대 관념은 본래 오랜 전쟁의 폐해를 겪으면서 나타난 당대의 국제 평화 규범이지만 이상적인 관념으로서 현실과는 매우 거리가 있었듯이 현재 주권 국가 간의 상호 평등이라는 국제 규범도 현실과는 매우 동떨어진 것이다. 실제로 국가 간의 역량 차이는 존재할 수밖에 없고, 그 속에서 강대국과 약소국 사이에 힘의 관계가 성립된다. 원리상 주권 국가 위의 존재를 상정하고 있지 않기 때문에 근대 세계는 상호 규제를 각국 간의 조약으로 대신했지만, 그 조약에는 힘의 우열이 반영되었다.

힘의 우열이 가장 적나라하게 반영된 형태는 제국과 식민지 사이의 관계다. 이때 제국은 근대 이전의 여러 제국과 달리 주권 국가의 틀과 관련해 형성된 것이다. 형식적으로는 주권의 외연적 팽창인 동시에 식민지와 제국의 통합을 지향한 것이었다. 힘의 우열에 따른 관계의 형성은 끝없는 전쟁을 동반한 것이었고, 결국 그것은 세계대전으로 귀결되었다.

2차 세계대전 이후 국제연합의 창설은 그에 대한 반성 속에서 이루어졌다. 국제연합의 목적은 〈국제연합 헌장〉 제1조에 명시되어 있듯이 국제 평화 및 안전 유지다. 주권 국가가 적나라한 힘의 대결에서 벗어나 자신의 영토와 주권을 보전할 수 있는 규범이 만들어진 것이다. 그러나 힘의 우열은 현실적으로 인정되어 안전보장이사회의 상임이사국은 거부권을 갖는 특권이 용인되었다. 강대국에게 질서 유지의 책무를 맡기면서 특권도 함께 용인한 것이다. 이러한 국제 관계의 현실을 본다면 근대 각국 간의 상호 평등이라는 관념이 얼마나 현실과 괴리되기 쉬운지 잘 알 수 있다.

게다가 주권 국가의 영토와 주권이 보전될 수 있다는 규범은 현실 속에서 다시 도전받고 있다. 일부 강대국은 규범의 틀을 벗어나는 전쟁을 수행해 규범을 무력화시키고 있고, 약소국 내지 약소국민은 그에 대한 대응 수단으로 폭력을 선택하는 악순환이 나타나고 있다. 또한 지구의 기후·환경 문제 등에 대처하기 위해 각국의 개별적 주권 행사를 제한해야 할 필요성이 등장하면서 근대 주권의 규범 자체를 조정해야 하는 단계로 나아가고 있다.

고려 전기 다원적
국제 질서의 형성

후삼국의 통일과 고려 해동천하의 형성

9세기 말 10세기 초 동아시아는 대동란의 시기였다. 《삼국사기》 기록에 따르면 889년(진성여왕 3) 신라 국내의 여러 주군州郡에서 공물과 부세를 바치지 않자 중앙 정부에서 사신을 파견해 독촉했다고 한다. 이로 인해 곳곳에서 '도적'이라 불리는 일반 백성의 반란이 일어났다. 신라 국내의 기존 질서가 붕괴되는 순간이었다. 이후 각 지역의 정치 세력은 자립해 900년에 견훤이 후백제를 건국했고, 901년에 궁예가 왕을 자칭했다.

북쪽 발해에서도 각 지역에 대한 통제력이 약화되는 조짐이 나타나고 있었다. 886년 발해의 지배를 받고 있던 보로국과 흑수국 사람들이 신라와 통교하려 했는데, 이는 흑수 등 말갈족이 점차 이탈해 가는 모습을 보여 주는 것이었다.

중국 지역에서는 875년 중국 황하 하류 지역에서 왕선지王仙芝와 황소黃巢의 반란이 일어나 전국적인 반란으로 확대되었다. 황소의 난 이후 당唐 조정은 완전히 지방 정권으로 전락했다. 각 지역의 절도사가 장악하고 있던 번진藩鎭은 자립했다. 나중에 반란군의 우두머리 중 하나였던 주전충朱全忠이 907년 당 왕조를 멸망시키고 후량後梁을 건국함으로써 5대 10국 시대가 열렸다. 한반도에서 후고구려, 후백제, 신라가 서로 다투었듯이 중국의 여러 번진은 자립해 서로 다투었다.

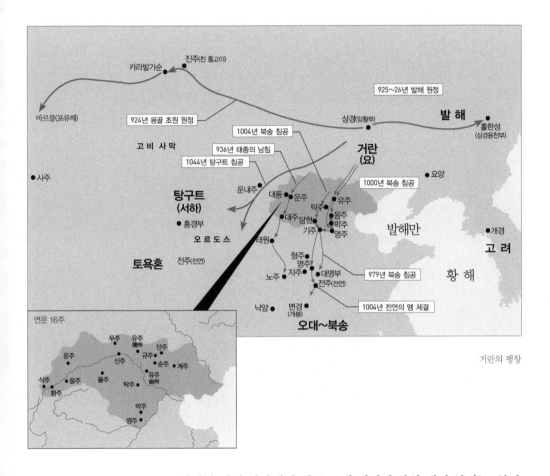

거란의 팽창

　　동아시아 여러 나라에서 기존 국내 질서의 약화 내지 붕괴는, 북방 민족이 자립해 강성해지는 배경이 되었다. 907년은 당 왕조가 멸망한 해이지만, 《요사遼史》〈본기本記〉에 따르면 북방 민족인 요의 태조가 황제에 즉위한 해이기도 하다. 황제에 즉위했다는 것은 정치적으로 자립했음을 명백히 보여 주는 것이다. 이후 요는 중국 내부 각 지역의 대립에 개입하면서 세력을 키워 갔다.

거란인 거란인이 말을 끌고 가는 모습을
그린 벽화. 내몽골 적봉시 출토.

절도사이던 석경당石敬瑭은 요 군사의 도움을 받아 후당을 멸망시키고 936년 후진後晉을 세웠다. 석경당은 도움을 받은 대가로 연운燕雲 16주의 땅을 제공하고, 요에 대해 신하로서의 의례를 취했으며 비단 30만 필을 세폐로 바쳤다. 이는 중국과 요의 관계가 역전되었음을 단적으로 드러내는 사례였다. 중국의 후진이 요에 사대했던 것이다.

936년은 한반도 지역에서도 큰 변화가 있었다. 고려 태조 왕건은 후백제를 멸해 후삼국을 통합했다. 935년에는 신라를 포용해 통합했고, 934년에는 발해국 세자 대광현大光顯이 이끄는 무리 수만 호를 받아들였다. 발해는 이미 926년 요의 기습 공격으로 멸망했는데, 고려는 그 유민을 대대적으로 포용했던 것이다.

고려의 발해 유민 포용은 요와 외교 문제가 될 수 있었다. 고려는 거기서 더 나아가 942년 요 사신을 섬으로 유배 보냈다. 거란이 발해와의 신의를 어기고 무도하게 공격해 멸망시켰다는 이유였는데, 이는 군사적 대결도 불사할 수 있다는 뜻이었다. 이는 멸망한 발해를 위해 복수하겠다는 의미라기보다는 고려를 중심으로 한 세계를 건설해 요의 위협을 막아 내겠다는 정치적 의지였다.

고려는 발해와 비교적 일정한 관계를 유지하면서 발해를 인척 국가로 여기고 있었다. 그런 발해의 멸망은 고려로서는 좋은 울타리가 사라진 것과 같은 의미였다. 고려는 다시 울타리를 재건해야 했으며, 그러기 위해서는 요에 결연한 의지를 보여 주어야 했다.

이러한 고려의 의도에 화답할 만한 세력은 여럿 있었다. 먼저 거란족에 적대감을 갖고 있는 발해 유민이 있었고, 그들과 연계된 북방의 여러 종족도 있었다. 고려와 북방 여러 종족의 연계는 이미 936년의

국내 상황	국외 상황
889년 신라의 지방 곳곳에서 농민 반란	875년 황소의 난
900년 견훤의 후백제 건국	907년 당 멸망, 후량 건국
901년 궁예의 후고구려 건국	923년 후량 멸망, 후당 건국
918년 태조 왕건의 고려 건국	936년 후당 멸망, 후진 건국
926년 거란의 침입으로 인한 발해 멸망	943년 거란 태종의 후진 공격
936년 후백제 멸망, 고려의 후삼국 통일	946년 후진 멸망, 후한 건국
938년 후진의 고조와 군사 협력 교섭	950년 후한 멸망, 후주 건국
942년 거란 사신 30명을 섬에	959년 후주 멸망
귀양 보내고 낙타는 만부교	960년 송 건국
아래에서 굶겨 죽임	984년 거란 성종의 여진 공략
993년 거란 소손녕의 1차 침입	985년 거란 협공을 위한
994년 송에 대한 군사 요청	송의 대고려 군사 원조 요구
1010년 거란 성종의 2차 침입	986년 거란에 대한 송 태종의
1018년 거란 소배압의 3차	대규모 공격 및 참패
침입과 귀주대첩	1003년 거란의 송에 대한 대규모 공격
1038년 고려와 거란의 화친	1004년 거란과 송의 평화조약
1044년 천리장성 완성	(전연의 맹약) 체결
1078년 고려와 송의 외교 재개	1038년 서하의 송 침입
	1044년 송과 서하의 화친조약 체결
	1070년 송의 서하 공격
	1092년 거란을 향한 서하의 구원 요청

통일 전쟁 시 북방 여러 종족의 군사 9500명을 동원하는 데서도 잘 드러나고 있다. 나아가 당시 여진의 내공來貢, 즉 조공 동향을 통해 태조 왕건의 요 규탄에 대한 화답 여부를 간접적으로 파악할 수 있다.

《요사》에 따르면 926년 발해 멸망 이후 여진은 거의 해마다 요에 내공했다. 926년에서 942년 사이 17년 동안 총 25회 내공했는데 이는 1년당 평균 1.47회에 해당한다. 그러나 945, 946, 952, 955년에 각각 1회씩 내공한 것을 제외하면 태조 왕건이 요를 규탄한 직후인 943년부터 970년대까지 내공한 사실이 전혀 나타나지 않는다. 이러한 사정은 시차를 두고 만주 내륙 지역에 있던 철리鐵利의 내공에도 반영되었다. 철리는 발해 멸망 이후 거란에 2~3년의 간격을 두고 내공했다. 926년에서 945년 사이 20년 동안 총 10회 내공해 1년당 평균 0.5회 내공한 셈이다. 그러나 그 뒤 철리의 내공은 951, 952, 953년의 진헌과 내공을 제외하면 990년대까지 전혀 나타나지 않았다. 즉, 여진과 철리의 거란에 대한 조공은 태조 왕건의 요 규탄 이후 급격히 축소되다가 결국에는 사라진 것이다.

고려 태조 왕건은 여진, 철리 등을 '북번北蕃', '번蕃' 등으로 불렀다. '번'이란 울타리를 의미하는 동시에 국제 관계에서는 자기 천하에 속한다고 여기는 신하격의 정치 사회를 가리킨다. 당시 고려 군주는 자신의 영향권 안에서 천자를 자처했다. 그것은 특정 시기를 제외하고 중기까지 이어졌다.

요컨대 울타리 재건 과정에서 고려 천자의 영향력 행사를 지향하는 천하의 윤곽이 형성되었던 것이다. 이는 매우 방어적 성격의 천하라고 할 수 있다. 그 천하의 윤곽은 과거 고구려, 발해의 영토였던 지역을 넘지 않았다. 요하를 경계로 동쪽 지역이었기에 요동이라고도 할 수 있지만 실제로는 해동이라는 명칭이 더 일반적이었다. 발해도 해동성국으로 불린 바 있듯이 역사적으로 요하 이동 지역이 해동이었기 때문이다. 더 나아가 고려 천자는 '해동천자'로 지칭되기도 했기 때문에 해동천하로 명명하는 것도 가능하다고 여겨진다.

한편 태조 왕건은 938년경 방문한 승려 말라襪羅를 통해 후진 고조와 비밀리에 거란에 대한 군사적 협력을 교섭한 바 있다. 비록 후진 고조의 소극적 자세로 실패했지만 거란을 상대로 연합 세력을 건설하려 한 태조 왕건의 정치적 의지가 비교적 높았음을 잘 알 수 있다.

후진의 고조는 태조 왕건의 연합 요청에 소극적이었지만, 942년 6월 고조의 죽음 이후 분위기가 바뀌었다. 후진은 7월에 요로 보낸 외교 문서에서 신하[臣] 칭호로서 사대하는 것을 거부하고 대신 손자[孫] 칭호를 사용했다. 이로 인해 요 태종은 후진을 공격할 뜻을 처음으로 가지게 되었다고 한다. 그런데 고려가 요 사신을 유배 보내 결연한 의지를 천명한 것이 같은 해 10월의 일이다. 이는 후진과 요의 분위기를 파악한 고려의 선제적 조치였다고 추측된다.

요 태종은 943년 12월 후진 정벌을 명령했다. 944년부터 교전했는데 이때 후진은 고려에 군사를 요청했다. 그러나 당시 고려는 943년 태조 왕건의 사망 이후 정치적으로 내분이 일어나 적극 대처하지 못했다. 게다가 요도 동쪽으로는 신경 쓰기 어려운 상황이었다. 요 태종은 946년에 후진을 멸망시키고 황하 이북 지역을 점령했지만 그 지배는 요의 역량을 넘어서는 것이었기에 곧 퇴각했다. 947년 거란 태종의 사망 이후 거란도 역시 내분에 휩싸이면서 982년 성종이 등장할 때까지 힘을 결집시키지 못했다.

거란과의 전쟁과 고려 해동천하의 전개

고려는 949년 광종의 즉위 후 북방 지역에 대한 영향력을 확보하기 위해 다시 노력했다. 그 성과는 정확히 알 수 없지만, 북쪽 지역에 성을 쌓는 등 근거지 확보에 힘쓴 점은 분명하다. 이때 요는 상대적으로 만주 지역에 관심을 기울이지 못했다. 그러면서 여진의 독자성이 이전에 비해 상대적으로 증대했다.

여진은 961년 송에 내조來朝, 즉 조공한 이래 963년까지 해마다 방문했다. 970년에는 발해 유민 국가인 정안국의 외교 문서를 함께 가지고 가기도 했다. 이후에도 여진의 조공은 지속되었다. 여진이 조공을 지속한 중요 이유로는 송으로 말을 수출해 경제적 이익을 얻을 수 있었다는 점을 들 수 있다. 반면에 여진은 973년 요의 변경을 침입했고, 976년에도 요 귀덕주의 동쪽 경계 지역을 침입했다.

여진의 독자성 증대는 고려와 요 양측 모두를 당혹스럽게 했다. 양국은 모두 여진을 자국의 영향권 안에 있는 존재로 여기고 있었기 때문이다. 특히 침입을 받은 당사자인 요는 여진을 송과 연계된 위협 세력으로 파악했다. 그 결과 요 성종은 984년 여진을 공략해 986년에는 포로 10여만 명과 말 20여만 필을 획득했다. 이는 여진 세력의 기반 자체를 무너뜨리려는 군사 행동이었다.

요는 여진의 배후에 있는 존재로 고려를 의심했다. 그래서 여진 공략 시점인 986년 요는 고려에 사신을 파견해 화친을 요청했다. 고려와 여진의 연합을 방지하고 고려를 중립화시키려는 방책이었던 것이다. 그러나 당시 요의 군사적 목표는 고려였다. 이미 요는 985년 고려 공격을 위한 군대를 요하 근처에 집결시킨 바 있었다. 요의 방책은 어느 정도 성공적이었다. 고려와 여진의 연계는 이미 약화되어 있었는데, 요는 그 틈을 잘 활용했던 것이다.

984년 고려의 형관어사 이겸의는 압록강변에서 성을 쌓다가 여진 군사의 공격을 받고 납치되었다. 당시 압록강변은 전략적 요충지였다. 여진이 송으로 조공 및 말 무역 하러 가는 길목이었고 고려가 만주와 소통하는 길목이어서 고려와 여진 모두 매우 중요한 이해를 갖고 있었다. 이 사건으로 고려는 여진을 크게 경계했다. 반면에 984년 시작된 요의 여진 공략 때 여진은 고려에 여러 번 구원 요청을 했지만 묵살당하자 고려와 요가 결탁했다고 믿었다. 그 결과 여진은 송에 의지했다. 송은 985년경 고려로 사신을 보내 이를 탐문했는데, 고려는 오히려 여진 군사의 습격 때문에 여진에 원한이 있음을 토로했다.

고려와 여진의 틈은 크게 벌어졌던 것이다. 결국 고려는 991년 압록강 밖의 여진을 쫓아내 백두산 밖에 거주하게 했다. 같은 해에 여진은 송에 요 정벌을 요청했으나 송이 응하지 않자 요에 조공하게 되었다. 이때를 전후해서 여진의 요에 대한 조공은 급증했다. 《요사》에 따르면 988년부터 1019년까지 총 23회의 조공 사실이 있어 연평균 0.72회 조공한 셈이다. 앞서 926년에서 942년 사이 연평균 조공 횟수인 1.47회에 비하면 절반에 불과하지만, 그 사이 시기(943~987)에 거의 없었던 것에 비하면 폭증했다고 할 수 있다. 철리도 요에 다시 조공하기 시작했다. 992년에서 1019년까지 총 13회 조공했던 것이다.

요의 여진 공격 성공 이후 동북아시아의 국제 정세는 요에 매우 유리한 상황이 되었다. 993년 소손녕蕭遜寧이 이끄는 요 군대의 고려 침입은 그런 사정을 배경으로 했다. 거란은 고려를 자기 영향력 아래에 두는 것을 목표로 했고, 그 연장선상에서 고려와 송의 연계도 끊고자 했다. 고려가 그에 형식상 응하자 강동 6주에 대한 관할권을 인정해

준 것도 요가 가진 자신감의 발로였을 것이다.

한편 송은 국내 통일의 의지를 강하게 표명하면서 요에 공세적 자세를 취했다. 979년 송 태종은 북한北漢을 평정해 국내를 통일한 뒤 그 여세를 몰아 직접 요의 연운 16주 지역을 공격했다. 그러나 고량하高粱河에서 크게 싸우다가 패했고 이후 986년 다시 대규모 정벌군을 일으켰지만 역시 참패했다.

송의 986년 정벌은 계획된 것이었다. 송은 여진 세력을 활용해 요의 배후를 위협했고, 985년 고려로 사신을 보내 군사 원조를 요구했다. 고려가 시간을 끌면서 따르지 않자, 신하된 자로서 따르지 않으면 군사를 보내 고려를 치겠다는 뜻을 내비치기까지 했다. 이에 고려는 형식상 따르지만 군사 행동을 보인 증거는 보이지 않는다. 이때 고려는 내치에 치중하던 상황이었다.

986년 요는 여진을 공격해 최대의 성과를 얻었으면서도 동시에 송 군대를 격퇴해 양쪽 모두 승리를 거두었다. 그 뒤 송은 소극적으로 변했다. 게다가 송은 서북쪽 지역의 탕구트족을 이끌던 이계천李繼遷의 공격을 받으면서 더욱 수세적이 되었다. 그래서 991년 여진이 군사를 요청해도 대응하지 않았던 것이다. 그 결과 여진은 송과의 관계를 완전히 끊고, 요에 대한 적대 행동을 그만두었다. 요는 자신감을 가질 만했던 것이다.

고려는 993년(성종 12) 요 소손녕 군대의 침입을 받고 강화 조건으로 강동 6주를 얻음과 동시에 외교 관계를 맺을 것을 약속했다. 그러나 이것이 임시 조치임은 양측이 모두 알고 있었을 것이다. 다음 해인 994년 고려는 송에 군사를 요청했지만 송은 응하지 않았다. 이후 고려는 정기적인 조공을 끊었지만, 송을 활용하는 것을 포기하지는 않았다. 1003년(목종 6) 고려는 송에 다시 사신을 파견해 국경에 군대를 주둔시켜 요를 견제해 줄 것을 요청했다. 이에 대해서는 송도 동의했다. 그러나 송은 그렇게 할 수밖에 없는 입장이기도 했다.

요는 1003년 이미 송을 공격하기 시작한 상황이었고 1004년에는 대대적인 공격을 감행했다. 요군은 황하 북변까지 도착해 송의 수도를 위협했다. 송은 적극 반격하면서도 화의를 제의해 상호 평화조약이 체결되었다. 이를 전연의 맹약이라 칭하는데 송은 매년 비단 20만 필, 은 10만 냥을 제공하기로 약속했다. 명목상으로는 세폐였으나 실질적으로는 공물의 성격을 가지는 것이었다.

결과적으로 11세기 초 동북아시아에서 송과 여진 모두 요의 힘을 인정한 상황이었다. 고려는 상대적으로 고립되어 있었던 것이다. 요는 1004년 송과의 맹약 이후 여유를 갖고 본격적으로 고려를 침략하기 시작했다. 1010년(현종 1) 요 성종은 강조康兆가 정변을 일으킨 뒤 임금을 죽인 것을 구실로 삼아 40만 대군을 동원해 직접 고려를 공격했다. 당시 동아시아에서 신하가 임금을 살해한 것은 정벌의 명분이 될 수 있었다. 강조는 서북면 도순검사로서 목종을 폐위시켰다가 나중에 살해하고 현종을 즉위시킨 뒤 정권을 장악했던 인물이다. 요의 침입에 따라 고려는 수도인 개경이 불타고 현종은 나주까지 피난 갔지만, 흥화진 등은 함락되지 않아 요의 장기적인 작전을 곤란하게 만들었을 뿐만 아니라 퇴각하는 요군에게 많은 피해를 주었다.

1010년의 전쟁은 이후 북방 정세에 의외의 영향을 끼쳤다. 요의 대대적인 공격에도 고려의 건재함을 본 30부 여진 세력은 1012년(현종

3)에 고려의 영향권 안으로 들어올 것을 원했다. 고려는 이를 허락했다. 1014년에는 더 북쪽에 있던 철리국마저 여진을 통해 찾아오기 시작했다. 그 전쟁은 여진 등 북방 세력에게 깊은 인상을 심어 주었고 이후 고려와 여진 세력의 협력이 재개되었다. 또한 이때 고려는 다시 송에 사신을 파견해 송과의 군사적 협력을 모색했다. 고려는 적극적으로 군사를 요청했지만 송은 전연의 맹약 체결 이후 매우 소극적으로 대응했다.

　요는 그 뒤에도 여러 차례 침략하다가 1018년에 10만 대군을 동원해 대규모 침략을 감행했다. 고려군은 강감찬姜邯贊의 지휘를 중심으로 요군을 괴멸시켰다. 이 패배로 거란의 위신은 매우 손상되었다. 그 후 여진, 철리 등의 요에 대한 조공 기록은 거의 나타나지 않았다. 《요사》에 따르면 1018년에서 1079년까지 여진의 요에 대한 조공은 총 2회에 그쳤다. 대신 여진의 고려에 대한 조공은 급증했다. 현종 대(1009~1031) 북방 제 종족·소국의 연평균 조공 횟수는 3.4회였고, 덕종 대(1031~1034)는 13.3회, 정종 대(1034~1046)는 7.3회, 문종 대(1046~1083)는 2.83회였다. 이런 경향은 12세기 초까지 지속된다. 고려를 중심으로 하는 해동천하가 본격적으로 전개되었던 것이다.

　고려 해동천하는 고려의 정치 행정 권력이 미치는 공간과, 그 너머로 고려의 영향력과 권위가 행사되는 공간이 겹쳐진 모양으로 구성되어 있었다. 고려의 정치 행정 권력이 미치는 공간은 천리장성의 관문이 있는 곳까지이며 천리장성은 기존에 고려의 국경선으로 여겨지던 곳이다. 장성 너머에는 여진족을 중심으로 여러 종족이 혼재해 있었고 그들은 여러 정치 사회를 형성하고 있었다. 그들은 정기적으로 고려에 조공해 오면서 고려와 교류했다. 그에 따라 고려에서는 그들을 동번東蕃과 서번西蕃으로 여겨 나눠 편제했다.

그들 정치 사회는 고려 해동천하의 중요 구성 부분으로 고려 천자의 권위와 영향력이 강하게 미치던 지역이었으며, 그 너머에 있던 철리국 등까지 고려에 조공해 오면서 고려 천자의 권위가 미치는 범위는 철리국까지 확장되었다. 한편 동쪽으로는 울릉도의 우산국于山國, 남쪽으로 제주도의 탐라국耽羅國 등이 고려 천자의 권위와 영향력이 강하게 미치는 곳으로 구성되었다. 따라서 고려 해동천하는 북방 대륙과 남방 해양을 아우르는, 시기에 따라 신축성 있는 공간으로 구성되었다.

해동천하는 고려 군주가 천자라는 존엄한 위치 속에서 가능한 것이었다. 고려 군주의 존엄한 위치는 팔관회와 같은 국가 행사에서 매년 확인되었고, 팔관회는 고려의 신민臣民과 동·서번 대표, 탐라 대표 등 해동천하의 구성원이 모두 참여하는 국가적 행사였다. 한편 고려 군주의 존엄한 위치는 요와의 대치라는 대외적 긴장 속에서 실질적 군주권의 확보를 수반했고, 그것은 고려 전기 정계에서 군주의 주도적 위치로 확인된다. 군주의 주도권을 바탕으로 고려 지배층 내 문벌 세력과 중소 지배층이 서로 균형을 이룸으로써 고려 해동천하가 정치적으로 안정을 유지할 수 있었다.

화친 관계 수립과 다원적 국제 질서 형성

고려는 1018년의 전쟁에서 요를 상대로 완승을 거두었는데도 1020년 사신을 파견해 신하국을 의미하는 번을 자칭하면서 관례대로 공물을 보내겠다고 요청했다. 요와 여러 차례 전쟁을 치르면서 고려의 백성은 이미 많은 어려움을 겪고 있었다. 특히 개경 이북 지역이 많이 피폐해졌다. 이러한 상황에서 전쟁을 지속하는 것은 무모했다. 결국 고려 정부는 변경의 환란을 막기 위해 의례적 차원에서 요에 사대 조공의 형식을 취했다. 이에 화답해 요도 1022년에 고려 국왕을 책봉했다. 요는 위신을 찾을 필요가 있었던 것이다. 그러나 요에게 그 이상의 것은 용인되지 않았다. 요는 고려가 북방 지역에 대해 획득한 영향력을 묵인할 수밖에 없었다.

외형상 양국은 타협해 평화를 회복한 것처럼 보였지만 실제 관계는 불안정했다. 1029년 발해 유민 대연림大延琳이 흥료국興遼國을 건국해 동북 여진인들과 함께 요에 대항하자 그 기회를 틈타 고려는 압록강 동쪽에 위치한 요의 성을 공격하기도 했다. 이후 1030년 흥료국이 망하면서 관계가 회복되어 전체적으로 상호 정기적인 사신 왕래가 이루어졌지만, 요는 고려 사신을 억류하거나 압록강에 다리를 건설하는 등 긴장 관계를 조성했다. 이에 고려는 시정을 요구했지만 요가 이를 거부하자 1032년(덕종 1) 요 사신의 입국을 거부했다. 상호 긴장이 고조되면서 1033년에는 요가 정주를 침입하기도 했다.

당시 양국의 불안정한 관계는 외교 문서에도 반영되어 나타나 있다. 1035년(정종 1) 요가 보낸 첩문을 보면 고려가 빈례賓禮, 즉 공식 외교 의례의 범위 밖에 있음이 표현되어 있다. 양국 간의 불안정한 관계는 양국 조정 모두에게 정치적 부담이 되었다. 1035년경에 요 흥종興宗이 백성의 곤란한 처지를 인식하고 이들의 부담 중 가장 무겁고 괴로운 것이 무엇인지 자문을 구하자, 한 신하는 고려 등과의 대립으로 인해 전쟁과 수비를 위한 부담이 무거워져 백성이 나날이 어려워 지고 있다고 상언하기도 했다.

고려도 여러 차례의 전쟁과 방어로 인해 상당한 지역과 백성이 피폐한 상태였다. 고려 백성의 여망은 화친이었고, 그것은 고려 정부 내에서도 화친론으로 제기되었다. 1031년 요가 고려의 요구를 거부한 직후 고려 정부 내에서는 외교를 단절하자는 의견과, 백성을 편안하게 하기 위해 외교를 지속하자는 의견이 대립했다. 처음에는 외교를 단절하자는 의견이 채택되어 요 사신의 입국을 거부했지만, 결국 1038년(정종 4) 양국 백성의 여망대로 화친이 성립되었다. 양국의 오랜 긴장과 대립은 화친 관계에 그대로 반영되었다. 고려는 요의 연호를 사용하고 요에 사대 조공하는 형식을 취했지만 상당히 형식적이고 명목적이었다.

조공하고 책봉을 받은 나라는 원리상 책봉한 나라의 대적국對敵國과 외교 관계를 가질 수 없었다. 그러나 고려는 1078년(문종 32) 요의 대적국인 송과 외교를 재개했다. 이에 따라 고려에는 송의 국신사國信使 일행이 내방했다. 국신사란 대등한 국가 간의 사신을 지칭하는 용어다. 송은 요에 사신을 파견할 때도 국신사란 칭호를 사용한 바 있었다. 그런 송과의 외교는 12세기 초까지 지속되었다.

고려와 송의 외교 재개는 송이 처한 국제적 상황과 밀접한 관련이 있었다. 송은 북쪽의 대적국인 요와 함께 서북쪽 지역에 또 하나의 강적을 두고 있었다. 이미 송은 10세기 말부터 탕구트족을 이끌던 이계천의 공격을 받고 어려움을 겪었는데, 요와 1004년 맹약을 체결한 뒤에는 탕구트족이 가장 큰 문제로 대두되었다. 이계천의 손자인 이원

대적국對敵國
대적국이란 의례상 대등한 위치에서 대적 관계에 놓인 국가를 지칭한다.

호李元昊가 서하를 건국하고 황제를 자칭하면서 1038년에 대대적으로 송을 침입했다.

　서하와 송의 전쟁은 7년 동안 진행되어 양측 모두 부담이 가중되었다. 이때 요는 양국의 전쟁을 활용하기 위해 1042년 송으로 사신을 파견해 송이 군대를 일으킨 연유 등을 탐문하면서 송을 압박했다. 송은 서하와 장기간 대립하고 있는 상황에서 요까지 상대하기에는 힘이 벅찼다. 송은 서하와 요의 연계를 와해시킬 목적으로 거란에 세폐로 비단 10만 필, 은 10만 냥을 증액시켜 주는 대신 서하에 종전을 강하게 요구해 줄 것을 요청했다. 요는 이를 수락하고 1043년 서하로 사신을 파견해 송과의 전쟁 중지를 요구했다. 같은 해에 서하는 요에 외교 문서를 보내 송을 정벌할 것을 요청했으나 거절당했다.

　외교적 고립을 깨달은 서하는 1044년 송과 화친조약을 체결했다. 조약 내용은 서하가 송에 대해 신하의 예를 취하는 대신 송은 은 5만 냥, 비단 13만 필, 차 2만 근을 세폐로 지급하고 국경에서 무역할 수 있게 허용한다는 것이었다. 이때 서하는 요에 불만을 가지게 되었으며 마침 같은 해 요의 국경 부근에서 부족의 귀속을 둘러싸고 분쟁이 발생해 요와 틈이 벌어지게 되었다. 그 결과 요 흥종은 1049년 직접 서하를 정벌해 이원호의 처 등을 사로잡았다. 그 후로도 요와 서하는 여러 차례 전쟁을 벌였고, 1050년 서하는 과거처럼 신하로 칭하게 해 줄 것을 요청했다. 마침내 1053년 서하는 항표降表, 즉 신하로서 항복한다는 외교 문서를 올리고, 1054년에는 맹세의 외교 문서도 올렸다. 서하와 거란의 관계가 다시 복원되었던 것이다.

　송의 신종神宗은 1067년에 즉위한 뒤 서하와 요를 제압하려 했다.

이를 위해 먼저 서하를 제압한 이후 요로부터 연운 16주를 되찾으려는 전략을 취했다. 송은 1070년 서하를 공격했고, 그 후 상호 공방전이 지속되었다. 송은 전쟁이 지속되는 상황에서 자국에 우호적인 국가가 절실했다. 그 대상이 바로 고려였던 것이다. 반대로 1092년 서하는 송의 침입에 대응해 요에 구원 요청을 했고, 요는 1098년 구원에 응했다. 요는 같은 해에 송으로 사신을 파견해 서하와 화친할 것을 종용했다.

한편 일본은 동아시아 세계의 외곽에 있으면서 다른 여러 나라에게 주목의 대상이 되지 못했다. 외교적 대상이 될 가능성은 있었지만 일본 자체가 고립을 선택했고, 그 바탕에는 자기 세계에 대한 자족적 인식이 있었다. 그러나 고려, 송 등과 경제적 교류는 있었다. 때로는 일본 상인이 팔관회에 참여해 해동천하의 구성원이 되기도 했다.

요컨대 당시 요, 송, 서하는 서로 큰 전쟁을 여러 차례 치른 끝에 화친 관계를 맺었으며, 고려는 상대적으로 큰 전쟁터의 밖에 위치해 있었다. 동아시아 여러 나라들은 자신의 천하를 가진 다원적 국제 환경에 있었으며 상호 역관계와 타협에 의해 국가 간의 질서가 연동되면서 형성되었다. 따라서 당시 동아시아는 다원적인 국제 질서의 성격을 가지고 있었으며 언제든지 변화 가능한 불안정성도 있었다. 요와 송 사이의 대립과 화친을 중심축으로 해서 고려와 서하는 각각 시기별로 다양한 외교 관계를 맺었던 것이다. 힘의 관계 속에서 형성된 국제 질서와 규범은 새로운 세력이 등장했을 경우 변화될 수밖에 없었다. 그 새로운 세력은 여진 세력이었다.

고려 중기 다원적 국제 질서의 재조정

여진 문제의 등장과 여진 정벌

요와의 1018년 전쟁 이후 30부 여진 세력 등 다수의 북방 종족은 고려의 영향력에 포함되었다. 고려는 그들을 고려의 번, 즉 신하격의 울타리로 삼아 동·서번으로 편제했다. 울타리가 사라질 경우 고려는 외부의 위험에 즉각적으로 노출되기 때문에 울타리 유지는 매우 중요한 문제였다. 뿐만 아니라 번은 천자국으로서의 체제를 보여 주는 것이기 때문에 그 유지는 고려 정부 안에서 매우 중대한 문제로 인식되었다. 이를 위해 고려는 변경의 여진족 등을 호적에 등록시켜 관리하고, 그 수장의 조공을 수용하고 관직을 내리는 등 여러 조치를 취해 갔다.

고려의 여진 등에 대한 영향력 확대는 여진 지배의 제도·체제화로 이어졌다. 여진 지배의 제도화는 고려 변경 지역에 설치된 기미주 등을 통해 이루어졌다. 이는 고려에 대한 여진의 예속화와 그 반발로서의 독립 세력화를 초래해 지배 체제 자체의 강화와 해체가 지역별로 진행되었다. 여진의 독립 세력화 경향은 고려의 변경 지역과 원외遠外 지역 양쪽에서 벌어졌다. 고려 정부는 이러한 여진의 독립 세력화 움직임을 심각한 문제로 받아들였다. 여진의 독립 세력화 경향은 침략으로 이어질 수 있었기 때문이다.

변경 지역의 독립 세력화 경향은 번적蕃賊의 출현에서 잘 드러났다. 번적이란 동·서번으로 편제된 지역에서 출현한 적대 세력으로서 소규모로 고려를 침입해 약탈 행위를 하는 집단이었다. 그들의 침입 경로는 주로 바다였다. 11세기 중엽을 지나면서 번적은 북쪽 변경 지대로 침입하기 시작했다. 그에 따라 1056년(문종 10)에는 여러 차례에 걸친 동번적東蕃賊의 변경 침입을 명분으로 삼아 고려는 동번 토벌을 단행했다.

변경 지역에 출현한 적대 세력은 고려가 평상시에 통제할 수 있는 정도였다. 그러나 1073년 이후 변경에서 나타나는 변화의 조짐은 그 이상을 요구했다. 1073년부터 장성 이북의 동북 해안을 따라 700리에 걸쳐 여러 번蕃이 고려의 직접적 세력권 안에 들어올 것을 요청했고, 과거에는 멀어서 조공한 일조차 없던 지역마저 찾아와 고려의 주현이 되기를 요청했다.

이는 만주 송화강 유역의 완옌부完顔部 여진이 만주 동부 지역의 세력을 통합해 두만강 유역까지 세력을 뻗치면서 생겨난 일로, 고려의 영향력에 있던 여러 번은 완옌부에 통합되는 것을 꺼려 고려에 '귀순歸順'한 것이었다. 이에 따라 지금의 함경도에 해당하는 동번 지역에서는 세력권 다툼이 발생했으며, 1080년 고려는 '동번의 난亂'을 명분 삼아 보병과 기병 3만을 동원해 동번 지역을 정벌했다. 이러한 고려의 군사적 개입으로 동번 지역의 질서는 당분간 안정되었다.

그러나 완옌부 여진 세력은 계속 성장해 1101년(숙종 6) 고려 정부는 여진 세력의 강성함에 따른 위험성을 공식적으로 천명했고, 마침내 1104년 완옌부 여진 세력과의 직접적인 충돌이 발생했다. 11세기 후반 이후부터 진행되어 온 여진 문제가 12세기에 들어오자마자 크게 폭발한 것이다.

〈척경입비도拓境立碑圖〉 《북관유적도첩》에 있는 그림으로 1107년(예종 2) 윤관과 오연총이 동북방 지역의 여진족을 정벌한 뒤 9성을 쌓고 선춘령에 "고려지경高麗之境" 비를 세운 일을 기록한 것이다. 그러나 선춘령의 위치에 대해서는 논란이 있다.

1104년의 충돌은 동번 지역에 살던 여진인 1753명이 고려에 들어올 것을 요청한 데서 시작되었다. 이들을 좇아온 완옌부 기병이 정주관定州關 밖에 주둔하면서 위협하자 고려는 군사를 보내 격퇴하려 했다. 그러나 오히려 패배해 여진과 '비사강화卑辭講和', 즉 자신을 낮춰 겸손한 말로 화친을 맺었다. 이는 고려인에게 '국치國恥'였다. 고려는 국초 이래로 천자의 나라로 자임하며 여진을 그 예하의 존재로 여기고 있었기 때문에 비사강화는 고려에게 위신을 크게 잃는 일이었다.

국가적 위신을 잃는다는 것은 국내외에 걸쳐 위험한 상황을 초래했다. 국내 정치권에서는 군주권의 위신에 손상이 가서 주도권을 상실할 수 있었고, 국외로는 북방에 대한 영향력을 잃어 고려의 존립에 위험이 될 수 있었다. 이 때문에 정치권에서는 '국치'의 해소를 위해 정벌군을 조직해 과거의 영향력과 권위를 모두 되찾는 것이 중요한 과제로 떠올랐다.

이를 주도적으로 추진한 인물은 윤관尹瓘, 오연총吳延寵 등이었는데, 이들은 군주권의 위신을 매우 중시하는 국왕의 측근 세력이었다. 이들의 주도로 별무반으로 구성된 대대적인 정벌군이 조직되었다. 기록상 정벌에 동원된 정규군만 총 17만여 명으로 이는 당시 고려의 국력을 고려했을 때 최대치에 가까웠다.

정벌은 1107년(예종 2)에 단행되었다. 개전의 명분은 '국치를 씻는 것'이었고, 목표는 동번 지역을 회복하면서 성을 쌓아 변경의 군현으로 삼는 것이었다. 이는 과거의 여진 지배 체제에서 한 걸음 더 나아간 것이자, 1073년 동번 여진이 군현으로 삼아 달라고 요청했던 사항을 수용한 것이었다. 고려의 동북 지역에 9성을 설치함으로써 목표는

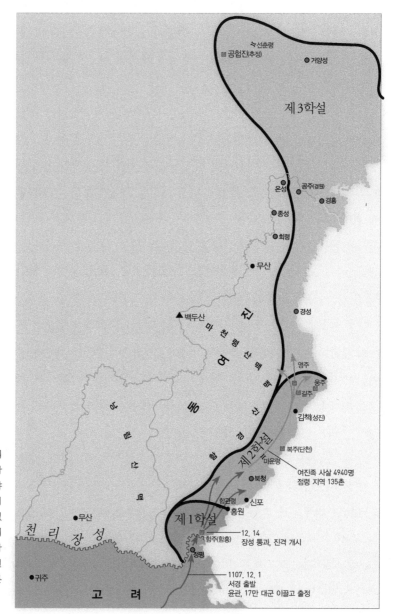

동북9성 위치 학설 동북9성의
위치에 대해서는 크게 3가지 학
설이 있다. 제1학설인 함흥평야
일대로 보는 학설은 일제강점기
일본인 학자들에 의해 제기되었
는데 연구자들에게 거의 수용되
지 않고 있다. 현재 대체로 제2학
설인 길주 이남설과 제3학설인
두만강 이북설이 주요하게 거론
되고 있다.

지도 내 표기:

녹선춘령
공험진(추정)
거양성

제3학설

온성
공주(경원)
종성
경흥
회령
무산

백두산
마천령산맥
여진

경성

명주
길주
웅주
김책(성진)

제2학설
복주(단천)
마운령
여진족 사살 4940명
점령 지역 135촌

북청
신포
함관령
흥원
제1학설

무산

천리 장성
함흥(함흥)
정평
귀주

12. 14
장성 통과, 진격 개시

1107. 12. 1
서경 출발
윤관, 17만 대군 이끌고 출정

고 려

달성되는 듯싶었다. 그러나 완옌부 여진 세력, 특히 나중에 금 태조가 되는 아쿠타阿骨打는 여진 내부에서 반대가 있었는데도 불구하고 여진의 통합을 위해서는 고려와의 전쟁에서 물러설 수 없다고 여기고 전쟁을 주도했다.

고려와 여진 세력 간의 전쟁은 장기전이 되어 갔다. 전사자가 속출했으며 백성의 생활 또한 피폐해졌다. 결국 전쟁의 지속을 두고 고려 정부 내에서 논란이 벌어졌으며 백성을 휴식시키자는 '식민론息民論'이 세력을 얻어 갔다. 이러한 상황에서 개전한 지 3년째 되던 1109년에 완옌부의 사자가 도착해 고려를 '큰 나라[大邦]'라고 부르면서 9성 지역을 돌려준다면 계속 조공할 것과 절대 침입하지 않을 것을 맹세했다. 이에 고려는 국위를 떨친 데다 국치도 해소되었다고 판단하고서 결국 9성 지역을 돌려주었다.

이후 여진은 금을 건국한 뒤에도 맹세한 대로 고려의 영토를 침범하지 않았다. 이는 1107년 전쟁의 가장 큰 성과라고 할 수 있다. 물론 여진이 침범하지 않은 까닭은 여진이 고려와의 전쟁에서 입은 피해와 그에 따른 맹세 때문만은 아니었다. 그 이면에는 고려와 금의 교섭 과정이 중요한 몫을 차지하고 있었다.

화친 관계와 다원적 국제 질서의 재조정

1114년 아쿠타가 혼동강混同江의 동쪽 영강주寧江州에서 2500명으로 처음 군사를 일으켰을 때 그 명분은 요의 무리한 요구에 대한 '문죄問罪', 즉 죄를 묻는 것이었다. 1114년 말 여진군은 여러 차례 전투에서 승리하면서 처음으로 1만 명을 넘게 되었다. 《금사金史》〈본기本

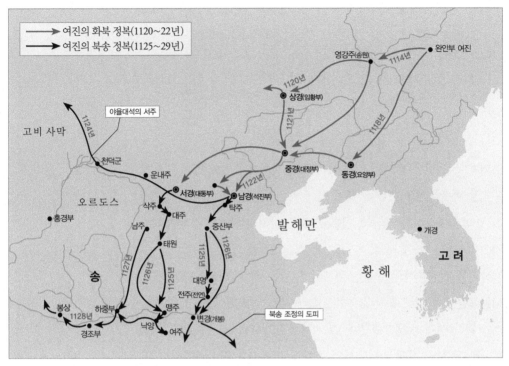

여진의 팽창

紀)에 따르면 당시 요는 여진인 1만 명이 넘으면 적으로 상대하기 어렵다고 늘 말했다고 한다.

1115년 아쿠타는 금을 건국하고 황제에 즉위하면서 연호를 수국收國이라 했다. 같은 해 8월 요는 고려에 사신을 보내 여진을 치기 위한 원병을 요청했다. 고려에서는 재상, 시신, 도병마판관 및 각위의 대장 이상을 불러 그 대책을 토의했는데 모두 출병하는 것이 좋다고 답했으나 김부일, 김부식, 한충, 민수, 척준경 등은 출병을 반대했다. 1107

국내 상황	국외 상황
1107년 윤관의 여진 정벌	1114년 여진 아쿠타의 거란 공격 시작
1117년 금의 화친 요구	1115년 여진의 금 건국
1126년 금과의 화친 결정	1125년 여진에 의한 거란(요) 멸망
	1127년 여진에 의한 북송 멸망

년의 여진 정벌 이후 겨우 휴식을 취하는 상황에서 출병에 따른 이해관계를 예측하기 어렵다는 점이 반대 이유였다. 결국 의론이 일치하지 못해 출병하지 않았지만, 이를 통해 당시 고려 정계의 대세가 북방 지역의 세력 변화에 적극 개입하자는 것이었음을 잘 알 수 있다.

상황은 김부일 등이 언급한 대로였다. 같은 해인 1115년 말 금의 군대는 2만 명에 달해 요가 호언한 70만 군대를 격파했다. 이 전쟁의 승리로 금의 세력은 확고해졌다. 그 여세를 몰아 1117년 3월 금은 고려에 국서를 보내 형제 관계로서의 화친을 요구했다. 금이 형의 위상을 갖고 고려가 아우의 위상을 갖는다는 것이었다. 이는 고려 정계의 분노를 불러일으켰다. 대신들은 가당치 않음을 극언했고 어떤 자는 금의 사신을 죽이고 싶어 했다. 그 국서에서 고려를 과거 '부모의 나라'로 인정하면서도 형이라고 자칭한 표현이 고려 정부의 분노를 샀던 것이다. 홀로 화친을 주장한 김부일은 재추 대신들에게 비웃음당하고 배척당했다. 이는 당시 고려의 여진 인식을 잘 보여 주는 사건이었다.

1117~1119년은 당시 동북아 국제 질서의 분기점이라고 할 수 있는 시기였다. 고려는 금의 화친 요구에 냉담했지만 송은 달랐다. 송은 금이 세력을 떨친다는 소식을 듣고 연운 16주를 얻을 기회로 파악하고

1117년 12월 금에게 협공을 제의했다. 송이 금과 함께 요를 협공하려한 것은 금이 세력을 떨치기 이전부터 준비했던 것으로 보인다. 이미 1116년에 송 휘종徽宗은 고려 사신인 이자량李資諒에게 다음에 사신으로 올 때는 여진 사신을 데려올 것을 요청한 적이 있었다. 이자량은 여진이 매우 다루기 어렵다는 점을 들어 교통하지 말 것을 충고했지만, 송은 이를 따르지 않았다.

금이 자국 주도의 동북아 정세 수준을 어느 정도로 구상했는지는 명확하지 않지만, 송의 협공 제의는 안정되어 가던 동북아 질서에 틈을 만들어 놓았다. 금은 처음에는 요에게 화친의 뜻으로 책봉을 받고자 했다. 1117년 금은 요에게 '대성대명황제大聖大明皇帝'로 책봉해 줄 것, 대금大金을 국호로 칭해 줄 것, 동생의 위상으로서 형에게 통문通問할 것, 요동·장춘 지역을 영토로 인정해 줄 것, 세폐를 사여賜與할 것 등을 요구했다. 이에 당시 요의 실력자이던 소봉선蕭奉先은 앞으로 환란이 없을 것으로 여기고 매우 기뻐했다고 한다. 그러나 이는 안이한 인식이었다.

금은 1118년 1월 송으로 사신을 보내 "송이 협공에 참가했을 시, 원하는 땅은 먼저 취한 쪽이 소유한다"는 의사를 전달했다. 금이 송과의 군사적 협력을 고려하기 시작한 것이다. 같은 해 2월 화친을 의논하러 금을 방문한 요의 사신에게 금 태조는 태도를 바꾸어 무리한 요구를 했다. 요 상경, 중경, 흥중부 지역 주현의 영토와, 종친 인질 등을 더 요구한 것이다. 그러다가 7월에는 태도를 누그러뜨려 상경, 흥중부 지역 주현, 인질 요구 및 세폐 등을 감면해 주는 대신 중국식 의례로 금을 형의 나라로 섬기라고 요구했다.

요는 금의 요구에 따를 생각이 없었다. 요의 책례 사신은 1119년 6월 금에 도착해 금 태조를 동회국지성지명황제東懷國至聖至明皇帝로 책봉했다. 이에 금 태조는 크게 분노했다. 동회국은 작은 나라[小邦]라는 의미를 가지고 있었으며, 책문에서 '형으로 섬긴다'는 표현은 물론이고 '대금大金' 국호도 없었기 때문이다. 게다가 금이 요구한 휘호였던 대성대명大聖大明도 지성지명至聖至明으로 바뀌었다. '대성'은 요 천조제의 선조가 사용한 바 있어 꺼리던 글자였기 때문이다.

이러한 갈등 상황에서 양국의 사신이 왕래하다가 요는 화친의 기회를 놓치게 된다. 요의 책례사가 오기 직전인 1119년 5월 금은 과거 요 영토에 있던 여진 출신의 호구 문제를 처리하고 있었다. 이는 요와의 화친 논의를 대비하는 의미였다. 그러나 1119년 6월 이후 금의 자세는 크게 바뀌었다. 당시 금은 송으로 사신을 파견해 본격적으로 송과의 협력을 논의했다. 고려도 이러한 정세를 파악하고 있었는지는 명확하지 않지만, 같은 해 11월부터 동북쪽 장성을 3척씩 증축하는 등 방어 태세를 강화했다. 이에 대해 금도 경계 태세 강화를 국경 지역에 명령하면서 다음 해인 1120년 2월 요에 사신을 보내 고려에 원병을 요청한 점을 질책했다.

한편 같은 달에 송으로 갔던 금 사신은 송의 사신을 대동하고 귀환해서 요의 연경 및 서경 땅에 대해 의논했다. 금과 송의 군사 협력이 합의된 것이다. 결국 1120년 3월 금은 요와의 화친이 성립되지 않았다고 선언했고, 이어 4월 25일 함주로도통사에게 군대의 진격을 명령했다. 그리고 5월에는 금 태조가 직접 요의 상경을 공격했다. 이로써 동북아시아는 격변에 휩싸였다.

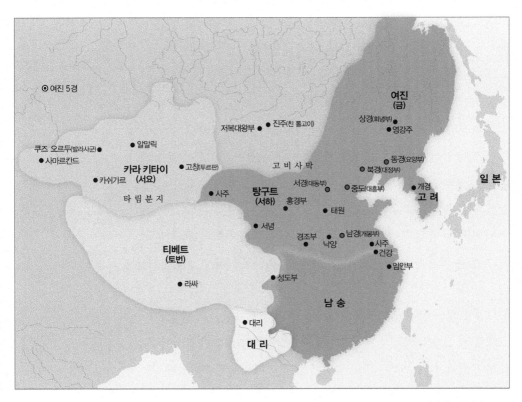

여진 제국의 발전(12세기)

전쟁이 시작된 지 5년째인 1125년 요 천조제가 생포되면서 요는 멸
망했다. 뒤를 이어 1126년에는 송의 휘종과 흠종이 모두 금에 생포되
면서 송 정권도 붕괴되었다. 요와 송의 멸망은 주변 여러 나라에 큰
충격을 주었다. 요와의 전쟁을 통해 자신감을 가진 금은 1125년 고려
가 금에 보낸 국서가 표문 형식이 아니고 신(臣)이라는 말을 쓰지 않았
다는 이유로 반려했다. 이에 고려는 1126년(인종 4) 금에게 신하로 칭

하며 사대하기로 결정하고 표문을 작성했다. 신하로 칭하기로 결정한 배경은 바로 요와 송의 멸망이었다.

금도 고려의 이러한 결정이 의외라고 생각했던 것으로 보인다. 금은 회답 조서에서 "무력으로 위협하거나 보물로 꾀인 것도 아닌데 이렇게 자진해서 오니 좋은 일이 아닌가"라고 표현했고, 1127년 금으로부터 고려 사신이 가져온 조서에서 "경은 내 사신이 가기 전에 부속附屬되기를 원했다"라고 표현했던 데서 그런 점을 잘 알 수 있다. 고려는 국제 상황의 추이를 지켜보다 선제적으로 칭신 사대를 결정했던 것이다. 이는 금의 우려를 덜어 주어 이후 지속적인 평화의 초석이 되었다. 금은 과거 윤관의 여진 정벌에 따른 고려와의 1107년 전쟁에 대한 기억을 가지고 있어 고려를 쉽게 볼 수 없었다.

표면상 칭신 사대였지만 고려에서는 화친으로 표현했고 실제로도 그러했다. 금과의 외교 관계 전반은 모두 이전 요와의 화친 격식에 준해서 성립되었다. 그것은 금이 멸망할 때까지 대체로 준수되었다. 그러나 칭신 사대 자체에 대한 고려 내부의 진통이 없을 수 없었다. 이 때부터 10년 전인 1117년에 금의 화친 요구에 대해 분노하던 고려 정계의 분위기가 갑자기 바뀔 수는 없었다.

권력이 안정적으로 유지되기를 원하던 이자겸은 1126년 반대론을 억누르고 사대 화친을 주도했다. 이자겸의 몰락 이후에도 사대 화친을 주도한 김부식 등이 역시 반대론을 억누르면서 권력을 주도했다. 이후 무신이 정권을 차지하면서 무신 중심의 권력 구조가 지속되어 군주는 무력화되었다. 군주의 무력화에 상응해 고려 천자 및 천하의 관념화도 함께 진행되었다. 이는 금의 건국 이후 고려가 동·서번을 상실하면서 나타난 결과였다.

화친을 주도한 신하의 존재와 천하의 관념화 현상은 남송에서도 공통적으로 나타났다. 금과의 화친을 주장한 진회秦檜가 권력을 주도했고 남송 내부에서도 정치적 진통이 격렬했다. 특히 남송이 금에게 칭신 사대하면서 오랑캐라고 멸시하던 여진에게 신하로 자칭해야 하는 상황이 되면서 정치적 갈등은 더욱 심화되었다. 그런 과정 속에서도 동아시아 지역은 안정되어 갔다. 고려와 남송의 칭신 사대에 따라 상대적으로 금의 우위가 인정되면서 안정된 국제 질서가 형성되었던 것이다. 이후에 남송은 금과 재협상의 기회를 얻어 형식상 대등한 관계를 회복했고, 비교적 안정된 국제 질서는 몽골 세력이 등장할 때까지 이어졌다.

고려 후기 몽골 제국 중심의 패권 질서 형성 및 해체

몽골과의 전쟁과 화친 관계 수립

13세기 초 몽골 세력이 등장하면서부터 유라시아 대륙에 이전과는 매우 다른 세계가 만들어졌다. 대륙의 유일 패권 세력이 등장한 것이다. 여기서 패권이란 군사력으로 세계를 주도해 다른 어떤 국가도 이에 도전하기 어려운 상태를 말한다. 몽골 세력의 등장에 따른 세계사적 변동이 이루어진 것이다. 이에 따라 오랫동안 유지되어 온 동아시

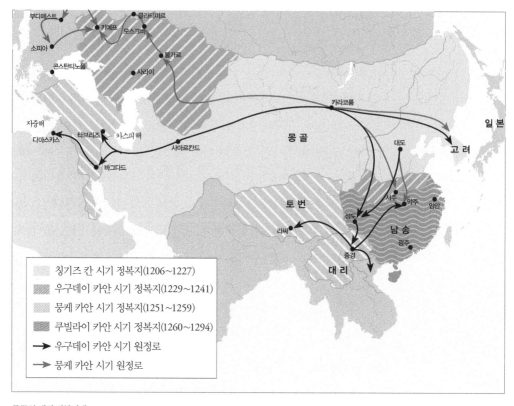

몽골의 대외 정복전쟁

아의 다원적인 국제 질서는 해체되고 몽골 세력 중심의 패권 질서가
형성되었다.

　1206년 몽골 고원에서 테무친(칭기즈 칸)은 대칸으로 추대되어 몽골
의 힘을 결집시켰다. 몽골의 칭기즈 칸은 결집된 힘을 바탕으로 동서
양방으로 공략 활동을 활발히 추진했다. 동쪽으로는 서하와 금을 공
격했고, 서쪽으로는 서요西遼와 호라즘Khorezm을 공격했다.

이에 따라 서하는 1210년 몽골의 신속국臣屬國, 즉 신하로서 복속한 국가가 되어 인질과 공물을 바치고 원병 제공을 약속했다. 이어 1211년 몽골은 금을 공격했고, 금이 공물과 공주를 바치면서 항복하자 1214년 철군했다. 그 뒤 금이 수도를 중도中都(베이징)에서 먼 남쪽인 변경汴京(카이펑)으로 옮겼는데 몽골의 공격권으로부터 벗어나고자 하는 의도가 있었다. 몽골은 이를 항복하지 않겠다는 의지로 읽고서 1215년부터 다시 공격해 황하 이북 지역을 장악했다.

이어서 1216년 중앙아시아 지역에 있던 서요를 공격해 1218년 멸망시키고 감독관인 다루가치를 두었다. 1219년에는 칭기즈 칸이 직접 이끄는 호라즘 원정이 시작되었다. 호라즘은 지금의 이란, 투르크메니스탄, 우즈베키스탄과 아프가니스탄 일부 지역에 걸친 서방의 대국이었다. 결국 호라즘의 술탄 무함마드는 1220년 말 몽골군에게 쫓기다가 카스피 해의 작은 섬에서 숨을 거두었다.

이 격변의 시기에 고려와 몽골의 첫 대면이 이루어졌다. 몽골은 1218년(고종 5) 거란족 토벌을 구실로 고려에 진입했다. 당시 몽골은 중국 북부와 서부 지역에서 강력한 영향력을 확보한 상태였다. 거란족은 요의 멸망 이후 금의 지배하에 포섭되면서 몽골 등 북방 종족 통제의 역할을 간접적으로 수행했다. 이후 몽골 세력의 발흥에 따라 금이 혼란에 빠지고, 그 와중에 거란족이 반란을 일으켜 일부 세력이 고려로 들어왔던 것이다. 몽골은 그 거란족을 추격해 오면서 처음으로 고려와 접촉했다. 고려는 거란족 난입을 독자적으로 해결하려 했고, 실제로도 거의 그렇게 했다.

거란족을 토벌한 뒤에 고려는 1219년 몽골과 형제맹약과 함께 화친

이란 지역을 공격하고 있는 몽골군

을 맺었다. 금과의 외교는 1214년 금의 천도 이후 불통 상태였으나 1219년 다시 금에 사신을 파견해 외교를 재개했다. 몽골을 견제하려는 의도였을 것이다. 그 후 몽골은 고려에 무리한 공물을 요구하기 시작했다. 예를 들어 1221년 고려를 방문한 몽골 사신은 수달피 1만 장, 가는 명주 3000필, 가는 모시 2000필, 종이 10만 장 등을 요구했다. 게다가 1225년 공물을 가지고 귀국하던 몽골 사신이 피살되는 사건이 일어나면서 고려와 몽골의 국교는 끊어졌다. 그리고 1231년 몽골의 침입이 시작되었다.

이 시기는 당시 동아시아에서 매우 중요한 변화의 시점이었다. 1227년에는 서하가 몽골에게 멸망당했고, 1234년에는 금마저 멸망당

● 고려 후기 동아시아 중요 사건 연표

국내 상황	국외 상황
1218년 몽골 군사와 함께 거란족 토벌	1211년 몽골의 금 공격 시작
1219년 몽골과 형제맹약 체결	1216년 몽골의 서요 공격
1231년 몽골의 침입	1218년 서요 멸망
1259년 태자 왕전의 몽골 입조	1219년 칭기스 칸의 호레즘 원정 시작
1260년 몽골과 화친	1227년 몽골에 의한 서하 멸망
1264년 국왕 원종의 몽골 친조	1234년 몽골에 의한 금 멸망
1274년 고려 몽골 연합군의	1271년 몽골의 중국식 국호 '대원大元' 반포
1차 일본 원정 실패	1279년 몽골에 의한 남송 멸망
1281년 2차 일본 원정 실패	1302년 요양행성의 고려 정동행성
1312년 홍중희에 의한 고려의	통합 요청 및 실패
원 내지화 요청 및 실패	1368년 몽골의 원 멸망, 명 건국
1323년 유청신, 오잠 등에 의한	
고려의 원 내지화 요청 및 실패	
1339년 원의 충혜왕 1차 압송	
1343년 이운, 조익청, 기철 등에 의한	
고려의 원 내지화 요청,	
원의 충혜왕 2차 압송	
1347년 정치도감 설치 및 개혁 실시	
1356년 공민왕의 반원 개혁(기철 세력	
제거, 원 연호와 관제 폐지 및	
쌍성총관부 지역 회복)	
1359년 홍건적의 침입	
1369년 명 사신의 고려 도착 및	
외교 관계 형성	
1370년 이성계의 압록강 너머 동녕부	
공격, 요성 공격 후 함락	
1371년 압록강 너머 오로산성 정벌	
1392년 고려 멸망, 조선 건국	

쿠빌라이 카안의 행차도 쿠빌라이 카안의 행차도 세부도. 과거 역사학계에서는 1260년경 쿠빌라이와 아릭 부케 사이의 제위 계승 분쟁 이후 중국의 원과 함께 4개의 지역 정권, 즉 킵차크 칸국, 우구데이 칸국, 일 칸국, 차가타이 칸국으로 나뉘었다고 이해했다. 그러나 쿠빌라이는 동생 아릭 부케와의 계승 분쟁에서 승리하고서 칸과 구별되는 카안의 자리에 올라 제국 전체의 군주로서 그의 지위를 당시 다른 울루스의 수장들 대다수에게 인정받았다. '울루스'란 말은 원래 '사람' '백성'을 뜻하지만, '부족' '나라'와 같은 뜻으로도 쓰였다. 따라서 몽골 제국이 울루스들의 연합체라는 구성적 원리는 쿠빌라이 이후에도 지속되었다. 그리고 쿠빌라이와 그의 후계자들이 직접 통치하던 몽골초원, 중국, 티베트 지역은 당시 몽골인들이 '카안 울루스'라고 불렀다. 고려는 카안 울루스와 긴밀한 관계에 있었고 쿠빌라이 카안이 고려에 한 약속인 고려의 토풍 유지는 그 관계의 근간이 되었다.

했다. 오랫동안 동아시아에 지속되던 다원적인 국제 질서가 해체되기 시작했던 것이다. 아직 고려와 남송이 남아 있었지만 양측 모두 방어도 쉽지 않았고, 각각 고립되어 있는 상황이었다. 그런 상황에서 고려는 1232년에 수도를 강화도로 옮기고, 백성도 산성이나 섬을 중심으로 편제했다. 전쟁을 선택한 것이다. 그 과정에서 반대가 많았지만, 최우의 주도로 이루어졌다.

최우 정권의 선택에는 불가피한 면이 있었다. 1231년 몽골의 침입에 따라 북계 지역의 상당수가 점령당해 전통 방어선이 붕괴되었다. 이는 과거 요의 침입 때 방어선이 유지되어 침입군의 후방을 괴롭혔던 점과 차이가 컸다. 최우 정권은 화의를 추진했지만 몽골의 요구 중에는 백만 군인의 의복, 수달피 2만 장, 말 2만 필 등 무리한 주문이 많았다. 게다가 몽골은 점령한 북계 지역에 다루가치 72명을 두어 지배를 공고히 했다. 그런 상황에서 고려의 선택지는 많지 않았다. 개경 방어를 중심으로 하는 방법은 위험 부담이 너무 컸다.

이후 몽골은 크게 다섯 차례 더 침입했는데, 특히 1254년의 침입에 따른 피해가 막대했다. 《고려사》 기록에 따르면 포로로 된 자가 20만 6800여 명이었고 살육된 자는 셀 수 없었다고 한다. 백성의 안녕을 위해서 몽골과의 화친은 피할 수 없었다. 이미 1238년부터 양국 간에는 사신이 활발히 왕래하면서 화친 조건이 논의되었다. 핵심 조건은 국왕의 친조親朝, 즉 국왕이 직접 몽골 군주를 만나 배알하는 것이었다. 이는 과거 요가 요구했지만 성사되지 않았던 것이기도 하다. 또 하나의 중요 조건은 개경으로의 환도였다. 고려로서는 모두 받아들이기 어려운 요구들이었다.

이후 이 두 가지 조건은 반복적으로 제기되었다. 그에 따라 국왕 친조의 대안으로 1251년(고종 38)부터 태자의 입조 방안이 제기되었고, 1257년에는 대신들이 태자의 입조를 건의했다. 결국 1259년 태자 왕전은 표문을 갖고 몽골로 들어가게 되었다. 당시 몽골에서는 아릭 부케와 쿠빌라이(원 세조) 사이에 제위 계승을 둘러싼 분쟁이 벌어지고 있었는데, 태자 왕전은 쿠빌라이를 선택해 만났다. 이는 쿠빌라이에게도 의미 있는 것이었다. 쿠빌라이는 당 태종도 항복시키지 못했던 고려의 태자가 입조한 것을 두고 하늘의 뜻[天意]이라 하면서 기뻐했다. 물론 쿠빌라이는 고구려와 고려의 차이를 몰랐던 것이지만, 그러면서 이후 협상 과정에서 쿠빌라이는 고려에게 토풍土風, 즉 토착의 풍속 전통과 정치 체제를 유지시켜 주겠다는 뜻을 전했다. 이로써 고려와 몽골 사이에 화친의 큰 틀이 타협되어 평화의 기틀이 마련되었지만, 한편으로 이는 새로운 고통의 시작이었다.

고려 국왕의 친조와 화친 관계의 변화

태자 왕전이 입조한 1259년 고종이 사망했다. 왕전은 귀국하자마자 왕위에 올라 원종이 되었다. 원종이 즉위한 해부터 몽골은 환도할 것을 종용했고, 이어서 6사事의 이행을 강하게 요구했다. 6사란 몽골의 복속 지역에 대한 요구 사항으로서 그 내용은 인질 제공, 군대 제공, 양식 제공, 역 설치, 호구 수 자료 제공, 감독관인 다루가치 주재 등이었다. 물론 이전에 전쟁할 때부터 몽골이 일부는 요구하기도 하고 직접 실행에 옮기기도 했던 것들이지만, 화친 이후에는 전면적으로 요구하기 시작했던 것이다.

나아가 몽골은 1264년(원종 5) 5월 사신을 보내 제후의 의례로 국왕의 친조를 요구했다. 이에 답해 원종은 외교 문서를 보내면서 좋은 때를 기다려 입조하겠다는 뜻을 전하며 친조의 연기를 요청했다. 그러나 결국 7월에 사직과 만민萬民을 보전하기 위해 친조하겠다는 뜻을 공표하고 친조 길에 올랐다. 국왕이 나라를 벗어나 제후로서 종주국에 직접 들어간 것이다. 고려에서 일찍이 없던 사건이었다. 원종의 친조는 이후 고려 국왕들이 원에 들어가는 효시가 되었다. 이는 사신 파견을 통한 명목상의 조공이 국왕의 실질적인 조공으로 바뀌었음을 의미하는 것으로 고려가 의례상 내부적으로는 천자로 자처하던 위상에 변화를 주는 계기가 되었다. 더하여 고려 국왕의 친조 관행은 고려 국왕과 몽골 군주가 밀착하는 계기가 되었다.

고려 정국의 흐름은 이러한 밀착을 재촉했다. 1268년 쿠빌라이는 재차 6사의 실행과 개경 환도를 요구했다. 게다가 같은 해에 조서를 보내 같은 요구를 반복 재촉하면서 나아가 남송 정벌을 도울 수 있는 군사와 선박, 군량 등을 구체적으로 요구하기 시작했다. 그런 압박하에서 1269년 권신 임연은 원종을 임의로 폐위시켰다. 그 소식은 마침 몽골에 입조해 있던 태자 왕심王諶(충렬왕)에게 전해져 몽골이 개입하게 되었다. 그 결과 원종은 복위되었다. 이때 태자 왕심과 몽골 공주의 혼인이 내부적으로 결정되면서 같은 해 원종은 다시 몽골에 들어가 태자 왕심의 혼인을 공식 요청하고, 권신을 제압할 수 있는 몽골 군사를 함께 요청했다. 내부의 권력 투쟁에 따른 외세의 개입이 본격화되기 시작한 것이다.

임연의 원종 폐위 사건은 일파만파로 확대되었다. 폐위 직후 서북면병마사 휘하의 하급 관리이던 최탄崔坦은 임연을 처단한다는 구실로 반란을 일으켰다가 몽골에 투항했다. 이어 1270년 최탄은 몽골 군사를 끌고 와 서경에 주둔하면서 동녕부를 개설해 자비령 이북을 점령했다. 몽골 군사와 함께 돌아온 원종은 개경 환도를 즉시 명령했다. 이때 임연의 아들 임유무林惟茂는 왕의 지시를 거부하고 전쟁 준비에 들어갔다가 홍문계洪文系, 송송례宋松禮 등에 의해 제거되었다. 이어서 재추 회의에서 개경 환도를 결정하자 삼별초는 이에 불복하고 장군 배중손 등을 중심으로 전쟁 지속을 선택했다. 원종 등 집권 세력은 몽골 군대와 연합해 삼별초를 진압했다.

고려 왕실과 몽골의 밀착은 일본 정벌로도 이어졌다. 1272년 원(몽골)에 인질로 가 있던 태자 왕심은 쿠빌라이에게 일본 정벌에 필요한 전함과 군량 등을 돕겠다는 의사를 표명해 귀국했다. 원에 끌려간 임연의 아들 임유간이 일본 정벌에 도움을 주겠다는 구실로 몰수당한 토지와 노비 등을 회복하려고 하자, 이를 막기 위해 태자 왕심이 먼저 원조 의사를 표명했던 것이다. 원에 잡혀 갔거나 투항한 고려의 여러 세력과 고려 왕실은 원을 상대로 서로 권력을 확보하기 위해 경쟁했다. 원을 매개로 한 권력 투쟁이 본격화되었던 것이다. 그로 인한 피해는 백성들의 몫이 되었다.

태자 왕심은 변발 머리에 몽골식 복장으로 귀국해 탄식하게 만들었다. 심지어는 우는 사람도 있었다고 전해진다. 왕심의 의관 변화는 고려 왕실의 원에 대한 밀착을 상징하는 것이었다. 이로써 원은 고려를 자신의 영향력 아래에 둘 수 있는 여러 통로를 가지게 되었다. 고려 왕실을 혼인 관계로 묶어 강한 영향력을 행사할 수 있게 되었을 뿐만 아니라 투항 세력을 활용해 고려 내부에 간섭하는 것도 가능해졌다. 또한 양자를 상호 견제하게 만들어 고려가 힘을 결집할 수 없게 만들었다.

원 간섭의 확대와 고려의 대응

고려 왕실과 원의 밀착은 '고려'라는 정치 단위를 보전하기 위한 국제 정치 상황의 산물이지만 고려 군주가 선택한 결과이기도 하다. 고려 군주는 고려를 대표해 원과 교섭함으로써 국내에서 실질적인 정치권력을 얻을 수 있었다. 무신을 제거하기 위해 원의 힘을 적절히 활용해 성공을 거두었던 것이다. 임연 세력 제거가 대표적인 예다. 그 뒤로는 원과의 혼인 관계 추진을 통해 더욱 밀착해 원에 투항하는 세력과 경쟁했다. 이때 고려 군주를 뒷받침한 정치 세력은 국왕 측근으로서 이후 구조화되는 모습을 보인다.

역설적으로 원과의 밀착은 고려의 자율성을 유지하는 힘이 되기도 했다. 원 황실과의 혼인 등을 통한 발언권 확보가 자율성을 유지하는 힘이 되었던 것이다. 더욱이 일본 정벌에 적극 동참함으로써 원의 신뢰를 얻을 수 있었다. 예컨대 1274년(원종 15) 대선大船 300척을 포함한 900척을 완성해 일본 정벌에 나선 것이 그에 해당한다. 그러면서도 한편으로는 고려의 어려운 처지를 호소해 고려 사회의 붕괴를 막았다. 정벌 실패 후 충렬왕은 1275년(충렬왕 1) 시중 김방경金方慶 등을 보내, 다시 정벌을 일으켜 군량과 병선을 제공해야 한다면 고려는 국가로 유지될 수 없음을 호소했던 것이 그 예다.

밀착을 통해 자율성을 확보하려는 노력은 계속 이어졌다. 충렬왕은

1278년 원으로 직접 들어가 다루가치 환국, 원 군대 철수 등 긴급한 현안을 해결했다. 그러자 "국가에 걱정되던 일 일체를 아뢰어 제거하니 나라 사람들이 그 덕을 기리며 감격해 눈물을 흘렸다"고 한다. 기록에 과장된 면이 있을지는 모르겠지만, 당대 고려인이 외교적 성과로 이해하고 있었던 것은 분명하다. 또한 동녕부 지역도 돌려줄 것을 요청했지만, 이는 1290년에 가서야 수용되어 돌려받았다. 물론 원이 어느 정도 양보한 것은 일본 정벌의 원활한 진행을 위해서였다. 원은 1279년 5월 전함 900척의 건조 등을 요구했다. 고려는 1280년 11월 전함 900척의 완성 및 1만 군사와 11만 석의 군량 준비를 알렸다. 이는 밀착의 대가였다.

일본 정벌 실패 이후에도 충렬왕은 일관성 있는 태도를 유지했다. 1287년 원에서 내안乃顏의 반란이 일어나자 충렬왕은 고려군을 원조해 주겠다고 했다. 거꾸로 내안의 잔당인 합단적이 고려를 공격해 오자 고려는 원에 군사 지원을 요청하기도 했다. 또한 경제적 측면에서 1291년에는 원으로부터 진휼미 10만 석을 도움받기도 했다. 고려와 원의 밀착 범위는 계속 확대되고 있었던 것이다. 그것은 고려 국왕의 위상에서도 잘 드러났다.

충렬왕은 원 세조 쿠빌라이의 부마(사위)였는데, 1294년 쿠빌라이의 사망에 따른 장례식 뒤에 열린 제왕諸王·부마의 연회에서 7위의 자리에 착석했다. 그 후 1300년(충렬왕 26)에 입조해 참석한 제왕·부마의 연회에서는 4위의 자리에 착석했다. 만약 그 연회 모습만을 본다면 마치 고려와 원의 최고 지배층이 일체화된 것으로 착각할 정도였다. 그런데 1300년 입조했을 때 고려 국왕은 고려의 풍속을 옛 모습

그대로 유지시켜 줄 것을 요청해 허락받았다. 일체화된 듯한 모습 아래에 상당한 간격이 내재하고 있었던 것이다.

그 직전인 1299년 원 황제는 활리길사闊里吉思를 정동행성의 평장사로 임명해 소속 관원과 함께 고려에 파견했다. 정동행성은 본래 일본 정벌을 위한 기구로 만들어졌으나 정벌 실패 후 명목상의 존재로 남아 있었다. 그러다가 고려 국왕의 통솔력 부족을 명분으로 고려의 내정을 간섭하는 기구로 개편되었다. 1298년 충렬왕이 아들인 충선왕에게 왕위를 넘겨주었다가 다시 되찾는 과정에서 벌어진 권력 다툼이 원의 간섭을 불러 왔던 것이다. 활리길사는 내정 간섭에서 더 나아가 고려의 풍속과 제도를 바꾸려고 했다. 이에 충렬왕은 1300년에 입조해 쿠빌라이 이래의 약정인 토풍 유지, 즉 고려 풍속의 유지를 확인받았다. 고려의 자율성과 아울러 지배층의 이익을 지키려는 의도에서였다. 결국 1300년 11월 활리길사는 송환되었다.

이후에도 고려의 자율성을 제거하려는 시도는 여러 차례 있었다. 고려를 원의 내지內地와 같은 행성의 지배 지역으로 만들려는 의도였다. 1302년 요양행성에서는 고려의 정동행성과 요양행성을 통합하자고 원 중앙 정부에 요청했다. 물론 관할 기구는 요동의 동경에 두자는 것이었다. 충렬왕은 즉각 이의를 제기해 이를 무산시켰다. 1312년 홍중희洪重喜는 고려를 원의 내지와 같이 만들자고 원 중앙 정부에 요청했다. 충선왕은 오랫동안 신하로 복무한 공이 있음을 가지고 설득해 이도 무산시켰다. 이때 충선왕은 고려와 원 양측에서 매우 상당한 영향력을 행사했다.

세자 시절의 충선왕은 원의 무종武宗, 인종仁宗이 황제에 오르기 전에 그들과 침식을 같이하면서 밤낮으로 함께 지냈다고 한다. 그들이 제위 계승 분쟁을 벌일 때 충선왕은 그 분쟁에 참여하기도 했다. 따라서 무종과 인종이 잇달아 제위에 오르자 충선왕의 영향력은 고려와 원을 아우르게 되었다. 원의 무종이 즉위한 1307년에 충렬왕이 재위하고 있었는데도 충선왕은 고려의 국정에 강한 영향력을 행사할 수 있었다.

이때 고려는 원과 가장 깊은 밀착 관계를 이루고 있었다. 그러면서도 고려의 형식상의 독자성은 이때 가장 분명하게 선언되었다. 《고려사》〈세가世家〉에 나오는 1310년 원 황제가 보낸 "지금 천하에서 백성과 사직을 보유하면서 왕위를 누리는 곳은 오직 삼한뿐이다今天下有民社而王者 惟是三韓"라는 글은 원의 천하에서 고려가 예외적인 위상을 갖고 있었음을 잘 보여 준다.

그러나 이후 충선왕은 원 내정에 깊이 밀착한 대가를 직접 치르게 되었고, 그것은 고려와 원의 관계에 상당한 영향을 끼쳤다. 원의 인종이 사망하면서 정치적 후원자를 잃게 된 충선왕은 인종이 사망하고 영종이 즉위한 1320년 토번(티베트)으로 유배당했다. 이는 고려 국내 정계에도 영향을 끼쳐 '구관舊官'으로 지칭되던 기존 고위 관료들이 추방당했고 원의 집권층에 아부하는 세력들이 득세했다.

이어서 1321년 충숙왕忠肅王은 원 황제의 호출에 의해 1325년까지 원에 체재했다. 충숙왕이 원에 머무르는 동안 고려에는 많은 일이 발생했다. 1322년(충숙왕 9) 3월에는 원에서 사신을 파견해 충숙왕이 황제의 칙명을 따르지 않았다는 이유로 사실 관계를 심문 탐색했다. 1323년에는 유청신, 오잠 등이 원 도성都省에 글을 보내 원의 내지와 같이 행성을 세워 줄 것을 요청했다. 나라 안팎으로 고려의 자율성을 흔드는 일들이 연이어 발생했던 것이다. 이는 원과 밀착한 대가로서, 이후 그런 경향은 더욱 심해졌다.

충혜왕忠惠王은 1339년 조유 무리의 참소로 인해 원으로 압송되어 원의 형부에서 심문을 받았다. 다음 해에 돌아와 복위했지만, 그것으로 끝이 아니었다. 1343년(충혜왕 복위 4) 8월 이운, 조익청, 기철 등이 원 중서성에 글을 보내 충혜왕이 탐욕스럽고 음란해 왕의 도리를 지키지 못하니 고려에 행성을 세워 백성을 편안하게 해 달라고 요청했다. 그러자 같은 해 11월 원 사신이 예고도 없이 충혜왕을 폭행하면서 포박해 원으로 압송해 갔다. 충혜왕은 유배되어 가는 도중에 죽었다.

충혜왕의 실책은 명백한 것이었다. 충혜왕이 죽었을 때 고려 본국 사람들 가운데 슬퍼하는 사람들이 없었고 오히려 기뻐하는 백성들도 있었다는 기록을 보면 더욱 그렇다. 그러나 국왕조차 예고도 없이 압송되는 상황에서 고려 백성의 안위는 생각할 수도 없었다. 이러한 상황에서 다음 고려 국왕에게는 고려의 자율성과 백성의 안위를 지킬 수 있는 의지와 노력이 요구되었다. 1347년 충목왕 때부터 그런 움직임이 나타나기 시작했다. 그해 2월 정치도감이 설치되어 원 기황후의 족제族弟 기삼만이 백성의 토지를 빼앗아 간 사건 등을 처리했다. 그러나 그것은 쉽지 않았다. 기삼만이 옥사하자 같은 해 10월 원에서 정치도감의 관련 관리들을 직접 형장 처리했고, 마침내 1349년(충정왕 1) 정치도감은 폐지되었다. 아직 '때'가 아니었던 것이다.

수령옹주 묘지명 딸을 원에 공녀로 보내게 된 슬픔으로 1335년(충숙왕 복위 4) 사망한 수령옹주의 묘지명. 당시 공녀 징발에는 왕족도 예외일 수 없었음을 보여 주는 자료다.
"우리나라 자녀들이 서쪽(원)으로 들어가기를 거른 해가 없었다. 왕실과 같이 귀한 신분이라도 자식을 숨길 수 없고, 어미와 자식이 떨어지면 만남을 기약할 수 없다. 슬픔이 골수에 사무치고 병들어 죽는 이도 한둘이 아니었으니, 천하에 지극히 원통한 일로 이보다 더한 것이 있겠는가."

원·명 교체와 요동 문제 대응

동 트기 직전이 가장 어두운 것처럼 1340년대는 고려가 원의 극심한 간섭을 받던 시기였다. 이는 원의 힘이 강력해져서 간섭이 심해진 것이 아니라 원이 자신의 힘을 통제할 수 없을 정도로 무질서해지고 약해졌기 때문이다. 그런 무질서와 힘의 약화는 1350년대에 본격적으로 드러났다. 중국 각 지역에서는 반란이 일어났다. 1351년 황하 유역에서 홍건紅巾으로 지칭된 대규모 농민 반란이 일어났고, 황하 이남 지역에서는 장사성張士誠, 방국진方國珍 등이 각각 봉기해 세력을 거느렸다.

공민왕은 1351년 왕위에 오르기 직전까지 원의 대도大都에 머물러 있으면서 원의 혼란상을 목격하고 들었을 것이다. 공민왕은 귀국 후 곧 변발을 버렸다. 변발과 몽골식 복장은 선왕先王의 제도가 아니라는 신하의 말을 듣고는 기뻐하면서 바꾼 것이다. 이는 고려가 독자의 고유색을 찾아가기 시작했음을 보여 주는 예다. 게다가 원이 장사성을 토벌하기 위해 원군을 요청함에 따라 고려는 1354년(공민왕 3) 군대를 파견했는데, 고려군은 그 과정에서 원의 무질서와 혼란을 몸으로 체험하게 된다. 이를 통해 원의 혼란 상황이 고려 저변에 널리 알려지게 되었을 것이다. 고려 사회 전체에서 독자의 고유색을 모색하던 공민왕 등 정계의 흐름에 호응할 수 있는 기반이 마련되기 시작했다.

공민왕의 결단은 빨랐다. 1356년 원에 빌붙어 횡포를 부리던 부원 세력을 몰아내고 원의 간섭 기구인 정동행성이문소를 철폐했으며 원의 연호를 폐지하고 원이 강점하던 쌍성총관부 지역을 되찾았다. 이로써 고려는 원의 영향력을 배제하고 명실상부한 독자성을 회복할 수 있게 되었다. 이는 동아시아 패권 세력의 약화 상황을 잘 활용한 것이었다. 원이 80만 대군을 동원해 고려를 토벌한다는 소문이 들려오기는 했지만, 실행되지 못했고 실행될 수도 없었다. 그러나 패권 세력의 약화가 인근 지역에 긍정적인 영향만을 끼친 것은 아니었다. 문제는 기존 패권 세력의 중심과 주변 양쪽에서 동시에 나타났다.

패권 세력의 중심 지역에서 나타난 홍건적의 반란은 인근 고려에도 직접적인 큰 피해를 안겨 주었다. 1359년부터 홍건적은 압록강을 건너와 공격하기 시작해 서경을 함락했으며, 1361년 11월에는 개경이 함락당해 공민왕은 안동까지 대피했다. 《고려사》 기록에 따르면 다음 해 1월 고려군 20만 명이 동원되어 홍건적 10여만 명은 전멸되고, 나머지 10여만 명은 압록강 너머로 도주했다. 이로써 홍건적은 평정되었지만 피해는 극심했다.

한편 《고려사》에 따르면 1350년은 왜구의 대규모 침입이 시작된 해로 원 체제의 붕괴 시점과 일치한다. 왜구는 기본적으로 일본 국내의 남북조 내란이 원인이 되어 나타난 것이지만 원의 안정된 국제 질서가 해체되면서 나타난 측면도 있다. 원 중심의 국제 질서가 폭압적이기는 했지만 그 패권 질서가 동요함에 따라 고려 역시 주변 방어에 어려움이 발생했고, 그것이 왜구 문제로 나타나게 되었던 것이다.

고려가 오랜 세월에 걸친 원의 간섭에서 벗어나면서 고유의 독자성을 회복했다는 기쁨을 온전히 누리기도 전에 국제적 무질서와 약탈 현상을 먼저 맞이한 것은 매우 역설적이다. 이는 원이 가진 힘의 역설적 성격 때문이기도 하다. 원의 힘은 질서를 유지시켜 주기도 했기 때문이다. 원이 사라지면서 간섭이 사라졌지만 질서도 사라졌다. 이제 동아시아의 국가들은 스스로를 지켜야 하는 상황이 되었다. 그것은 원과 화친을 맺기 전의 고려였다면 당연히 가졌을 태도였지만, 이때 와서는 회복되어야만 하는 것이 되었다.

공민왕은 태조 대의 의관衣冠과 예악禮樂을 찬탄하면서 조종의 제도로 복귀하고자 했다. 원과 화친을 맺기 이전의 고려 사회로 돌아가고자 했던 것이다. 국제적인 측면에서도 공민왕이 원한 것은 고려 전기 북방에 독자 영향권을 가졌던 고려의 위상이었다. 공민왕은 요동 지역의 정세 변화를 주시하면서 적극 개입하는 것을 마다하지 않았다. 공민왕 때 여러 번 요동을 정벌한 사례가 그것을 입증한다.

1356년(공민왕 5) 쌍성을 회복할 때 압록강을 건너 8개의 참站을 공격한 바 있고, 1370년 1월에도 이성계로 하여금 1만 5000명을 동원해 압록강 너머 동녕부를 공격하게 했다. 1370년의 공격은 효과가 커서 정벌 직후 북방의 세력가인 나하추納哈出, 오왕, 회왕 등이 내헌해 왔고 달단왕이 내빙했다. 이어 같은 해 11월 이성계로 하여금 재차 압록강을 건너 요성을 공격해 함락시키고 방문을 붙여 요심遼瀋의 사람들에게 "요양은 원래 (우리)나라의 경계다"라고 선언했다. 이에 따라 곧 여진의 달마대는 사신을 보내면서 땅을 바쳐 원수元帥의 지위를 받았고, 나하추는 사신을 보내 내조해 왔다. 또한 1371년 9월 서경과 안주의 만호로 하여금 압록강 너머 오로산성을 다시 정벌하게 했다.

특히 1370년 이후 대대적인 요동 정벌이 가능했던 것은, 1368년 원의 수도가 함락당했다는 소식이 전해지면서 요동이 힘의 공백 지대로 바뀌었음을 알게 되었기 때문이다. 원의 멸망 소식이 전해지자 즉시 공민왕은 명明과의 사신 교환을 의논하도록 했고, 1369년에는 명의

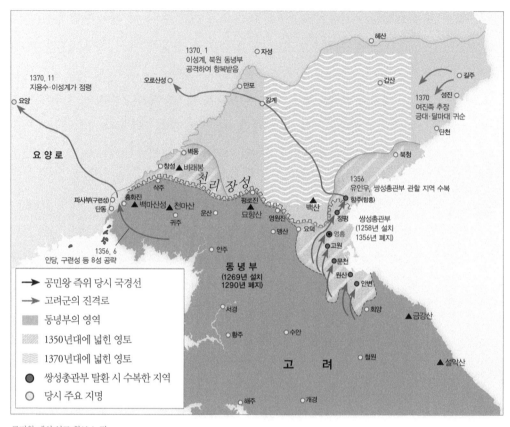

지용수·이성계가 점령

1370. 1
이성계, 북원 동녕부
공격하여 항복받음

1370. 11
지용수·이성계가 점령

1370
어진족 추장
긍대·달마대 귀순

1356
유인우, 쌍성총관부 관할 지역 수복

쌍성총관부
(1258년 설치
1356년 폐지)

1356. 6
인당, 구련성 등 8성 공략

동녕부
(1269년 설치
1290년 폐지)

천리장성

요양로

고 려

→ 공민왕 즉위 당시 국경선
→ 고려군의 진격로
 동녕부의 영역
 1350년대에 넓힌 영토
 1370년대에 넓힌 영토
● 쌍성총관부 탈환 시 수복한 지역
○ 당시 주요 지명

공민왕 때의 영토 확보 노력

사신이 고려에 도착해 외교 관계가 이루어졌다. 원의 잔존 세력은 몽
골 고원으로 돌아가 북원北元을 이루고 있었는데 공민왕은 북원과의
관계를 끊고자 했다. 게다가 요동은 신생국 명의 관심권이 아직 아니
었다. 요동 지역에 대한 영향력을 확대할 기회였던 것이다.

고려는 압록강 너머 요동을 공격하면서 요양이 '우리 땅'임을 선언했는데, 흥미로운 점은 《고려사》 〈세가〉에 따르면 북원의 요양성 평장이던 유익과 왕우승 등이 '요양이 본래 우리(고려)땅'임을 인정했다는 것이다. 그들은 요양성을 명에 귀속시킬 때 명이 거주민을 옮길까 봐 걱정해 고려가 대신 귀속을 요청하도록 부탁하면서 요양이 고려 땅임을 인정했던 것이다. 그 사실 여부에 대해서는 그 근거 자료가 《고려사》라는 점에서 고려의 인식만을 보여 주는 것일 수 있지만, 당시 미묘한 국제 정세 속에서 요동에 대해 고려의 영향력이 있었음을 보여 주는 하나의 증거가 될 수는 있을 것이다.

한편 명은 북원의 재침을 우려했다. 그 결과 명은 북원과 고려의 연계를 극도로 경계하면서 고려에 상당한 압박을 가했다. 그러한 압박은 오히려 고려와 북원의 연계를 부추겼고, 마침 일어난 명 사신의 북원 피랍과 공민왕 피살 사건(1374)은 고려와 명 사이의 관계를 극도로 악화시켰다. 명은 요동에 군사적인 거점을 마련해 고려를 압박했고, 고려는 북원과 연계하면서 그 압박에 대응했다. 그 결과 나타난 문제가 바로 요동 문제였다.

고려는 요동을 고려의 영향권으로 여겼지만, 명은 과거 원의 영토를 승계한다는 관점에서 과거 원의 쌍성총관부 지역까지 관할하려는 의도를 내비쳤다. 이로 인해 양측은 전쟁 직전까지 갔다. 최영을 중심으로 한 요동 정벌은 바로 그런 배경에서 나온 것이다. 그러나 전쟁은 양측 모두 어려운 것이었다. 고려로서는 전쟁을 지속시킬 수 있는 기반이 부족했고, 명으로서도 북원의 존재를 배후에 두고 전면적인 전쟁으로 나아가기 힘들었다. 이성계의 위화도 회군(1388)은 그런 배경에서 나왔다. 이성계는 정벌 전부터 전쟁 수행의 어려움을 들어 정벌에 반대했지만 우왕과 최영 등은 정벌을 강행했다. 결국 이성계는 위화도에서 회군하여 개경으로 돌아와 실권을 차지한 후 여러 개혁 정책을 추진하면서 조선을 건국했던 것이다. 한편 고려의 정벌군 동원을 잘 알고 있었던 명은 고려와의 전쟁과 관련해 명 태조가 직접 종묘에서 점을 칠 정도였고, 결국 위화도회군 이후에는 과거 쌍성총관부 지역의 관할 의도를 철회했다.

고려로서는 전기에 독자 영향권이 병존했던 특징을 되살려 고려, 명, 북원이 세력 균형을 이루는 동아시아 체제로 복귀하려고 시도했다. 그러나 과거 원의 단일 세력권을 계승하려 한 명은 그런 국제 체제를 용납하지 않았고, 그런 점에서 원·명 교체기 고려의 자율성 회복 및 동아시아 질서 체제로의 회귀는 한계가 컸다. 이러한 상황을 배경으로 하는 고려 말의 복잡한 대외 관계는 결국 조선 초까지 이어졌다.

−추명엽

참고문헌

● 역동적 정치 과정과 정치 세력의 추이

고혜령, 《고려 후기 사대부와 성리학 수용》, 일조각, 2001.

김광철, 《고려 후기 세족층연구》, 동아대학교출판부, 1991.

김기덕, 《고려시대 봉작제연구》, 청년사, 1998.

김당택, 《고려의 무인정권》, 국학자료원, 1991.

김상기, 《고려시대사》, 동국문화사, 1961.

김순자, 〈고려 말 대중국관계의 변화와 신흥유신의 사대론〉, 《역사와 현실》 15, 1995.

김인호, 《고려 후기 사대부의 경세론 연구》, 혜안, 1999.

김창현, 《고려 후기 정방연구》, 고려대학교 민족문화연구원, 1998.

남인국, 《고려 중기 정치세력연구》, 신서원, 1999.

도현철, 《고려 말 사대부의 정치사상연구》, 일조각, 1999.

민병하, 〈최씨 정권의 지배기구〉, 《한국사》 7, 국사편찬위원회, 1973.

민현구, 《한국중세사 산책》, 일지사, 2005.

박용운, 《고려사회와 문벌귀족가문》, 경인문화사, 2003.

_____, 《고려시대 음서제와 과거제 연구》, 일지사, 1990.

_____, 《수정증보판 고려시대사》, 일지사, 2008.

박재우, 《고려 국정운영의 체계와 왕권》, 신구문화사, 2005

박종기, 《고려시대 부곡제연구》, 서울대학교출판부, 1990.

_____, 《지배와 자율의 공간, 고려의 지방사회》, 푸른역사, 2002.

박창희, 《한국사의 시각》, 영언문화사, 1984.

백인호, 《고려 후기 부원세력연구》, 세종출판사, 2003.

변동명, 《고려 후기 성리학수용연구》, 일조각, 1995.

변태섭 외, 《고려사의 제문제》, 삼영사, 1986.

변태섭, 《고려정치제도사연구》, 일조각, 1971.

윤용혁, 《고려대몽항쟁사연구》, 일지사, 1991.

이기남, 〈충선왕의 개혁과 사림원의 설치〉, 《역사학보》 52, 1971.

이기백, 《고려귀족사회의 형성》, 일조각, 1990.

_____, 《고려병제사연구》, 일조각, 1968.

이병도, 《고려시대의 연구》, 아세아문화사, 1980.

이우성, 〈고려조의 '吏' 에 대하여〉, 《역사학보》 23, 1964.

이익주, 〈고려 원 관계의 구조와 고려 후기 정치체제〉, 서울대학교 박사학위논문, 1996.

_____, 〈공민왕대 개혁의 추이와 신흥유신의 성장〉, 《역사와 현실》 15, 1995.

이정신, 《고려시대의 정치변동과 대외정책》, 경인문화사, 2004.

이정훈, 《고려 전기 정치제도 연구》, 혜안, 2007.

이진한, 《고려 전기 관직과 녹봉의 관계 연구》, 일지사, 1994.

채웅석, 《고려시대의 국가와 지방사회》, 서울대학교출판부, 2002

하현강, 《한국중세사연구》, 일조각, 1988.

허흥식, 《고려과거제사도연구》, 일조각, 1981.

_____, 《고려의 과거제도》, 일조각, 2005.

홍영의, 《고려 말 정치사 연구》, 혜안, 2005.

● 중앙 정치의 구조와 운영

강진철, 《고려토지제도사연구》, 고려대학교출판부, 1980.

김광수, 〈고려시대의 권무직〉, 《한국사연구》 30, 1969.

_____, 〈고려시대의 동정직〉, 《역사교육》 11·12, 1969.

_____, 〈고려시대의 서리직〉, 《한국사연구》 4, 1969.

김광철, 〈고려후기 도평의사사 연구〉, 《한국중세사연구》 5, 1998.

김기덕, 《고려시대 봉작제 연구》, 청년사, 1998.

김대식, 《고려전기 중앙관제의 성립》, 경인문화사, 2010.

김용덕, 〈고려시대의 서경署經에 대하여〉, 《이병도박사화갑기념사학논총》, 일조각, 1956.

김용선, 《고려음서제도연구》, 일조각, 1991.

김창현, 〈고려후기 도평의사사 체제의 성립과 발전〉, 《사학연구》 54, 1997.

노명호, 〈귀족제와 관료제〉, 《한국사특강》, 서울대학교출판부, 1990.

문형만, 《고려제사도감각색연구》, 제일문화사, 1986.

박성봉, 〈국자감과 사학〉, 《한국사》 6, 국사편찬위원회, 1975.

박용운, 〈고려는 귀족사회임을 다시 논함〉, 《한국학보》 93·94, 1998~1999.

_____, 〈고려시대 중서문하성에 대한 제설 검토〉, 《한국사연구》 108, 2000.

_____, 〈고려시대의 재신과 추밀과 6부상서의 관계를 통해 본 권력구조〉, 《진단학보》 91, 2001.

_____, 〈중앙 정치체제의 권력구조와 그 성격〉, 《한국사》 13, 국사편찬위원회, 1993.

_____, 《고려시대 관계 관직 연구》, 고려대학교출판부, 1997.

_____, 《고려시대 대간제도 연구》, 일지사, 1980.

_____, 《고려시대 상서성 연구》, 경인문화사, 2000.

_____, 《고려시대 음서제와 과거제 연구》, 일지사, 1990.

_____, 《고려시대 중서문하성 재신 연구》, 일지사, 2000.

_____, 《고려시대 중추원 연구》, 고려대학교 민족문화연구원, 2001.

박재우, 〈고려시대 서경署經의 행정절차와 성격〉, 《역사문화연구》 36, 2010.

_____, 〈고려전기 6부 판사의 운영과 권력관계〉, 《사학연구》 87, 2007.

_____, 〈고려전기 군신의 위상과 역할에 대한 관념〉, 《한국사연구》 132, 2006.

_____, 〈고려전기 재추의 운영원리와 권력구조〉, 《역사와현실》 26, 1997.

_____, 《고려 국정운영의 체계와 왕권》, 신구문화사, 2005.

_____, 《고려전기 대간제도 연구》, 새문사, 2014.

박종진, 〈고려시기 이속직의 구조와 서리의 지위〉, 《고려 조선전기 중인 연구》, 신서원, 2001.

박찬수, 《고려시대 교육제도사 연구》, 경인문화사, 2001.

박창희, 〈고려시대 관료제에 대한 고찰〉, 《역사학보》 58, 1973.

변태섭, 〈고려의 삼사〉, 《역사교육》 17, 1975.

_____, 〈고려의 식목도감〉, 《역사교육》 15, 1973.

_____, 〈고려의 정치체제와 권력구조〉, 《한국학보》 4, 1976.

_____, 《고려정치제도사연구》, 일조각, 1971.

송춘영, 〈고려 어사대에 관한 일 연구〉, 《대구사학》 3, 1971.

신천식, 《고려교육제도사연구》, 형설출판사, 1983.

유승원, 〈고려사회를 귀족사회로 보아야 할 것인가〉, 《역사비평》 36, 1997.

이경식, 《고려전기의 전시과》, 서울대학교출판부, 2007.

이기백 외, 《최승로상서문연구》, 일조각, 1993.

_____, 《고려귀족사회의 형성》, 일조각, 1990.

이정훈, 《고려전기 정치제도 연구》, 혜안, 2007.

이진한, 《고려전기 관직과 녹봉의 관계 연구》, 일지사, 1999.

최정환, 《고려 정치제도와 녹봉제 연구》, 신서원, 2002.

_____, 《고려·조선시대 녹봉제 연구》, 경북대학교출판부, 1991.

_____, 《새로 본 고려정치제도연구》, 경북대학교출판부, 2009.

하일식, 〈신라 정치체제의 운영원리〉, 《역사와현실》 20, 1996.

허흥식, 《고려의 과거제도》, 일조각, 2005.

홍승기, 〈고려시대의 잡류〉, 《역사학보》 57, 1973.

矢木毅, 《高麗官僚制度研究》, 京都大學學術出版會(京都), 2008.

周藤吉之, 《高麗朝官僚制の研究》, 法政大學出版局(東京), 1980.

周藤吉之, 《宋.高麗制度史研究》, 汲古書院(東京), 1992.

● 지방 제도의 다원적 편성

강은경, 〈고려 초 주관의 형성과 그 구조〉, 《한국중세사연구》 6, 1999.

_____, 《고려시대 호장층 연구》, 혜안, 2002.

구산우, 〈고려 시기 계수관의 지방행정 기능과 위상〉, 《역사와현실》 43, 2002.

_____, 〈고려 시기 부곡제의 연구성과와 과제〉, 《부대사학》 12, 1988.

_____, 《고려 전기 향촌지배체제 연구》, 혜안, 2003.

김갑동, 《나말여초의 호족과 사회변동 연구》, 고려대학교출판부, 1990.

김남규, 《고려 양계지방사 연구》, 새문사, 1989.

김동수, 〈고려시대 계수관의 범위에 대한 재론〉, 《전남사학》 19, 2002.

김성준, 〈기인의 성격에 대한 고찰〉, 《역사학보》 10·11, 1958·1959.

김아네스, 〈고려 초기 지방지배와 사〉, 《국사관논총》 87, 1999.

김윤곤, 〈여대 안찰사 제도의 성립〉, 《교남사학》 1, 1985.

김일우, 《고려 초기 국가의 지방지배체계 연구》, 일지사, 1998.

김호동, 〈고려 무신정권시대 지방통치의 일단면〉, 《교남사학》 3, 1987.

박경자, 《고려시대 향리 연구》, 국학자료원, 2001.

박용운, 《고려시대 개경 연구》, 일지사, 1996.

박은경, 〈고려시대 사심관의 성격〉, 《인하사학仁荷史學》 3, 1995.

_____, 《고려시대 향촌사회 연구》, 일조각, 1996.

박종기, 《고려시대 부곡제 연구》, 서울대학교출판부, 1990.

_____, 《지배와 자율의 공간 고려의 지방사회》, 푸른역사, 2002.

박종진, 〈고려 시기 '수취단위'의 의미와 속현의 지위〉, 《역사와현실》 32, 1999.

_____, 〈고려 시기 안찰사의 기능과 위상〉, 《동방학지》 122, 2003.

변태섭, 《고려 정치제도사 연구》, 일조각, 1977.

윤경진 〈고려 전기 계수관의 운영체계와 기능〉, 《동방학지》 126, 2004.

_____, 《《고려사》 지리지 정리의 기준 시점〉, 《한국사연구》 110, 2000.

_____, 〈《고려사》 지리지의 연혁정리 방식에 대한 비판적 검토: '고려 초'의 연기비정과 관련하여〉, 《규장각》 22, 1999.

_____, 〈고려 계수관의 제도적 연원과 성립 과정: 9주·12목과의 연결성을 중심으로〉, 《한국문화》 36, 2005.

_____, 〈고려 군현제의 운영 원리와 주현主縣―속현 영속관계의 성격〉, 《한국중세사

연구》10, 2001.

_____, 〈고려 성종 14년의 군현제 개편에 대한 연구〉, 《한국문화》27, 2001.

_____, 〈고려 시기 소의 존재 양태에 대한 시론〉, 《한국중세사연구》13, 2002.

_____, 〈고려 전기 경기의 편성과 운영〉, 《역사문화연구》33, 2009.

_____, 〈고려 전기 계수관의 설정 원리와 구성 변화: 《고려사》 지리지 계수관 연혁의 보정을 겸하여〉, 《진단학보》96, 2003.

_____, 〈고려 전기 도의 다원적 편성과 5도의 성립〉, 《동방학지》135, 2006.

_____, 〈고려 전기 향리제의 구조와 호장의 직제〉, 《한국문화》20, 1997.

_____, 〈고려 전기 호장의 기능과 외관外官의 성격: 지방행정체계상의 상관성을 중심으로〉, 《국사관논총》89, 1999.

_____, 〈고려 초기 10도제의 시행과 운영체계〉, 《진단학보》101, 2006.

_____, 〈고려 초기 재지관반의 정치적 위상과 지방사회 운영〉, 《한국사연구》116, 2002.

_____, 〈고려 태조대 군현제 개편의 성격: 신라 군현제와의 상관성을 중심으로〉, 《역사와현실》22, 1996.

_____, 〈고려시대 서경기의 형성과 재편〉, 《동방학지》148, 2009.

_____, 〈고문서 자료를 통해 본 고려의 지방행정체계〉, 《한국문화》25, 2000.

윤무병, 〈고려시대 주부군현의 영속관계와 계수관〉, 《역사학보》17·18합, 1962.

이상선, 〈고려시대의 장·처에 대한 재고〉, 《진단학보》64, 1987.

이수건, 《한국중세사회사 연구》, 일조각, 1984.

이순근, 〈고려시대 사심관의 기능과 성격〉, 《고려사의 제문제》, 1986.

정요근, 〈고려 전기 역제의 정비와 22역도〉, 《한국사론》45, 2001.

채웅석, 〈군현제와 향촌사회〉, 《한국역사입문》, 풀빛, 1995.

_____, 《고려시대의 국가와 지방사회》, 서울대학교출판부, 2000.

최정환, 《고려 정치제도와 녹봉제 연구》, 신서원, 2002.

하일식, 〈고려 초기 지방사회의 주관과 관반〉, 《역사와현실》34, 1999.

하현강, 《한국중세사 연구》, 일조각, 1988.

한국역사연구회, 《고려의 황도 개경》, 창작과비평사, 2002.

한우근, 〈여대의 기인선상규제〉, 《역사학보》 14, 1961.

● 동아시아 세계의 다원적 국제 환경

고병익, 《동아교섭사의 연구》, 서울대학교출판부, 1970.

구산우, 〈고려 성종대 대외관계의 전개와 그 정치적 성격〉, 《한국사연구》 78, 1992.

김광수, 〈고려 전기 대여진교섭과 북방개척문제〉, 《동양학》 7, 1977.

김구진, 〈공험진과 선춘령비〉, 《백산학보》 21, 1976.

_____, 〈윤관 9성의 범위와 조선 6진의 개척〉, 《사총》 21·22, 1977.

김상기, 《동방문화교류사논고》, 을유문화사, 1948.

김순자, 〈10~11세기 고려와 요의 영토정책—압록강선 확보문제를 중심으로〉, 《북방 사논총》 11, 2006.

_____, 《한국 중세 한중관계사》, 혜안, 2007.

김위현, 《고려시대 대외관계사 연구》, 경인문화사, 2004.

김한규, 《천하국가: 전통시대 동아시아 세계 질서》, 소나무, 2005.

김호동, 《몽골제국과 고려》, 서울대학교출판부, 2007.

_____, 《몽골제국과 세계사의 탄생》, 돌베개, 2010.

나종우, 〈일본 및 아라비아와의 관계〉, 《한국사》 15, 1995.

노명호, 〈고려시대의 다원적 천하관과 해동천자〉, 《한국사연구》 105, 1999.

_____, 〈동명왕편과 이규보의 다원적 천하관〉, 《진단학보》 83, 1997.

_____, 《고려국가와 집단의식》, 서울대학교 출판문화원, 2009.

동북아역사재단, 《한중일 학계의 한중관계사 연구와 쟁점》, 동북아역사재단, 2009.

민현구, 《고려정치사론》, 고려대학교출판부, 2004.

박옥걸, 〈고려시대 귀화인 연구〉, 성균관대학교 박사학위논문, 1988.

박용운, 〈고려·송 교빙의 목적과 사절에 대한 고찰〉, 《한국학보》 81·82, 1995.

박원호, 《명초조선관계사연구》, 일조각, 2002.

박종기, 〈11세기 고려의 대외관계와 정국운영론의 추이〉, 《역사와 현실》 30, 1998.

_____, 《새로 쓴 5백년 고려사》, 푸른역사, 2008.

박한남, 〈고려의 대금외교정책 연구〉, 성균관대학교 박사학위논문, 1993.

박현서, 〈북방민족과의 항쟁〉, 《한국사》 4, 국사편찬위원회, 1974.

방동인, 〈윤관 9성 재고: 9성 설치범위를 중심으로〉, 《백산학보》 21, 1976.

안병우, 〈고려와 송의 상호인식과 교섭〉, 《역사와 현실》 43, 2002.

역사학회, 《전쟁과 동북아의 국제질서》, 일조각, 2006.

윤용혁, 《고려 삼별초의 대몽항쟁》, 일지사, 2000.

_____, 《고려대몽항쟁사연구》, 일지사, 1991.

이삼성, 《동아시아의 전쟁과 평화 1, 2》, 한길사, 2009.

이용범, 〈10~12세기의 국제정세〉, 《한국사》 4, 국사편찬위원회, 1974.

_____, 〈고려와 거란과의 관계〉, 《동양학》 7, 1977.

_____, 《중세동북아세아사연구》, 아세아문화사, 1976.

이익주, 〈고려·원 관계의 구조와 고려 후기 정치체제〉, 서울대학교 박사학위논문,
　　1996.

이정신, 《고려시대의 정치변동과 대외정책》, 경인문화사, 2004.

장동익, 《고려 후기 외교사연구》, 일조각, 1994.

전해종, 〈고려와 송과의 관계〉, 《동양학》 7, 1977.

전해종, 《한중관계사연구》, 일조각, 1970.

정수아, 〈고려 중기 대송외교의 재개와 그 의의〉, 《국사관논총》 61, 1995.

진영일, 〈고려 전기 탐라국 연구〉, 《탐라문화》 16, 1996.

채웅석, 〈11세기 후반~12세기 전반 동북아시아 국제정세와 고려〉, 《전쟁과 동북아의
　　국제질서》, 2006.

추명엽, 〈11세기 후반~12세기 초 여진정벌 문제와 정국 동향〉, 《한국사론》 5, 2001.

_____, 〈고려 시기 해동인식과 해동천하〉, 《한국사연구》 129, 2005.

_____, 〈고려 전기 '번' 인식과 동·서번의 형성〉, 《역사와현실》 43, 2002.

피터 윤, 〈몽골 이전 동아시아의 다원적 국제관계〉, 《만주연구》 3, 2005.

田中健夫, 〈東アジア通交關係の形成〉, 《世界歷史》 9, 1970.

奧村周司, 〈高麗における八關會的秩序と國際環境〉, 《朝鮮史研究會論文集》 16, 1979.

奧村周司, 〈高麗の圜丘祀天禮と世界觀〉, 《朝鮮社會の史的展開と東アジア》, 1997.

Franke, Herbert, and Twitchett, Denis, eds., *The Cambridge history of China: Volume 6 Alien regimes and border states, 907~1368*(Cambridge university press, 1994).

Rossabi, Morris, eds., *China among Equals*(University of California Press, 1983).

연표

1368	명 건국
1369	원의 향시, 회시, 전시 도입
1371	신돈 처형
1377	불조직지심체요절 금속활자로 간행
	왜구로 인해 도읍 옮기는 것을 고려
1380	진포대첩에 처음 화포 사용
1388	안렴사를 도관찰출척사로 개정
	염흥방, 임견미 사형
	요동 정벌 추진과 위화도 회군
	조준 등 토지제도 개혁 상소, 전국 토지의 양전, 급전도감 설치
1389	신정감무 파견 시작
	공양왕 즉위
	처음으로 미망인의 재가再嫁 제한을 논의함
1390	경기를 좌·우도로 분리, 도관찰출척사 파견
	경연 개설
	공사의 모든 토지문서 소각
1391	과전법 제정
1392	도관찰출척사를 안렴사로 복구(조선에서 다시 도관찰출척사로 개정)
	조선왕조 건국

찾아보기

【ㄱ】

고려시대사 1 – 정치와 국제 관계

⊙ 2017년 12월 19일 초판 1쇄 발행
⊙ 2024년 12월 30일 초판 8쇄 발행
⊙ 글쓴이   김인호·박재우·윤경진·추명엽
⊙ 발행인   박혜숙
⊙ 펴낸곳 도서출판 푸른역사
　우) 03044 서울시 종로구 자하문로8길 13
　전화: 02)720-8921(편집부) 02)720-8920(영업부)
　팩스: 02)720-9887
　전자우편: 2013history@naver.com
　등록: 1997년 2월 14일 제13-483호

ISBN   979-11-5612-102-2 94900
(세트) 979-11-5612-043-8 94900

· 잘못 만들어진 책은 교환해드립니다.